JN088180

中小企業の「銀行交渉と資金繰り」完全マニュアル

COMPLETE MANUAL OF BANK NEGOTIATIONS
AND CASH MANAGEMENT
FOR SMALL AND MEDIUM ENTERPRISES

中小企業診断士
安田 順

弁護士・元銀行支店長
池田 聡

日本実業出版社

はじめに

　本書は、中小企業の資金繰りと銀行交渉、そして経営改善に関する本です。

　まずはじめに、素朴な話としてお伝えしたいのは「資金繰りで追い込まれることが社長にとっていかに苦しいか」ということ。

　私が経営コンサルタントとして独立した2000年代前半は、銀行の「貸し渋り・貸しはがし」が嵐のように吹き荒れていた時代でした。

　例えば、以下のようなことが当たり前のように起きていたのです。

　「銀行から『1週間以内に必ず折り返すから』と言われて返済した短期借入金の折り返し融資が実行されません。これってだまし討ちですよね？」

　「延滞1回の状況でリスケを依頼したら、怒った銀行の担当者にボールペンを投げつけられました。帰りにATMに寄ったら、個人の預金口座までロックされていて、目を疑いました」

　「気がついたらプロパー融資をサービサーに債権譲渡されていました。××債権回収(株)というサービサーに電話したら、『ウチは銀行のように甘くないので』と言われ、一括返済を要求されました」

　当時は銀行交渉について相談できる専門家が少なかったためか、私のところにもホームページを見たという経営者から1日3〜4件、相談の電話がかかってきました。

　独立当初の私は自宅で仕事をしており、クライアントとの初回面談を池袋駅東口にあった喫茶店「談話室滝沢」（2005年閉店）で行っていました。

1杯1000円のコーヒーをすすりながら、私は資金繰りに疲れ果てた社長の話を、「銀行に足蹴にされた会社の倒産をどうすれば回避できるのだろう？」と悩ましい気持ちで聞いていました。

カネがないことほどミジメなものはない！

　20年近く、経営顧問としてお付き合いさせていただいているM建設のM社長（2代目社長）も、件の喫茶店でお会いした経営者の1人です。

　当時40代前半だったM社長は、見るからに憔悴しきっていました。
　それもそのはず。M社は取引先のゼネコンの破綻で年商の半分に相当する1.5億円が回収不能となり、連鎖倒産の危機に瀕していたのです。
　すでに合計43社もの下請け業者への未払いが発生しており、手持ち資金もわずか。
　金融機関で不良債権回収の経験がある私は、条件反射的に「破産」の2文字が頭に浮かびました。これではさすがに債権者が多すぎます。
　ところが私の予想に反し、M社長は次のようなことを語り始めたのです。

　「これまで自分1人で下請け業者43社と分割返済の交渉を行ってきました」
　「下請け業者との話し合いの席では、怒鳴られるのが当たり前で、テーブルを蹴られたり、深夜1時のスナックに呼び出されて支払いを迫られたこともあります。なにせ43社もありますから。それでもなんとか10年の分割払いを認めてもらえそうです」
　「急逝した先代社長が採用した古株社員は私のことが好きではなく、次々と辞めていきました。残った社員は1人だけです。その彼も重い糖尿病を抱えており、近々、会社を辞めます」
　「それでも私は2代目で、『この会社は父からの借り物だ』という意識

があります。だから、会社を潰してゼロからやり直せばいい、とはなかなか思えません」

　M社長は不器用にも「人生の試練」に1人で立ち向かっていました。
　翌日から、私は5か年事業計画書の作成に取り掛かりました。そして、M社長とともに日本政策金融公庫（当時は中小企業金融公庫）との面談に臨みました。
　私が言うのもなんですが、事業計画書の内容はいい加減でした。下請け仕事を一切やめて元請として出直すことを社長は決意していましたが、それには実績が不足していたからです。
　しかし、厳しい状況から逃げないM社長の誠実さが伝わったのでしょう。公庫から無事4000万円の融資が下りました。

　あれから20年近く経ちましたが、M社が赤字になったのは2017年の1回だけです。現在、借金は実質的に返し終わっており、社員5名と小規模ながら、自己資本比率50％の優良会社になっています（そしてM社長は、社員を大切にする優しい社長になりました）。

　M社長は、いまも事あるごとに会議や忘年会の席で「カネがないことほどミジメなものはない！」と昔語りを始め、社員を困惑させています。
　しかし、私も同じ思いです。大切なことなので繰り返し言わせてください。カネがないことほどミジメで苦しいものはない！

コロナは終わったが経営環境は厳しい

　さて、3年以上に及んだコロナ禍。WHOの緊急事態宣言も終了とのことで、街ではマスクを外す人も増えてきました。
　コロナ禍において、無利子無担保のコロナ融資（ゼロゼロ融資）が、大々的に貸し出されたのはご存じのとおりでしょう。本書が発売される

2023年秋は、ちょうどコロナ融資の返済がピークを迎える頃になり、中小企業の資金繰り悪化が懸念されています。

　ただし、冒頭に記した2000年代前半のような、金融機関が中小企業を半ば本気でつぶしにくるようなことは、まず起きないでしょう。最低限、金利を払って経営改善の意思を示せば元金返済の猶予（リスケ）は受けられますし、その方法も確立されています。

　問題は「本業」のほうでしょう。
　原材料高、エネルギー価格上昇、インフレ、円安、賃金上昇などなど、コストアップの材料が目白押しです。
　飲食店等では募集しても応募がなく、建設業や運送業では人手不足による倒産が発生。さらに物流・運送業界の2024年問題（2024年4月1日以降、トラックドライバーの時間外労働時間の上限が年960時間に制限されることにより発生する諸問題）が懸念されています。

　政治が盛り上げようとしている賃上げについては、「生産性の低い中小企業に賃上げは難しい」といった論調が目立ちます。悔しいですが、おおむね、そのとおりでしょう。転職で給料をあげていこうという流れは、生産性の低い中小企業が淘汰されることを意味します。

　日銀の金融緩和によって抑え込まれてきた金利についても、割と近い将来、上方修正がありそうです。
　例えば、金利が1％あがっただけでも、中小企業の社長の多くは「借金の多さが気にならなかったのは、超低金利のおかげだったんだ」と目を覚ますことになるでしょう。
　さらにＡＩという革新的な技術導入が進んでいます。みなさんは最近話題のChatGPTをやってみましたか？　私はかなり衝撃を受けました。

　ＡＩで仕事や世の中がどのくらい変わるのかは未知数です。先のことはわからない前提で、できることを精一杯やっていくしかありません。

本書の特徴

　本書では、以上の問題意識から、いま中小企業に必要な資金繰り、銀行交渉、経営改善の３テーマについて、基本的な内容から実践的かつ具体的な内容まで幅広く解説します。できるだけ読者の皆さんの「行動変化」に結びつくよう、次の点を工夫しました。

- 中小企業における成功と失敗の事例、エピソードを盛り込む
- 元銀行支店長の経験から、銀行の判断基準を解説する
- 項目ごとにどういう対応が望ましいかを「対応ポイント」として明示する
- テーマを絞り込んで（ex. 売上計画）深く掘り下げる
- 応用的な箇所には「➡さらに詳しく解説すると…」を明記し、より深い知識を必要とする読者の理解をサポートする
- 図表を多く用いる
- キーワード検索できるよう「索引」を設ける

　共著者である池田弁護士は元銀行支店長です。本書では、銀行員の判断基準についてリアルな解説を行っています。

各章の紹介

　序章「リスケからわずか２年で倒産したＸ社の事例」では、破産した中小企業の事例を通じて経営改善計画における２つのリスクを指摘しました。ワーストケースを知ったうえで予防策を講じてください。

　自社の売上高をどう予測するかは、資金繰りや銀行交渉の最重要論点になります。そこで**第１章「銀行の目線を踏まえた売上計画の立て方」**では、安易な売上計画による倒産を防ぐための対応策を解説しました。

第2章「経営改善を成功に導く着眼点」では、中小企業の経営改善で成果のあがりやすい取り組みを事例に基づき解説しています。

　第3章「過剰債務を正しく理解し『つぶれない会社』になる」では、自社の財務格付を知る方法から、理想的なバランスシートの形成、過剰債務からの脱却方法まで、財務体質改善のポイントを詳述しています。

　第4章「資金繰り表のチェックポイント」では、資金繰り表に関する基礎知識の他、銀行が資金繰り表をどのように評価するのかを明確にしました。

　第5章「キャッシュフロー計算書は倒産回避の羅針盤」では、キャッシュフロー計算書を「年単位の資金繰り表」として、予想に用いることを提言しています。

　第6章「融資の種類から決算書の評価まで『銀行融資』の基本原則」では、銀行融資の種類、融資審査の流れ、信用格付の方法、融資金利などの基本事項について詳しく取り上げています。

　第7章「金融機関の特徴・複数行取引の考え方」では、金融機関の選び方や複数行取引のあるべき姿を深掘りします。

　第8章「資金使途を理解して銀行交渉を有利に進める」では、資金使途別にみた借入交渉の行い方を解説しています。

　第9章「銀行員が納得する『情報提供』と『提出資料』」では、「銀行の知りたい情報は何か？」という点を踏まえたうえで、銀行提出資料のフォーマットを紹介します。

第10章「**知らないと後悔する保証の基本と経営者保証ガイドライン**」では、経営者保証ガイドラインに基づき「経営者保証を不要とする条件」や「社長の自己破産を回避する方法」を解説しています。

第11章「**銀行交渉でよくある悩みとその解決法**」では、より実践的な銀行交渉の内容を元銀行支店長の視点で語ります。

巻末資料「『**リスケ・返済猶予**』**に関するＱ＆Ａ**」では、中小企業の社長からよく受ける質問に対し、ズバリ回答しています。

本書が役に立つ方

本書が役に立つのは、中小企業の経営者、経理財務の担当者、税理士、中小企業診断士、経営コンサルタント、金融機関で「貸す立場」にある方や与信管理に携わる方など幅広いです。

内容は多いですが、最初から読むことも、必要な部分だけを読むこともでき、どちらの方法でも参考になると思います。

中小企業の経営は大きな過渡期にあります。本書を手に取ったあなたが、経営の難局を前にしても揺るがず、堅実にビジネスを成長させる力を身につけることを願っています。

目 次

CONTENTS

第2章　経営改善を成功に導く着眼点

第3章 過剰債務を正しく理解し「つぶれない会社」になる

第4章 資金繰り表のチェックポイント

CONTENTS

第7章 金融機関の特徴・複数行取引の考え方

第8章 資金使途を理解して銀行交渉を有利に進める

CONTENTS

第9章　銀行員が納得する「情報提供」と「提出資料」

CONTENTS

巻末資料　「リスケ・返済猶予」に関するQ&A

おわりに

索引

CONTENTS

カバーデザイン／井上新八
本文ＤＴＰ／一企画

序 章

COMPLETE MANUAL OF BANK NEGOTIATIONS
AND CASH MANAGEMENT
FOR SMALL AND MEDIUM ENTERPRISES

リスケからわずか2年で
倒産したX社の事例

コロナ禍、物価高、人手不足などの影響で、過剰債務に陥る中小企業が急増しています。過剰債務は常に倒産と隣り合わせの状況です。経営判断を誤らないために、この章では実際に相談を受けた倒産事例に基づき、「ワーストケースがどういうものであるか」を解説します。

01

安易な売上計画で「リスケしても 資金繰りが回らない状況」に

　「セカンドオピニオンとしての意見を聞きたい」と連絡を受け、Ｘ社の社長とお会いしたのは2018年の春頃でした。

　社長によると、Ｘ社は次のような状況にありました。

- メインバンクのＡ銀行に紹介された経営コンサルタントの指導を受け、約１年かけて経営改善計画書を作成した
- 経営改善計画書を提出し、すべての金融機関の返済をリスケ（返済元金を０円に変更）している
- 現在、計画１年目であるが、売上計画を達成できず、資金繰りが回らない
- 資金繰りのことをコンサルタントに相談したが、「あとは自力で頑張るしかない」と言われた

　経営改善計画書とは、業績悪化で財務内容を悪化させた中小企業が追加融資を受けたり、リスケ（返済条件の変更や緩和）を行う際に金融機関に提出する事業計画書のことです。

　図表１はＸ社の経営改善計画書の主要数値です。

　ここでは表のすべてを見るのではなく、**売上高に注目してください**。計画０年目の210百万円から計画１年目は230百万円に増収し、さらに計画３年目まで増収が続く計画になっていますね。

　こういうふうに売上が右肩上がりになる計画には、往々にして、銀行の基準が関係しています。

　Ｘ社の経営改善計画書では、計画５年目の債務償還年数が9.4年になっています。

図表1　X社の経営改善計画書

売上190百万円で
大幅な未達 →

自己破産
を申立て →

(百万円)

		計画 0年目	計画 1年目	計画 2年目	計画 3年目	計画 4年目	計画 5年目
売上高		210	230	235	245	245	245
営業利益		8	9	10	14	14	14
経常利益		4	6	7	12	12	12
当期利益		4	5	7	12	12	12
現預金残高		10	16	18	20	23	25
借入残高		160	160	154	143	133	122
債務償還年数		32.0	26.7	19.2	11.0	10.2	9.4
借入内訳	A銀行	94	94	90	84	78	72
	B銀行	32	32	31	29	27	24
	C信金	24	24	23	21	20	18
	D公庫	10	10	10	9	8	8
	合計	160	160	154	143	133	122

銀行を
意識した
売上計画 →

＊計画0年目は経営改善計画書を作成した決算期（進行期）のこと

　債務償還年数は、借入金を何年で返せるかを表す指標です。一般に銀行の基準では、債務償還年数が10年以内の会社は正常先とされます。

　つまり、X社の売上計画は、「計画5年目の債務償還年数を10年以内にする」というゴールからの逆算で立てたもので、かなりの部分が「絵に描いた餅」であったのです。

　案の定、X社は、計画1年目の売上が「計画230百万円に対して190百万円」という大幅な未達となり、赤字を計上します。

　黒字の予定が赤字になれば、当然、資金繰りも狂います。X社は、銀行返済をリスケしても資金繰りが回らない状況に追い込まれ、計画2年目で自己破産を申し立てました。

そもそもの問題認識が間違っていた

　図表2は、X社の売上高を5年前にさかのぼり、グラフにしたもので
す。

　5年前に比べ、X社の売上は明らかに減少しています。このトレンド
を考慮すると安易に増収（売上アップ）を計画することはできないはず
です。

　なぜなら、<u>売上が連続して下がっている会社は、経営戦略が陳腐化
している可能性が高い</u>からです。

　ここでいう経営戦略とは、「誰のどんなニーズにどう応えるか」とい
う基本方針のことです。コンセプト、ビジネスモデル、事業ドメインな
どと呼ばれるものとほぼ同義と考えてください。

　顧客の目線でX社を眺めると、地域密着という点を除いてこれと言っ
た売りがなく、魅力が不足していました。

　X社が売上を回復するには、自社の強みを再定義し、「住宅を商品化
する」「得意な工事領域に特化する」「地域性を活かした新サービスを付
加する」「FCに加盟する」など、思い切った戦略変更が必要でした。

図表2　　**X社の売上推移**

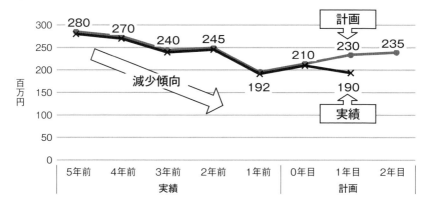

　ところが、X社の経営改善計画書には、経営戦略レベルの内容はどこにも書かれておらず、代わりに、次のような内容が売上対策として記載されていました。

- 営業担当者を教育します
- 営業日報を書くことを徹底します
- 顧客への提案内容を工夫します
- 接客やアフターサービスの質を高めます
- DM発送やポスティングを行います
- ホームページやSNSの更新頻度をあげます

　上記は一見、売上対策のように見えますが、「従来の経営戦略において実行すべきこと（＝戦術）のうち、実行できていないこと」を列挙しているにすぎません。

　売上対策は、戦略と戦術の二層構造で展開されます。戦略は方針であり、戦術は方針を実現するための手段です。両者の位置づけは、戦略が上で、戦術が下になります（図表3）。

図表3　戦略と戦術

戦略（方針）
誰のどんなニーズにどう応えるか？

顧客
ニーズ／独自能力

↓

戦術（手段）

　ここで大事なのは、戦略が通用していない状態で戦術のみを改善しても、売上は回復せず、下がり続けるという点です。

　X社の売上計画が早々に破綻したのは、そもそもの問題認識が間違っていたからなのです。

X社はどうすべきだったか

　X社のような会社の売上計画は、どういう数字にすべきでしょうか？
　売上がダウントレンドで、戦略の修正を要する場面では、「売上回復

に時間がかかる」「さらに売上が下がる恐れがある」と考える必要があります。

そこで、例えば図表4のように計画1～2年目の売上をできるだけ低い数値（200百万円）に抑えます。

図表4　保守的な売上計画

(百万円)

	計画0年目	計画1年目	計画2年目	計画3年目	計画4年目	計画5年目
売上高	210	230	235	245	245	245

(百万円)

	計画0年目	計画1年目	計画2年目	計画3年目	計画4年目	計画5年目	計画6年目	計画7年目
売上高	210	200	200	220	220	220	220	220

売上計画を下げると、それだけ厳しい支出の削減が必要になります。X社のようなケースでは、役員報酬を引き下げる、売上につながらない経費を削減する等で、計画1～2年目の資金繰りを凌ぐことになります。

一方、経営改善計画書では、計画終了時に財務内容が「正常先レベル」に回復することが必須条件になります。売上高200百万円は生存ぎりぎりの数値なので、この売上を続けても財務内容は正常化しません。

そこで、3年目以降の売上を引き上げます（200百万円→220百万円）。

経営戦略が陳腐化した中小企業では、**中長期的な売上アップを実現できるかどうかが、事業再生の最重要ポイント**になります。X社のケースでいうと、3年目以降の増収を期待しうる抜本的対応策（商品やサービスの見直し等）に計画1年目から着手すべきです。

とはいえ、実績がない増収計画の不確実性は高いため、3年目以降の売上も極端な右肩上がりにはしません。

その代わりに、**メイン銀行と話し合って、計画期間を長くすることを検討**します（**図表4**では5年計画を7年計画に修正）。経営改善計画書

の計画期間は５年以内が基本ですが、10年以内で計画を立てることも可能です（詳しくは巻末の「リスケ・返済猶予に関するＱ＆Ａ」参照）。

　なお、売上アップの材料が不足している場合は、メイン銀行と話し合い、計画２年目までの「暫定計画」を提出し、その進捗を見たうえで再度、経営改善計画書を作成するという手も考えられます。

　３年目以降の売上計画については、いろいろな考え方があるでしょう。その点は銀行と話し合うとして、**目の前に迫る「１〜２年目の売上計画」が重要**です。Ｘ社がそうであったように、安易な増収計画は「会社の死」を招くからです。

　なお、「計画０年目」は経営改善計画書を作成した決算期（進行期）の計画のことです。

　進行期の売上予想を大きく外すと、銀行に経営改善計画の信ぴょう性を疑われ、交渉が困難になるので、月次ベースの予想値を積み上げるなどして、慎重に予想する必要があります（**図表５**）。

図表５　**計画０年目の予想**

（百万円）

	1月	2月	3月	〜	7月	8月	9月	10月	11月	12月	合計
計画０年目	3	15	25		19	24	30	16	24	27	121
前期実績	13	9	21		16	17	19	16	33	24	192
前々期実績	5	6	18		25	38	51	21	23	40	245

未経過月の売上を慎重に見積もる

02

X社はリスケの「前さばき」にも
失敗していた

　X社の経営改善計画書には、もう１つ大きな問題が隠れていました。**図表6**は計画０年目の前に実績２年分（前期、前々期）の数値を加えた表です。この表を見て、X社がどのようなミスを犯しているか、わかりますか？

図表6　　X社は何を間違えたか？

リスケ開始�\　　　　　　　　　　　自己破産�\　（百万円）

	実績 前々期	実績 前期	計画 ０年目	計画 １年目	計画 ２年目
売上高	245	192	210	230	235
営業利益	6	▲3	8	9	10
経常利益	0	▲7	4	6	7
当期利益	▲4	▲8	4	5	7
現預金残高	32	15	10	16	18
借入残高	180	170	160	160	154

銀行返済で資金を減らしていた

　銀行の融資担当者であれば、おそらくすぐに答えがわかると思いますが、経営者では「わからない」という人がほとんどではないかと思います。

　問題の答えは、下の二行（現預金残高・借入残高）で考えるとわかります。

　まず**現預金残高の動きに注目**してください［前々期］32百万円→［前期］15百万円→［計画０年目］10百万円と推移していますね。

　これは要するに「前期と計画０年目の２年間で現預金を22百万円減らした」ということです。

26

　リスケを行うと、新規の融資を受けられなくなります。融資を受けられていたときよりも、はるかに高い緊張感をもって資金繰りを回さなくてはなりません。

　このため、リスケを実行する際にはできるだけ多くの現金を手元に残しておくべきですが、X社はそれをできていませんでした。

　では、**X社が現金を減らした原因**は何でしょうか？

　前期の当期利益は▲8百万円の赤字なので、赤字で現金を減らしたように見えますが違います。

　借入残高を見ると、［前々期］180百万円→［前期］170百万円→［計画0年目］160百万円と推移しています。

　これはリスケ開始前に20百万円を銀行に返済したことを意味しています。

　20百万円を銀行に返済して、現金が22百万円減った。つまり、**X社は、銀行返済を進めたことによって現金を減らしていた**のです（図表7）。

図表7　現金が減った原因

	実績 前々期	実績 前期	計画 0年目	計画 1年目	計画 2年目
売上高	245	192	210	230	235
営業利益	6	▲3	8	9	10
経常利益	0	▲7	4	6	7
当期利益	▲4	▲8	4	5	7
現預金残高	32	15	10	16	18
借入残高	180	170	160	160	154

リスケ開始　自己破産（百万円）

借入20百万円を返済した

現預金22百万円を減らした

➡ もう少し詳しく解説すると…

現金と借入金の動きから会社の危険度を見抜く

現金が減る主な原因は、「赤字」「投資」「借入返済」の3つです。

このうち「赤字」と「投資」による現金の減少額はキャッシュフロー計算書を作らないとわかりませんが、「借入返済」は借入残高だけでわかります。そこで、現金と借入金を見比べることによって、現金の増減理由を考えます。

X社のケースでは、現金を22百万円減らして、借入金20百万円返済。差額の2百万円は「赤字」か「投資」に使ったことになります。

決算書を読む際、このように現金と借入金をセットにするのは、銀行員独特のものでしょう。

最近は決算書を渡しても何も言わない銀行員が少なくありませんが、もしあなたの目の前で、直近2〜3期の決算書を**図表8**のように読んで問題点を指摘してきたら、その銀行員は「経験豊富」と考えてよいでしょう。なぜなら、決算書から会社の危険度を把握するのに、図表8は極めて実践的な読み方だからです。

図表8 銀行員の読み方

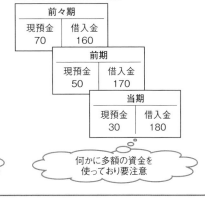

借入金が減り現金が減少

前々期	
現預金 32	借入金 180

前期	
現預金 15	借入金 170

当期	
現預金 10	借入金 160

借入金の返済によって
資金繰りが悪化（X社のパターン）

借入金が増え現金が減少

前々期	
現預金 70	借入金 160

前期	
現預金 50	借入金 170

当期	
現預金 30	借入金 180

何かに多額の資金を
使っており要注意

問題はリスケを行った場合との比較です。**図表9**をご覧ください。もし、X社が前期からリスケしていれば、計画0年目の現預金残高は、リスケで返済を節約した（＝返済資金を社内に留保した）20百万円が加算さ

| 図表9 | | 前期からリスケしていれば | |

(百万円)

	実績 前々期	実績 前期	計画 0年目
現預金残高	32	15	10
借入残高	180	170	160

	実績 前々期	実績 前期	計画 0年目
現預金残高	32	25	30
借入残高	180	180	180

現金が
20百万円
増加

リスケ　リスケ

れ、30百万円にすることができたはずです。

後日、社長から聞いた話では、売上に貢献していた営業担当者1名の給料を遅配し、「会社を辞める」と言われたことが自己破産を決断したきっかけとのこと。

ということは、早めのリスケで30百万円を手元に残し、営業担当者の給料に充てていたら、X社はもう1～2年、会社再建の道を探れたかもしれない——。

自分勝手な話に聞こえるかもしれませんが、資金繰りは弾（たま）が切れたら終了です。資金繰りに苦しむ中小企業は、数百万～数千万円をめぐる銀行交渉でつぶれたり、生き返ったりするのです。

手元現金とキャッシュフローに対する認識の甘さ

ではなぜコンサルタントは前期からリスケする方向で調整しなかったのでしょうか？

銀行別の借入残高を見ると、前期にメインのA銀行の借入が96百万円から98百万円に増加しており、同行が新規融資に応じていたことがうかがえます（次ページ**図表10**）。

コンサルタントは、A銀行が融資に応じていたので、「リスケは不要」

と考えたのかもしれません。

　実際には図表10の合計欄が示すとおり、非メイン行であるB銀行以下への返済が進み、前期はトータル10百万円を返済（180→170）しています。

　そしてさらに（これが一番あり得ない点ですが）、計画０年目においても正常返済を続け、リスケ申請の直前までに10百万円返済（170→160）しています。

図表10 　銀行別の借入残高

（百万円）

		実績前々期	実績前期	計画０年目
現預金残高		32	15	10
借入残高		180	170	160
借入内訳	A銀行	96	増加 98	減少 94
	B銀行	38	減少 34	減少 32
	C信金	30	減少 26	減少 24
	D公庫	16	減少 12	減少 10
	合計	180	→ 170	→ 160

トータルで10百万円を返済した（＝財務CF）　10返済　　10返済

　経営改善計画書が完成していない状態でも、銀行に資金繰りを説明し、暫定的なリスケを認めてもらうことは可能です。なぜコンサルタントはそう動かなかったのか？　首をかしげざるを得ません。

　Ｘ社にとってのベストシナリオは、前期にＡ銀行から融資を受けて、Ｂ銀行以下（非メイン行）の返済をリスケすることですが、実際には、非メイン行をリスケすれば、メイン行もリスケになることが多いので、このケースでは、早い段階で全行リスケ（**図表10**）を交渉し、資金流出を食い止めるのが現実的な対応策であったと思います。

　こういう対応がとれないのは、**財務活動キャッシュフロー（財務ＣＦ）を予想し、それがＸ社の資金繰りにどういう影響を及ぼすかを検討していない**からでしょう。

　財務ＣＦと手元現金に対する意識の低さは、中小企業全般にいえる傾向はないでしょうか。もし、あなたが経営者か経理担当者で、心当たりがあるなら、**自社の現在の手元キャッシュがいくらで、それが半年後にいくらくらいになるか、考えてみてください**。ざっくりとでも、この問いに答えられないと、安全な舵取りはできないはずです（第４章で解説）。

03
業績悪化から
倒産に至るプロセス

　リスケや倒産に追い込まれる会社に共通する特徴は「借入金が多い」という点です。今も昔も、倒産するのは借金の多い会社です。そのことは、第３章で解説するCRDランク（中小企業経営診断システム）でも明らかになっています。

　借金が増える主な理由は赤字が続くことであり、要するに「赤字で借金を膨張させた会社が倒産する」ということです。**赤字が倒産の原因であり、「借金は赤字の結果」である点に注意してください。**

　また近年は運転資金の借換えが容易にできるため、よほどおかしな財務粉飾を行ったような場合を除き、会社が突然死するケースは稀です。ほとんどの場合、段階的に借入金が増加し、財務内容を悪化させた後に倒産します。

　財務内容悪化の段階を具体的に説明します。いま自社はどの段階にあるか考えてみてください。

ステージ１ （業績悪化）

　「赤字を計上した」「売掛金が焦げ付き回収できない」「不良在庫を抱えた」「過剰な設備投資を行った」等で資金繰りが悪化し、不足資金を金融機関から借り入れます。

　これまで健全であった会社が、コロナ禍により業績が悪化し、コロナ融資を借り入れた場合も、このステージに該当します。

ステージ２ （返済増加）

　業績が低迷しているところに、毎月の約定返済が負担になり、資金繰

りが悪化します。この場面で多くの会社は、追加融資や借換え融資を受けて、返済負担を軽くしようとします。

　ステージ2で業績とキャッシュフローを改善できない会社は、さらに借入を増やすことになり、ステージ3に突入します。筆者が知る限り、ステージ2は、「銀行が貸したいって言うのだから、ウチの会社は大丈夫！」と油断する経営者が多くなる状況でもあります。

🪙 ステージ3（銀行警戒）

　借入が一定の限界（総資産の70％超、月商の6か月以上など）を超え、銀行は新規融資に慎重になりはじめます。銀行から経営計画書や資金繰り表等の資料提出を求められることが多くなります。会社は銀行に対して説明を行いながら、財務体質の回復を図ります。

🪙 ステージ4（融資拒絶）

　ステージ3からさらに財務内容が悪化すると、金融機関から「これ以上は融資に応じられない」と言われます。

　会社は資金繰り防衛のためにリスケを申請するしかありません。リスケしないと毎月の約定返済で手元資金がどんどん減っていくからです。

🪙 ステージ5（リスケ）

　銀行返済をリスケし、本格的な経営改善に取り組みます。

　リスケ＝倒産ではありません。業績悪化が一時的なものであれば、1〜3年程度で再び融資を受けられるようになり、リスケから抜け出すことができます。

　一方、債務超過が著しい、業績低迷が長引く、といった場合は、なかなかリスケから抜け出せません。特に、支払利息の負担が重い会社は、返済が進まず、長期にわたってリスケを繰り返すことになりがちです。

　つまり、リスケはリスケでも、どのくらい財務内容が傷んでいるかが

図表11 財務内容悪化の段階

段階	状況	企業の対応
ステージ1 (業績悪化)	業績悪化や過大な設備投資で、資金が不足	銀行から運転資金や設備資金の融資を受け、借入が増加する
ステージ2 (返済増加)	主に長期借入金の返済負担で、資金繰りが悪くなる	返済負担を軽減するために「借換え融資」や「追加融資」を受ける
ステージ3 (銀行警戒)	業績不振で、さらに借入が増え、過剰債務に陥る	銀行に経営計画書や資金繰り表を提出、銀行とコミュニケーションをとりながら、財務改善に取り組む
ステージ4 (融資拒絶)	銀行が新規融資に応じてくれない	リスケを申請する（この状況を放置すると、現金を減らし倒産する）
ステージ5 （リスケ）	リスケを開始する	銀行に経営改善計画書を提出。リスケ契約を更新しながら、経営改善に取り組む
ステージ6 (再建困難)	会社再建の見通しが立たない	資金繰りが回らない場合や赤字を解消できない場合、法人破産等に着手する

倒産を避けるにはこれ以上悪化させない！

問題なのです。

ステージ6（再建困難）

残念ながら「リスケしても資金繰りが回らない会社」「赤字が続いて再建の見通しが立たない会社」は倒産するしかありません。

具体的には、「自社が振り出した支払手形が不渡りになる」「仕入代金や外注費を払えず仕事が続けられない」「ファクタリング会社への支払いが困難」「税金滞納で差し押さえを受けた」といったことがきっかけで弁護士事務所に駆け込み、自己破産を申立てるケースが多いです。

以前は、経営者個人も法人と一緒に破産を申し立てるケースが多かったのですが、現在は「経営者保証ガイドライン」を利用することにより、

個人破産を回避しやすくなっています。

　なお、いろいろ条件は付きますが、中小企業活性化協議会やサービサーの機能を活用して、銀行債務をカットし、事業再生を図るといった手段も考えられます。

　会社経営が常に順風満帆であるはずがなく、業績悪化を避けられないときもあります。

　X社のような倒産を避けるには、「財務内容の悪化をステージ3までにとどめること」が財務防衛のポイントになるでしょう（前ページ**図表11**）。

　本書では、それに必要な知識と対応策を解説します。

第 1 章

COMPLETE MANUAL OF BANK NEGOTIATIONS
AND CASH MANAGEMENT
FOR SMALL AND MEDIUM ENTERPRISES

銀行の目線を踏まえた
売上計画の立て方

売上高を読み間違えた会社は、資金繰りを悪化させ、最悪の場合、倒産してしまいます。経営環境が激変した現在、自社の売上高をどう予測するかは資金繰り・銀行交渉の最重要論点と言っても過言ではないでしょう。

逆境下の売上計画は
「成り行き+α」

> ⦿ 安易な売上計画で会社をつぶさないよう、「成り行き」を検討し、保守的な売上計画を立てる

売上計画と窮境原因の関係

　次は、中小企業庁のホームページにアップされた「コロナ借換保証」の経営行動計画書のサンプルに記載されていた文章です。

> 県内3市町村にてオートバイ販売・修理を行っている。外部環境に関して、コロナ禍においてツーリング需要が高まったものの、**原材料不足により新車の納車が遅れているため**、売上改善には至っていない。

　売上改善に至っていない理由を「原材料不足により新車の納車が遅れているため」としています。

　言い換えると、「納車の遅れが解消すれば、売上は改善する」ということです。もしそうなら、売上予測のポイントは「納車の遅れはいつ解消するか」であり、その時期を予想し、売上が回復する計画を立てればよいわけです。

　このように、「そもそも何が原因で業績が悪化したか」を明確にし、「**その原因が取り除かれる見通し」に応じて売上・利益を予測するのが経営改善計画の基本的な考え方**です。

　ここで注意を要するのは、売上が改善しない原因が本当に「納車の遅れ」だけか？　という点です。この認識が間違っていると、序章のX社のように、安易な売上計画を立てて、倒産リスクを高めることになります。

　なお、事業再生では、売上や利益の減少原因など、**企業が窮地に陥っ**<u>た原因のことを窮境原因と呼びます</u>。窮境原因には、競争の激化や商品力低下、過大な設備投資、経営者のどんぶり勘定など、さまざまなものがあります。

売上アップを計画する前に「成り行き」を検討する

　図表1は、製造業A社の売上推移です。

　2017年から徐々に下がり続けていた売上が、2020年から新型コロナウイルスの影響を受けて大幅ダウンしたものの、2022年にはコロナ前の8割程度まで回復しています。

　コロナ禍を経た現在、こういう売上推移の会社が散見されますが、注意を要するのは2022年の売上回復に気をよくして、2023年以降の売上計画を高く見積もってしまうことです。

　売上ダウンの原因が、本当にコロナによる一過性のものであれば、売上は2019年の水準に戻りますが、そういう単純なケースは稀でしょう。コロナ前の売上ダウン（原因①）、コロナ禍の売上ダウン（原因②）をそれぞれ冷静に分析する必要があります。

図表1　　コロナの影響を受けた会社の売上推移

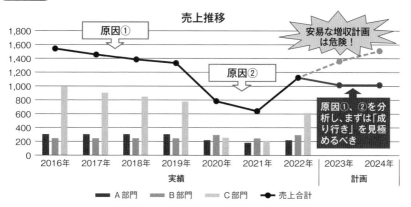

実際、A社では、次のようなことが起きていました。

- 競争激化でコロナ前からC部門の顧客数が減少している
- 社員の退職で営業力が低下しているが、人材を補充できていない
- コロナ禍で最終製品の需要が低迷。2022年の売上回復には、コロナ自粛期間の反動増が含まれる

　積極投資で売上拡大を急ぐ社長は上記のようなマイナス要因を軽視しがちです。結果、高すぎる売上目標を設定して赤字を出します。

　この場合に有効なのは、「成り行き」をベースに売上を計画することです。「成り行き」とは、現在の体制で何も対策を講じない場合の業績予想のことです。ここでは、**社長や部門長が過去のトレンドを考慮のうえ、「少なくともこれくらいはあがるだろう」と考える予想売上高**と理解してください。

　図表2は、成り行きを用いた売上計画のイメージです。成り行きに売上対策の効果（α）を加算して計画値を決めます。売上対策の成果があがらない場合、成り行きレベルの売上にとどまることを考慮して、費用を計画します。

　難しく考える必要はありません。**売上のボトムを意識し、そこに「努**

図表2　「成り行き」に基づく売上計画

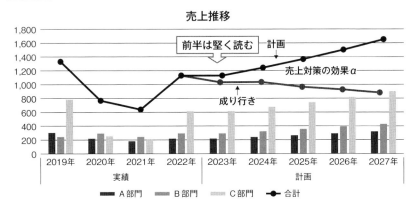

売上推移

力」を上乗せするつもりで売上計画を立てましょう、という程度の話です。それだけでも、売上の読み間違いで会社が倒産するリスクをかなり抑えることができるはずです。

事例　2019年との比較で売上を分析（業務用酒販店B社）

売上予想の取り組み例を紹介します。

居酒屋などの飲食店向けに酒を販売する業務用酒販店は、新型コロナウイルス感染症で破壊的打撃を受けた業種の１つです。

B社の社長も一時は廃業を覚悟しましたが、「父が残してくれた会社をつぶしたくない」「苦楽をともにしてきた社員の雇用を守りたい」という思いで、現在、事業再生に取り組んでいます。

B社では状況把握のために、コロナの影響を受けていない2019年と影響下にある2022年の売上の比較を行っています（**図表3**）。

図表3 コロナ前（2019年）との比較

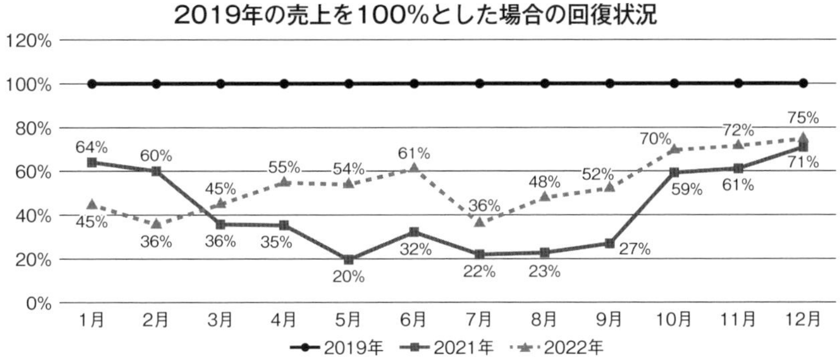

2019年の売上を100%とした場合の回復状況

図表３を見ると、2022年10月から70％以上に回復しているように思えます。

2023年はコロナへの意識も変わり、政策も転換されつつあるので、80％以上の売上への回復を期待したいところですが、B社はもう少し慎重

に見ています。

　なぜなら、コロナ後においても「飲食店の倒産・廃業」「消費者行動の変化（宴会や外飲みの減少）」という不安材料が付きまとうからです。

　そこでB社では、こうした影響を受けやすい業態かどうかで客先をランク分けし、ランクごとの売上推移を見るようにしています（**図表4**）。

　図表4の分析を行えば、コロナ後の売上予測が難しい状況でも、何らかの方向が見えてくるはずです。

　B社においては、2019年売上の何％を「成り行き」として見込めるかが、今後の大勢を決めるポイントになっています。

　具体的には、「成り行きの売上」を損益分岐点売上高にし、固定費の削減を検討します。

図表4　客先ランク別の売上推移

客先別の売上推移

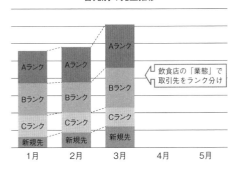

飲食店の「業態」で取引先をランク分け

　そうすれば、売上が成り行き程度にとどまった場合でも利益はゼロで赤字にならず、会社を維持することができます。B社の努力で売上が成り行き（損益分岐点）以上に伸びたときは、賞与を増やしたり、新たな投資を行ったりすることもできます。事業再生では、このように「損益分岐点売上高をどこに置くか」が重要な検討課題になります。

➡ もう少し詳しく解説すると…

損益分岐点売上高とは

　損益分岐点売上高は利益がちょうどゼロになる売上高のことです。図表5の損益分岐点売上高は250万円です。実際の売上高が250万円を超えれば、利益が出て黒字になり、250万円を下回ると赤字になります。

損益分岐点売上高は、「変動費（率）」「限界利益（率）」「固定費」という３つの要素によって決まります。

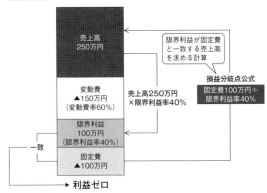

図表5 損益分岐点売上高の例

売上高
250万円

限界利益が固定費と一致する売上高を求める計算

変動費
▲150万円
（変動費率60%）

売上高250万円
×限界利益率40%

損益分岐点公式
固定費100万円÷
限界利益率40%

限界利益
100万円
（限界利益率40%）

一致

固定費
▲100万円

→ 利益ゼロ

①変動費

売上高に比例して増加する費用のことで、仕入や外注費などが該当します。変動費は売上高で変化するので、金額そのものより、変動費を売上高で割った「変動費率」がポイントになります。

変動費率＝変動費÷売上高 ここでは変動費率を60％とします。

②限界利益

売上高から変動費を引いた利益のことを「限界利益」といいます。

売上高－変動費＝限界利益

初めて聞く人は少し難しそうに感じるかもしれませんが、いわゆる「粗利」と理解してください。限界利益も「率」がポイントで、次のように「限界利益率」を計算します。

限界利益率＝限界利益÷売上高

図表5が示すとおり、限界利益率は「100％－変動費率」になります。ここでは限界利益率を40％とします。

③固定費

固定費は、売上高に関係なく、固定的にかかる費用のことで、人件費、家賃、保険料などがあります。限界利益から固定費を引いたものが利益になります。実務では、この利益を「営業利益」か「経常利益」に設定

することが多いです。ここでは固定費を100万円とします。

　さて、図表5を見て、限界利益が固定費と一致する場合に利益がゼロになるということを確認してください。損益分岐点売上高とは限界利益が固定費と一致する売上高のことなのです。

　よって計算は

固定費100万円÷限界利益率40％＝損益分岐点売上高250万円

になります。

　では、売上高が200万円になった場合の利益を計算してみましょう。

売上高200万円×限界利益率40％－固定費100万円＝利益▲20万円

　20万円の赤字です。この場合、赤字を回避し、利益ゼロにするには、次のいずれかの方策が必要です。

①売上高を損益分岐点の250万円まで引き上げる

②限界利益率（粗利の率）を50％に引き上げる

　売上高200万円×限界利益率50％－固定費100万円＝利益0円

③固定費を20万円下げて80万円にする

　売上高200万円×限界利益率40％－固定費80万円＝利益0円

事例　「成り行き」を用いた予算で黒字化（専門商社C社）

　営業スタッフ30名を擁するC社では、売上予算が形骸化し、予算の未達が当たり前のような状態が続いていました。社長は「営業の言い訳は認めない」が持論で、毎期、年率10％の売上アップを求めるものの、営業担当からは「目標値が高すぎる」「精神論で決めた予算だ」という不満の声があがっていました。

　C社の事業計画は、社長が掲げる高い売上目標に引きずられて「予算を達成すれば過去最高益、達成できないと大赤字」という両極端なものになっていました。その結果、2期連続で大幅な赤字を計上、銀行返済をリスケする状況に追い込まれました。

　赤字の反省から、C社は成り行きに基づく予想数値で経営改善計画書

を作成することにしました。

　成り行きの売上高は、営業担当者にヒアリングを行って算定しました。その結果、社長が設定した売上目標10億円との差額が３億円であることがわかりました。（**図表６**）

図表6　　**成り行きで売上予算を決定（C社）**

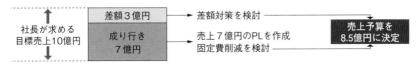

＜導入手順＞

	項　目	内　容
①	成り行き売上高の算定	営業担当者が自己申告→経理担当者とコンサルタントがヒアリングを行い算定
②	差額対策の検討	営業担当者が差額対策を検討、社長と１対１のミーティングを実施、努力次第で達成できる売上予算を決定
③	成り行きの予想PL	経理担当者が成り行き売上高で予想PLを作成、売上低迷に耐え得る「固定費削減案」を作成、社長報告
④	予算策定	①〜③の結果から、経理担当者が新予算案（売上、費用）を策定、社長承認

　３億円の差額を埋めるためにどうすればいいか？　営業担当者は差額対策をアクションプランとしてまとめ、社長との１対１のミーティングにのぞみました。このミーティングは、精神論を排し、現実を踏まえた具体的な方策について意見交換が行われました。

　一方、経理担当者は、成り行きの売上高７億円を用いたワーストケースの予想ＰＬを作成、売上を伸ばせない場合の備えとして、役員報酬、事務所家賃、保険料などの固定費削減案を作成しました。

　最終的にＣ社では、「社長が求める売上目標」「成り行き」「差額対策」「固定費削減」という複数の観点から、売上予算8.5億円を決定しました。

　この取り組みにより、Ｃ社の損益は計画着手から１年で黒字化し、銀行返済も正常化することができました。

02

銀行員は
売上計画をどう読むか?

対応ポイント

- ⦿ 銀行の着眼点は「売上を堅く読む」と「コストを削る」であることを
  考慮のうえ、「成長投資」の必要性を語る
- ⦿ 銀行には、事業計画の数値と口頭説明の数値を使い分ける

銀行員の着眼点は2つ

　銀行に経営改善計画書を提出すると、よく次のようなやり取りになります。

銀行員「来期に増収する計画になっていますが、根拠はあるのですか?」

社　長「ECサイトをオープンする予定で、それによる増収を見込んでいます」

銀行員「そのECサイトはどんな内容ですか?」

社　長「まだ制作会社を探している段階で、詳しいことは決まっていません」

銀行員「その状態で増収を織り込むのは無理がありますね。ECサイトによる増収を売上計画からカットし、他の経費を減らすことを検討してください」

　経営改善に取り組む会社に対する**銀行員の着眼点は「売上を堅く読む」と「可能な限りコストを削る」の2つしかない**と言っても過言ではないでしょう。

　上記のようなやり取りになるのは、銀行員が、「できるだけ売上を堅く読んで、経費を削れば会社が倒産しにくくなる」と考えているからです。つまり銀行が求めているのも成り行きをベースにした保守的な計画なのです。

　しかし、こういった場面で、社長は銀行員より一枚上手である必要が

あります。なぜなら、経費を削りすぎると、売上が減少し、衰退していくからです。

社　長「確かに増収の根拠としては弱すぎますね。しかし、削れそうな経費はほとんど残っていません。増収策について再検討します」

　筆者（安田）が金融機関に勤務していたときの経験でも、このように社長の方針をはっきり主張する会社のほうが再建に成功していました。社長は、手堅い売上計画を立てると同時に、「成長に必要なカネは使う」という考えをもって、銀行と交渉する必要があります。

「資料」と「口頭説明」を使い分ける

　そもそも実績主義の銀行に、売上が伸びる計画を出したところでさほど信用されません。逆に、何らかの事情で計画が大幅な未達に終わった場合などは、「この会社（社長）の言うことはあてにならない」と確実にマイナス評価となります。

　すなわち、「低く計画、高く達成」が、銀行の信用を獲得するうえで、最も効果のある方法です。

　もちろん、売上が伸びないと利益が出ない、といった場合は別です。ここで言っているのは、「必要以上に売上計画を高く見せなくてもよい」ということです。

　また、低く計画するのはあくまでも提出書面上の話で、口頭では、計画値以上の売上が期待できることをどんどん話すべきです。書面上の売上計画については、「あえて保守的な数字を置いている」という説明でまったく問題ありません。

　紙として残り、かつ銀行内の融資審査部にそのまま送られる可能性がある事業計画書と、証拠が残らない口頭説明の売上高は使い分けるべきです。銀行交渉に慣れている会社（社長）は、たいてい、そうしています。

03

銀行員に伝わりやすい
売上対策等の切り口とは?

　売上対策には、銀行員に「伝わりやすいもの」と「伝わりにくいもの」
があります。

　両者の違いは「客観的に見て売上アップにつながる可能性が高いかどう
か」で、例えば、「新製品の取り扱い開始」は、新たに製品が増える
わけなので、売上アップにつながる可能性は高いと銀行員も考えるでしょ
う。

　一方、「営業担当者の教育」のような話は、質的な施策なので、売上
に効果があるかどうか、外部の銀行員にはよくわかりません。

　それをまとめたのが**図表7**です。総じて、銀行に伝わりやすいのは「量
的な内容」であり、「質的な内容」ではないということに注意してくだ
さい。

　また、外部要因にからめて売上の改善根拠を述べる場合は、自社に直
接影響する「顧客」「競合」に関する内容は伝わりますが、それ以外は
伝わりにくいです。

　もちろんこれは銀行に伝わりやすいかどうかという話であり、質的な
対策に効果がないと言っているわけではありません。

　実際、経営戦略が優位にある会社は、質的な対策だけで売上は伸びて
いきます。

図表7 銀行に伝わりやすい切り口・伝わりにくい切り口

	伝わりやすい	伝わりにくい
	量的な切り口	**質的な切り口**
内部要因	・新製品の取り扱い開始 ・取り扱いアイテム数の増加 ・顧客数や販売チャネルの増加 ・生産力の増強 ・営業担当者の増員 ・販売データに基づく値上げ ・新店舗、ECサイトなどのオープン	・マネジメントの強化 ・人事評価等のモチベーション施策 ・営業担当者の教育 ・採用方針の変更 ・提案、サービス内容などの変化 ・管理部門への投資 ・自社ホームページのリニューアル
	直接的な切り口「顧客」「競合」	**間接的な切り口「マクロ環境」**
外部要因	・市場規模（マーケット）が拡大 ・業界の売上が好調 ・競合先の廃業が増加 ・競合先に対する顧客の不満 ・自社に寄せられた感謝の声	・政治経済 ・社会環境 ┐ ・技術革新 ├ 一般論 ・さまざまな未来話 ┘

↑
「数字」と「固有名詞」を
伝えるとさらによい

　銀行に売上対策を伝える際に注意してほしいのは以下の3点です。

①数字を明確にする

　例えば、新規の顧客数が何人から何人に増えたか、1日当たりの生産量はいくらからいくらに増えたか。こういった数字を銀行提出資料に書くことによって、説得力が高まります（提出資料に数字が書いてあると、銀行の担当者は融資稟議書を書きやすくなります）。

②固有名詞を伝える

　例えば、競合先の廃業は自社にプラスになる情報ですが、銀行は「競

合先が廃業した」ではなく、「競合先の××社が廃業した」と名前まで
はっきり伝えるべきです。銀行員は、リアリティのある情報を好むので、
具体名を挙げるかどうかの違いは大きいです。できれば口頭で済ませず、
資料に書くようにしてください。

③一般論を語らない

　少子高齢化、エコ意識の高まり、消費の多様化など、そういった一般
論を語れば語るほど、銀行員は社長の経営能力に疑念を抱きます。

　実際、業績の悪い会社の社長ほど、一般論を語ります。
　以前、筆者は「売上が下がったのは、アメリカ同時多発テロ事件の影
響が大きい」と語る内装工事の社長と面談したことがあります。「御社
の売上はアメリカの影響を受けるのですか？　銀行にそういう適当な話
をしたら、融資は下りませんよ」と伝えましたが、すでに手遅れでした。

　上記は極端な例ですが、毎日多くの社長と会っている銀行員は、売上
に関する社長の発言を、注意深く聞いています。
　売上対策は、自分の考えを語ればよく、ヘンにカッコをつける必要は
ありません。業界のマニアックな話でもOKです。
　ただ、売上の「数字」はよく見るようにしてください。例えば、自社
の売上高１億円のうち、わずか100万円の話を、さも重要そうに語る社
長は、銀行員目線で "経営能力が疑わしい社長" になります。

第 2 章

COMPLETE MANUAL OF BANK NEGOTIATIONS
AND CASH MANAGEMENT
FOR SMALL AND MEDIUM ENTERPRISES

経営改善を
成功に導く着眼点

この章では、中小企業の経営改善で、比較的、成果のあがりやすい取り組みを解説します。経営改善に取り組む中小企業では、「社員のモチベーションをどう維持するか」「人手不足にどう対応するか」「増益をどう実現するか」が重要テーマになります。

成果のあがりやすい取り組み
「会社のため＝社員のため」 という考え方

💰「資金繰り」や「銀行の話」で社員の危機感をあおろうとするのは経営者の怠慢。まずは社員の幸せにつながるビジョンを打ち出す

資金繰りや銀行の話で危機感をあおるのは逆効果

業績悪化で銀行返済をリスケしたK社（製造業・従業員数70名）では、定例会議の冒頭で、高齢の社長が毎回、次のような話をしていました。

- 資金繰りが厳しいので危機感を持ってほしい
- みなさんの給料は銀行に払ってもらっている状態だ
- もっと売上をあげないと会社に未来はない
- メイン銀行からも売上を伸ばせと言われている

K社長は、「社員に危機感が不足している」と感じており、上記の発言も「危機感を共有してほしい」という思いから出てきたものです。

しかし、会議に参加した社員は、社長の話に完全にしらけ切っていました。なぜなら、社員は**「資金繰りの責任は我々ではなく社長にある」**と考えていたからです。経理担当以外の社員は、資金繰りや銀行交渉のことを詳しく知らないので（聞いても理解できないので）、こういう考えになるのは当たり前のことです。

よって、資金繰りの話で社員の危機感をあおろうとするのはムダですし、やめたほうがいいです。上記のように「銀行に言われたから××しないといけない」といった説明も逆効果です。

　中小企業の経営改善に必要なのは、「会社のため＝社員のため」という考え方です。

　例えば、「今は難しいが、給料やボーナスをたくさん払える会社に変えていく。そのために××を実施するので協力してほしい」というように、社員の幸せにつながるビジョンを打ち出すのです（もちろん口先ではなく、経営者が本当にそうなりたいと思っていないといけません）。ビジョンが打ち出されている状態なら、社長が発する危機感に社員も一定の理解を示すでしょう。

　社員に資金繰りの話を一切してはいけない、ということではありません。問題は「それをどういう文脈で語るか」なのです。

「アナタに任せる」は通用しない

　大企業の管理職を退職し、中小企業の2代目社長に就任したある社長は、「売上アップのアイデアを出すのは皆さんで、私はそれを評価する立場です」と発言し、社員の不評を買いました。

　社長に悪気はないのですが、中小企業の社長に必要なマインドは「アナタに任せる」ではなく「私が先頭に立つ」です。

　社長自身が積極的に現場に出向いて、社員と問題意識を共有し、売上アップに真剣な姿を見せる──、これに勝る良薬はありません。

02

1対1のミーティングによる
人心掌握

ここでいう「1対1ミーティング」というのは、主に社長と社員が行うもので、「調子はどう？」といった声かけレベルのものから、「キミのやる気について本当のところを教えてほしい」といった突っ込んだものまで、内容はさまざまです。

定期的な面談ではなく、必要に応じて行います。社長から声をかける場合もあれば、社員から声がかかる場合もあります。

つまり、**社長が社員とオープンな関係を築き、臨機応変に行う**ものです。風通しのよい会社なら、普段から自然体で行っていることかもしれません。

1対1ミーティングは、特に後継社長が組織をまとめていくのに効果がある手段です。うまくやると、次のK社のように売上拡大にも結びつけることができます。

事例：2代目社長の人心掌握で売上が2倍にアップ

K社は、従業員20名の住宅販売会社です。現社長は2代目で、同社で主に営業を担当後、専務に昇格し、5年前に新社長に就任しました。

新社長の悩みは、部下はすべて前社長の父が採用した社員で、自分に

とっては元上司や元同僚であること。こうなると、いくら社長になったといっても自分の主張を通しにくくなります。

新社長は「1対1ミーティング」を積極的に行うことで、この問題を解決しました（**図表1**）。

前社長（創業者）は実行力のある社長でしたが、ワンマン社長で社員の意見を聞くタイプではありませんでした。これに対し、新社長は1対1で社員の話をしっかりと聞くスタンスをとったのです。

例えば、Aさんとの1対1ミーティングで「Bさんのミスが多くて仕事が回らない」と聞いたら、Bさんと1対1を行い、Aさんとの仕事の進め方を検討する、といったことを行います。

これで必ず問題が解決するわけではありませんが、AさんもBさんも社長を信用し、やる気を高めます。なぜなら、コミュニケーションの基本である「話を聞いて一緒に考える」というプロセスを踏んでいるからです。

社長に相談すれば、必ず何か応えてくれる――、この形を作ることで、新社長は組織をまとめることに成功しました。

図表1 **K社の1対1ミーティング**

社員はこんな話を打ち明ける

社長　社員
情報収集
アドバイス

- 営業がやるべき仕事を私が我慢してやっています
- ××さんの言動で、職場の雰囲気が悪くなっています
- この仕事は在宅ワークでもできると思うのですが？
- ××さんのあの態度は、たぶん性格です
- もっとチームワークで仕事をしたほうがいいと思います
- 新しいパソコンを買ってください

新社長の「徹底して聞く姿勢」は営業にも活かされました。

　同社では週1回、社長・営業部長が営業担当者と2対1のミーティングを行っています。前社長の頃は、精神論の叱咤激励で終わっていたミーティングでしたが、新社長になってからは、担当者の特徴に応じて、きめ細かい指示を出すようになりました（**図表2**）。

　営業に対して新社長が堂々と指示を出せるのも、新社長が1対1ミーティングで社内の人心を掌握しているからです。

　こうした取り組みの結果、新社長に代わってから、K社の売上高は従来の2倍近くに伸び、金融機関も驚く成果をあげています。

図表2　　**2対1の営業ミーティング**

社長　　部長

営業担当者

営業担当者への指示命令・アドバイス

- ××邸（お客様）はどう？　どんな話になっている？
- 他メンバーより粗利が低いのはあなたの××が原因
- 次アポの獲得率が先月より下がっているのはなぜ？
- お客様とのトラブルは小さなことでも必ず報告して
- 知識は身についた？　わからないことは聞いてる？
- 今月の営業目標を確認しておきたいんだけど

03

成果のあがりやすい取り組み

数字をオープンにする

対応ポイント

- ⓨ 数字をオープンにしないと、社長と社員との関係が「雇う側」と「雇われる側」になり、社員の愚痴が多くなる
- ⓨ ＰＬ数値はオープンにすべきだが、役員報酬は見せない

　経営改善の鍵は、社長と社員が「良い会社を作っていこう」というビジョンを共有し、目標達成に邁進することです。そのためには、会社の数字を社員に対し、できるだけオープンにする必要があります。

　しかし、中小企業の社長の中には、以下のような不安から会社の数字を隠そうとする人もいます。

- 利益を見せると社員が給料への不満を言い出す
- 業績の悪さにショックを受けた社員が会社を辞めてしまう
- 仕入値を営業に教えると安売りするかもしれない
- 業績資料を持ち出して他社に渡すかもしれない

　確かに上記のようなリスクはゼロではないかもしれませんが、問題は会社の数字を社員に見せない場合の弊害です。

　数字を見せない会社では、社長と社員の関係が「雇う側」と「雇われる側」に分断されてしまいます。例えば、業績が悪化して社員に満足な給料を払えなくなると、悪いのは「全部社長」になります。

　逆に、**普段から数字をオープンにしている会社では社員が経営者に近い感覚を持つ**ため、急場しのぎで社員の給料を下げることになっても、

一定の理解を示す社員が多くなります。

　この違いは、第三者としてコンサル先の社員にインタビューするとよくわかります。数字を見ることができない会社の社員は、次のような愚痴を語ります。

- 社長は下げた給料と賞与を元の水準に戻す気がない
- 自分の部署に無理な売上予算を押し付けてくる
- 経費削減と言っておきながら××部には〇〇を買わせている
- 売上対策で××を始めるらしいが、その前にやることがあるだろう
- 現場に負担を強いる前に、総務と経理の人数を減らすべきだ
- 社長は絶対何かを隠している

　数字をオープンにしない社長は社員から誤解されやすく、場合によっては嫌われてしまうわけです。

BSの数値も伝えるべきか

　数字をオープンにするといっても、社員にどの数字を見せればいいか迷うことも多いと思います。

　まずBS（貸借対照表）は、「見せてもよいが、見せても社員の行動は変わらない」というケースがほとんどでしょう。BSを公開しないから社員が疑心暗鬼になっている、という話も聞いたことがありません。

　よって、**後継者教育を行うような場合を除き、BSは見せなくてもいい**と思います。

　もちろん、売掛金と棚卸資産（在庫）の数字は別です。売掛金は「売上代金を滞りなく回収しているか」、在庫は「仕入や販売活動に異常は起きていないか」を表すので、毎月、関係する部署の社員に知らせる必要があります。

💰 PLの数値はオープンにするが「人件費」は1つにまとめる

通常、経営計画は売上高と利益を目標にするので、PL（損益計算書）の数値は基本的に社員に公開することになります。

PLでは、人件費の見せ方に注意が必要です。人件費には、「役員報酬」「給与手当」「賞与」「法定福利費」「福利厚生費」「退職金」などがあります。

このうち**役員報酬を社員に伝えるのは現実的ではありません**。社員がどう受けとるかという問題もありますが、それ以上に、役員報酬を上げたり下げたりする際の説明が大変になるからです。

そこで、社内に公開するPL資料では、多くの場合、**図表3**のように「人件費」の項目に、人件費のすべてをまとめることになります。

図表3 人件費は1つにまとめる

（百万円）

	前期実績
売上高	1,000
売上原価	700
売上総利益	300
人件費	100
運賃荷造費	20
広告宣伝費	10
その他販管費	130
販売管理費	260
営業利益	40
営業外収益	10
営業外費用	15
経常利益	35
特別利益	5
特別損失	20
税引前利益	20
法人税等	6
当期純利益	14

役員報酬、給与手当、賞与、法定福利費、福利厚生費など

04

成果のあがりやすい取り組み

社員が辞めない会社に変えていく

対応ポイント

- 給与水準が同業他社に劣っている場合は見直しが必要
- 退職理由（本音）をヒアリングし、次の退職を防止する
- 決算賞与などに差をつけて、人材流出を防止する

人手不足の対応では「社員が辞めない」ことが重要

人手不足は、「新規採用の停滞」＋「社員の退職」によって起こります。社員の定着率の低い会社が、新規採用にのみ力を入れても、人手不足は解決しません。また、採用コストもばかになりません。

若手社員がぽつりぽつりと辞めていくような会社は、まず「社員が辞めない会社」に変えていくことが大事です。

給料を同業他社よりも少し高い水準に設定する

給料を同業他社より高くすることの必要性は、中小企業の経営コンサルタント（と呼ばれる人たち）が何十年も前から言っていることです。

筆者がこの20年見てきた中でも、給料を低めに設定している会社は、ことあるごとに社員が辞めていき、弱体化していきました。

逆に給料を高めにしている会社は、諸々の課題は抱えていても社員の定着率が高く、その分、業績も安定しています。

同業他社の給料水準は、ライバル会社のホームページや就職情報サイトなどである程度わかりますし、転職エージェントから情報収集するこ

とも可能です。最近入社した中途採用社員がいれば、その人に聞いてみるのもよいでしょう。

　<mark>給料がすべてとは言いませんが、自社の給与水準が他社よりも劣っているなら見直しが必要</mark>です。

1対1ミーティングを徹底する

　定着率の低い会社は、総じて「社員が抱える不平不満や悩み事に対して鈍感」です。

　社員が退職するパターンを示すと次のようになります。

> (1) 人間関係、仕事内容、労働条件などに悩む
> (2) 上司や社長に小声で相談する
> (3) 何も変わらない　→(1)に戻って繰り返す
> (4) 何を言ってもムダと悟る
> (5) 退職を決意する

　退職する社員は本音を語らず去っていくため、社長は、「あら、辞めちゃうの？」という感じで問題の正体に気づきません（例えば、親の介護を理由に退職する社員が、実際は給料の低さに悩んでいたなど）。

　こういった「上司が鈍感であるがゆえの退職」を防止するのに、前述の1対1ミーティングが役立ちます。この場合、聞き役を社長とせず、直属の上司、総務部長、外部のコンサルタント等にしてもかまいません。

　例えば、ミーティングを行った際などに、<mark>社員の顔色を見て、何かあると思ったらすぐに1対1に持ち込むようにすれば、それだけで強力な退職防止策になります。</mark>

　ただし、社員の微妙な変化に気づけるかどうかは、面談者のスキルに大きく左右されます。1対1ミーティングの進捗管理を任せっぱなしにしないことが大事です。

顧問型経営コンサルタントの活用で社員に安心感を与える

経営コンサルタントは、企業を定期訪問する「顧問型」と特定の課題解決を支援する「プロジェクト型」に分かれます。

顧問型のコンサルタントは、社長へのアドバイスに留まらず、会議に参加して「社長と社員の間のコミュニケーションギャップを埋める役割」を果たします。

例えば、社長の真意が社員に伝わるよう、次のようなフォローを入れます。

「当社が健全経営を続けてきたのは、数字を見て、軌道修正をしてきたから。だから社長は報告書の提出にこだわるのです」

社長の話が一方的で偏っていると思ったら、例えば次のように、社長と反対の考えを述べてバランスを取ります。

「社長は後ろ向きですが、××さんの意見もあながち間違いとは言えないでしょう。念のため検討してみるということでいかがですか」

コンサルタントが違う角度の意見を入れることで、社員は公平性、妥当性を確認でき、安心感を持ちます。

また、コンサルタントを雇うのは、時代の変化に敏感で、社員教育を重視する社長が多いです。中小企業という狭い檻に閉じこもるのではなく、社外のマネジメントスクールなどに社長自身が参加し、社員にも参加を促します。

このような「開かれた考え」を持つ社長が率いる会社は、若い社員の定着率が高いので、そこをうまく社風にしていきたいところです。

社員が「辞める」と言ってきたときの対応

社員が辞めたいと言ってきたら、多くの場合、引き留めるのは困難です。しかし、退職理由のヒアリングには最大限努力すべきです。ここで本音を聞いておかないと、次の退職を防止することができないからです。

　筆者（安田）の経験では、社員の本音を聞き出しやすいタイミングは退職日の前日です。その頃であれば、本人の心も落ち着いており、職場の上司等の反応を気にする必要もないので、本音が出やすくなります。

　中小企業では出戻り社員が活躍するケースも多いので、退職する社員は、精一杯の笑顔で送り出したいところです。日頃からそういう大らかな考えを持つようにすると、期待していた社員が「辞める」と言ってきた際、社長自身も傷つかなくて済みます。

決算賞与に差をつける

　中小企業でも、案外、年功序列的な処遇を行っている場合があります。例えば、賞与を支給する際、50歳以上の役職者に一律で多額の賞与を支給する一方、若い社員には雀の涙しか渡さない、などです。

　賞与の考え方には諸説ありますが、財務的には「将来に向けた投資」です。社長は、**「誰にたくさん払うと会社の未来がひらけるか？」** を真剣に考える必要があります。

　業績に応じて支給額を決める**決算賞与（臨時ボーナス）は、業績が安定しない状況下で、社員のやる気を高めるのに有効な手段**です。決算賞与には「業績が悪いときに減額できる」「決算前に支給することで節税対策になる」といったメリットがあります。

　決算賞与を「一律何万円」と決める会社もありますが、筆者は差をつけたほうがいいと思います。老舗小売業のM社では、**個々の社員に対する「社長の期待度」で差をつけた決算賞与を支給する**ことで、優秀な若手人材が流出するのを防いでいます。

　なお、決算賞与と言っても、社員は来年も同じくらいの支給を期待します。支給額は来年のことも考えて決定する必要があります。

　Y社（卸売業・従業員80名）では、中途採用した若手社員が1〜2年で退職するケースが相次ぎ、人材不足が重要課題になっています。

　若い社員の退職には次のような点が影響していました。

- 上司の指導が厳しすぎる
- 「背中を見て仕事を覚える」が基本で、教育計画やマニュアルがない
- 「周囲が新人社員に声をかける」といった励ましを行っていない

　Y社では、社長とリーダー級の社員9名が参加する**社員教育検討会**を立ち上げ、この問題を議論することにしました。

　この会は、現在、次のルールで運営されています。

- 目的は「社員を幸せにする」こと
- 目線を高く持つ。目線の低い話は厳禁
- 参加者全員に均等に話す時間が与えられる（役職の上下は関係ない）

　「社員を幸せにする」に異論を挟む余地はないでしょう。目的を「社員を幸せにする」に設定すると、普段はあまり仲が良くないリーダー社員同志も不思議と意見がそろってきます。

　検討会では、「社員が辞める理由」「ジョブローテーション」「教育マニュアルの作成」「採用市場においてY社がどう見られているか」等について議論し、少しずつ対策を進めています。

　銀行返済をリスケした会社は、資金繰りに余裕がなく、採用活動にも及び腰になりがちです。しかし、必要な人材を確保しなければ、リスケから抜け出すことが難しくなる場合があります。

　C社は積極的な人材採用で業容を拡大してきたＩＴ関連企業です。

リーマンショックによる業績悪化でリスケに追い込まれた際も、銀行に提出した経営改善計画書では、人員削減等は行わず、逆に「新規採用を継続する方針」を記載していました。

これに対しメインのM銀行（メガバンク）の副支店長は、「銀行返済をリスケする会社が、社員を増やすなんてとんでもない。新規採用を計画から外さない限り、リスケには応じない」と経営改善計画書の作り直しを要請してきました。

C社の社長は創業者で負けん気の強い方だったため、「なぜ銀行にそこまで言われなければならないのか」と怒り、「人材発掘は当社の成長戦略だ。新規採用の方針は絶対に取り下げない！」と抵抗しました。しかしそれでもM銀行の方針は変わらず、いったんはリスケを拒絶される事態に至りました。

メインバンクがリスケを断れば、他行はほぼ確実にリスケを断ってきます。窮地に陥ったC社を救ったのは、その頃、施行された「中小企業金融円滑化法」でした。同法を根拠にM銀行と再交渉したところ、何の条件も付かず、あっさりリスケが認められました。

その後、計画どおりに新規採用を継続したC社の業績は急回復し、1年を待たずして脱リスケを完了。現在も好業績を続けています。

ちなみに、M銀行とは、その後も交渉のしこりが残り、C社はメインバンクを変更しています。

この結果を見る限り、C社の社長の経営方針は間違っていなかったといえます。

ただし、銀行員と意見が対立した際に、感情的になるのはいけません。社長の言動は銀行内部で記録され、次の担当者に引き継がれていきます。

あらかじめ「銀行とはそういうものだ」と思って交渉にのぞめば、さほど腹も立ちませんし、作戦を考える心の余裕も出てくるはずです。

成果のあがりやすい取り組み

変動損益計算書で
目標利益を管理する

- ¥ 変動PLで「利益の増減理由」を明確にする
- ¥ 数値計画は目標利益からの逆算で立てる
- ¥ 当期利益の着地予想をいつでも言えるようにする

変動損益計算書とは

　変動損益計算書（変動PL）とは費用を変動費と固定費に分けた損益計算書です。**図表4**は製造業のPLを変動PLに組み替えた例です。

　変動損益計算書には、この後で述べるさまざまなメリットがあるので、まだ使っていない場合は経営管理に取り入れることをお勧めします。

図表4　　**変動損益計算書の作り方**

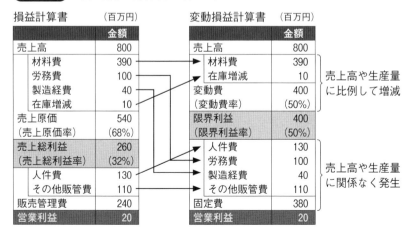

損益計算書	（百万円）
	金額
売上高	800
材料費	390
労務費	100
製造経費	40
在庫増減	10
売上原価	540
（売上原価率）	(68%)
売上総利益	260
（売上総利益率）	(32%)
人件費	130
その他販管費	110
販売管理費	240
営業利益	20

変動損益計算書	（百万円）	
	金額	
売上高	800	
材料費	390	売上高や生産量
在庫増減	10	に比例して増減
変動費	400	
（変動費率）	(50%)	
限界利益	400	
（限界利益率）	(50%)	
人件費	130	
労務費	100	売上高や生産量
製造経費	40	に関係なく発生
その他販管費	110	
固定費	380	
営業利益	20	

　変動費は売上高や生産量に比例して増減する費用のことで、固定費は売上高に関係なく発生する費用です。この例では、売上原価の材料費と在庫増減を変動費とし、労務費（製造に携わった従業員の人件費）と製造経費（工場でかかった経費）を固定費にしています。

　変動ＰＬの限界利益は、売上高から変動費を引いた利益で、「粗利」に近い数値です。
　図表４では、「営業利益」を最終段階の利益にしていますが、「経常利益」を最終段階の利益に設定する場合は、営業外収益は（固定費を減らすものとして）固定費から引き、営業外費用を固定費に足して、調整します（**図表５**）。

図表5　**経常利益を管理する場合**

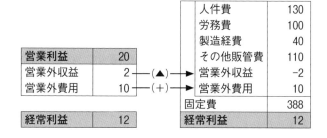

➡ さらに詳しく解説すると…

固変分解にどこまでこだわるべきか
　変動費と固定費の色分け（固変分解と呼びます）は、精度が高いほうがいいわけですが、一方で、「どこまでこだわるか」という問題もあります。
　さきほどは製造経費を固定費にしましたが、もし次ページ**図表６**のように製造経費の中に外注費が含まれていたら、その金額は固定費ではなく変動費にすべきです。外注費が売上高に応じて変動することは、ほぼ

間違いないからです。

一方、製造経費に計上される水道光熱費はどう判断すればよいでしょうか。水道光熱費

図表6　変動費の判断

（百万円）

	金額
売上高	800
材料費	390
労務費	100
製造経費	40
在庫増減	10
売上原価	540

→ ［製造経費］
　外注費（変動費）

→ ［製造経費］
　水道光熱費（準変動費）

は「使わなくても払わなければならない基本料金」と「使用量に応じてかかる従量料金」に分かれます。

このように、ある部分は変動費であるが、完全に変動費といえない費用のことを「準変動費」と呼びます。

水道光熱費の従量料金の部分は変動費にするのが妥当でしょう。しかし、それには別途、集計作業が必要になります。金額もさほど大きくないので、筆者の場合、水道光熱費は固定費で済ませてしまうことが多いです。

固変分解にとことんこだわるなら、水道光熱費以外の準変動費（または準固定費）もすべて洗い出し、回帰分析（最小二乗法）で求めた変動費率と比較してみる、といったことも行う必要があるでしょう。

実務では、ある程度、割り切って、売上高に比例すると思われる勘定科目を変動費とします。

変動PLを使用するメリット

(1) 利益の増減理由が見えやすくなる

変動PLの最大の特徴は、利益の計算を次式に単純化し、利益の増減理由を見えやすくしている点にあります。

> 営業利益＝売上高×限界利益率－固定費

利益は、「売上高」と「限界利益率」と「固定費」の3つで決まります。

図表7 変動損益計算書の読み方

(百万円)

	前期	当期
売上高	750	800
変動費	360	400
（変動費率）	(48%)	(50%)
限界利益	390	400
（限界利益率）	(52%)	(50%)
固定費	360	380
営業利益	30	20

減益

> 売上高は約６％伸びたものの限界利益率が２ポイント悪化し、固定費が20百万円増加したことにより、10百万円の減益となった

	前期	当期	
損益分岐点売上高	692	760	固定費÷限界利益率
損益分岐点比率	92%	95%	損益分岐点売上高÷現在の売上高
安全余裕率	8%	5%	100％－損益分岐点比率

悪化

　図表７では、営業利益が前期の30百万円から当期は20百万円に10百万円減少しています。

　売上高は750百万円から800百万円に伸びたのに10百万円の減益になったのは、限界利益率（粗利率）が２％下がり、固定費が20百万円増加したからです。

　このように、利益の増減理由を構造的に把握することが、変動ＰＬを使用する目的の１つです。

⑵「損益分岐点売上高」と「安全余裕率」を把握できる

　変動ＰＬでは、損益分岐点売上高の把握が容易になります。損益分岐点売上高の計算が「固定費÷限界利益率」だからです。

　図表７では、損益分岐点売上高が692百万円から760百万円にあがっていますが、原因は、限界利益率が低下し、固定費が増加したからです。

　売上は伸びてはいるものの、利益をあげにくくなっていることがうかがえます。そのことを認識する指標が、図表７の一番下にある「安全余裕率」です。**安全余裕率は、現在の売上高がどの程度落ち込むと赤字に**

転落するかを表す指標です。計算式は「100％－損益分岐点比率」です。

図表7では安全余裕率が８％から５％に下がっています。

売上が「５％」下がると赤字転落……。こういう目安があると、毎月の売上チェックを行いやすくなります。

➡ さらに詳しく解説すると…

①利益の増減理由を金額で見る

利益の増減理由は「金額」で表すことができます。図表8は、筆者が実務で使っている表で、「影響額」の数字は各項目が営業利益に与えた金額のインパクトを表します。

例えば、売上増加によって営業利益がいくら増えたかは、「当期の売上増加額」に「前期の限界利益率」を掛けて計算します。この計算は、２つの変動要因のうち１つを固定すると、もう１つがはっきりする、というものです。

なお、この表では、限界利益率の悪化（減少）を変動費率の悪化（増加）と表現していますが、限界利益率を用いてもかまいません。

図表8　営業利益への影響額

(百万円)

			前期	当期	増減	影響額	影響額の計算式
a	売上高		750	800	50	26	売上の増減額×前期の限界利益率
b	変動費		360	400	40		
c	変動費率	b÷a	48.0%	50.0%	2.0%	-16	当期売上×－（変動費率増減）
d	限界利益	a－b	390	400	10		
e	限界利益率	d÷a	52.0%	50.0%	-2.0%		
f	固定費		360	380	20	-20	－（固定費増減）
g	営業利益	d－f	30	20	-10	-10	

営業利益への影響額は、**図表9**のようなウォーターフォール図にすると、視覚的に認識しやすくなるのでお勧めです。

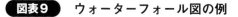

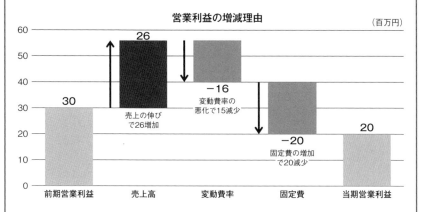

図表9　ウォーターフォール図の例

営業利益の増減理由　　　　　　　　　（百万円）

ウォーターフォール図は、左をスタート、右をゴールに設定し、その途中の変化をアップダウンで表示します。上場企業の決算説明でよくこういった資料を見かけますが、Excelでも割と簡単に作ることができます。

　なお、変動費と固定費をさらに複数の項目、例えば「変動費A」「変動費B」というように分けると、より課題を把握しやすくなります。

②変動費の改善には「販売数量」などの把握が必要

　上記のような分析で、だいたいどの辺に課題があるかはわかりますが、変動費の改善には、もう少し細かい分析が必要です。なぜなら、**変動費は厳密には売上高ではなく、販売数量や生産数量（操業度）に応じて変動する**からです。

　例えば、売上高＝販売価格×販売数量において、今期から1個当たりの販売価格を値下げし、販売数量を増やして前期並みの売上高を確保した場合、前期よりも変動費（率）が増加します。

　変動費の改善には、「1個当たりの販売価格」「1個当たりの変動費」「販売数量」のレベルで改善計画を検討する必要があります。

⑶ PLの着地予想が容易になる

　当期末の売上・利益を予想することを「着地予想」といいます。銀行員は次回の決算がどういう内容になるかを気にするので、「現時点で着地はこれくらいになりそうです」という説明ができると、「数字を押さえている社長（会社）」として評価されます。

　月次損益の管理に変動PLを使っていれば、着地予想を簡単に行えます。**図表10**では、1～7月が実績値で、8～12月の5か月分の予想が必要になっています。

　変動PLでは、「売上高」「限界利益率」「固定費」の3つが揃えば利益を予想できます。この例では、限界利益率48％を前提に、予想売上高と予想固定費を入力し、着地予想を行っていますが、こういうざっくりとした予想を普段から習慣にしておくとよいです。

図表10　変動PLによる着地予想の例

（百万円）

	1-7月	8月	9月	10月	11月	12月	合計
売上高	510	?	?	?	?	?	
変動費 （変動費率）	265 (52.0%)	(52%)	(52%)	(52%)	(52%)	(52%)	
限界利益 （限界利益率）	245 (48.0%)	(48%)	(48%)	(48%)	(48%)	(48%)	
固定費	231	?	?	?	?	?	
営業利益	14						

8月以降の予想売上高と固定費を入力

	実績	予想	予想	予想	予想	予想	（百万円）
	1-7月	8月	9月	10月	11月	12月	合計
売上高	510	64	58	70	70	80	852
変動費 （変動費率）	265 (52.0%)	33 (52%)	30 (52%)	36 (52%)	36 (52%)	42 (52%)	443 (52%)
限界利益 （限界利益率）	245 (48.0%)	31 (48%)	28 (48%)	34 (48%)	34 (48%)	38 (48%)	409 (48%)
固定費	231	32	32	32	32	32	390
営業利益	14	-1	-4	2	2	6	19

着地予想

(4) 目標利益からの逆算で計画を立てることができる

　利益計画は、まず目標利益を決めて、それを達成するための売上高や費用を検討するのが一般的です。

　図表11は利益計画の検討プロセスです。

> ①当期の成り行き予想を行い、売上高780百万円、▲10百万円の赤字となることを認識。
>
> ②銀行への返済などを考慮のうえ、目標利益を20百万円に決定。目標利益を獲得するのに必要な売上高を、（固定費＋目標利益）÷限界利益率で計算したところ840百万円であった。
>
> ③当期計画Bでは、必要売上高840百万円を達成可能な800百万円に下げ、目標利益に届かない額を固定費の削減でカバーすることにした。

　目標利益獲得に必要な売上高を計算する**（固定費＋目標利益）÷限界利益率**はよく用いる式です。損益分岐点の計算式の分子に目標利益を加えれば、固定費＋目標利益を確保できる売上高が計算されるわけです。

　なお、このケースでは固定費の削減で帳尻を合わせていますが、当然、限界利益率の改善（増加）で計画を立てることも可能です。

　変動PLを使うと、こういったシミュレーションが簡単に行えます。

図表11　利益計画の検討プロセスの例

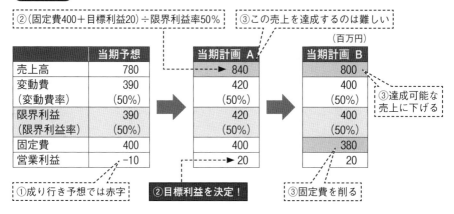

②（固定費400＋目標利益20）÷限界利益率50%　　③この売上を達成するのは難しい

（百万円）

	当期予想	当期計画 A	当期計画 B
売上高	780	840	800
変動費	390	420	400
（変動費率）	(50%)	(50%)	(50%)
限界利益	390	420	400
（限界利益率）	(50%)	(50%)	(50%)
固定費	400	400	380
営業利益	-10	20	20

①成り行き予想では赤字　　②目標利益を決定！　　③固定費を削る

③達成可能な売上に下げる

⑸ **自社の利益構造をイメージしやすい**

　変動PLは、1つひとつの仕事から生じる限界利益を積み重ね、限界利益が固定費を上回ることによって営業利益がもたらされるという「視点」を提供します。

　図表12では、A、B、Cで稼いだ限界利益の合計102百万円が固定費100百万円を上回ることによって、営業利益2百万円を計上した形になっています。A、B、Cは製品、サービス、顧客などで、それぞれ単価と限界利益率が異なります。

　図表12のように自社の利益構造をイメージすると、次にやるべきことが見えてきます。

図表12　**利益構造のイメージ**

（百万円）

	A	B	C	合計
売上高	60	70	50	180
変動費	20	38	20	78
限界利益	40	32	30	102
固定費				100
営業利益				2

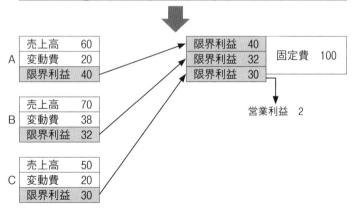

A	売上高	60
	変動費	20
	限界利益	40

B	売上高	70
	変動費	38
	限界利益	32

C	売上高	50
	変動費	20
	限界利益	30

限界利益	40
限界利益	32
限界利益	30

固定費　100

営業利益　2

事例：社員全員で「着地損益」を認識

　「はじめに」で紹介したM建設は、この20年間で赤字になったのは1回だけです。同社が赤字に転落しないのは、少人数主義（従業員数5人）で固定費を抑えている点が大きいのですが、予算で限界利益と固定費を管理していることもかなり効いています。

　月1回開催する業績検討会議では、担当者別に前月計上の工事利益の振り返りを行います。

　図表13「担当者別実績表」がその資料です。この表の「外注費・材料費」は変動損益計算書の変動費で、「粗利」が限界利益に該当します。

　建設業では、工事の進捗や請求、支払い等の管理が甘いと工事利益が狂い、最悪の場合、赤字になってしまうので、工事粗利のチェックは非常に重要です。どんぶり勘定で倒産する中小建設業の多くは、こういう基本を徹底できず、不採算工事を抱え込んだ会社です。

　また、建設業では実質的に固定費である労務費を完成工事原価とする会計処理が、中小企業の社長を混乱させる原因になっています。労務費を原価に含めると、工事ごとの粗利と計算書の粗利を一致させることが難しくなるからです。まずは**図表13**のように、売上高から変動費だけを引いた限界利益を粗利として認識するのが実践的です。

図表13　担当者別実績表の例

前月計上分

変動費 / 限界利益

（千円）

工事番号	顧客名	工事名	担当者	売上金額 金額	%	外注費・材料費 金額	%	粗利 金額	%
22113	××様	××工事	安田	5,500	100.0%	3,868	70.3%	1,632	29.7%
22047	××様	××工事	安田	1,660	100.0%	1,111	66.9%	549	33.1%
22109	××様	××工事	安田	950	100.0%	666	70.1%	284	29.9%
小計				8,110	100.0%	5,645	69.6%	2,465	30.4%

図表14 M建設の予算管理

(千円)

		前月 金額	前月 %	今月 金額	今月 %	来月 金額	来月 %		合計 金額	合計 %
実績 a	売上	29,000	100.0%		0.0%		0.0%		29,000	100.0%
	原価	21,000	72.4%		0.0%		0.0%		21,000	72.4%
	粗利	8,000	27.6%		0.0%		0.0%	1年分	8,000	27.6%
実行予算 b	売上		0.0%	18,000	100.0%	50,000	100.0%		180,000	100.0%
	原価		0.0%	13,500	75.0%	35,000	70.0%		135,000	75.0%
	粗利		0.0%	4,500	25.0%	15,000	30.0%		45,000	25.0%
見込み a+b	売上	29,000	100.0%	18,000	100.0%	50,000	100.0%		209,000	100.0%
	原価	21,000	72.4%	13,500	75.0%	35,000	70.0%		156,000	74.6%
	粗利	8,000	27.6%	4,500	25.0%	15,000	30.0%		53,000	25.4%

試算表と一致　　　　　鮮度の高い数値　　　　この金額が年間固定費
を超えると黒字

　同社の業績検討会議では、年間の固定費予算に対して現在の獲得粗利がどれだけ積みあがっているかを確認します（**図表14**）。獲得粗利は、売上計上済みの工事（実績a）に、仕掛中の工事（実行予算b）を足した金額（見込みa＋b）です。

　獲得粗利は53百万円になっています。仮に固定費が60百万円なら、当期利益を黒字にするのに7百万円以上の粗利が必要です。

　そこで会議では7百万円＋αの粗利を確保する方法を全員で考えます。必ずしもよいアイデアが出るとは限りませんが、着地利益に対する意識づけが、赤字を垂れ流す会社になるのを防ぎます。

　「実行予算b」の粗利が間違っていると、「見込みa＋b」の粗利も間違っていることになります。よって会議では、仕掛中の工事もリスト化し、各工事の最新数値をチェックするように心がけています。

　筆者（安田）の経験では、中小建設会社がこうした管理を定着させるのに最低でも2年かかります。年季の入った現場監督ほど細かく管理されることを嫌がるためです。「みんなの給料をあげていくのに、どうしても予算管理が必要なのです」と社員に語り、毎回、少しずつ資料の完成度を高めていく粘り腰が必要になります。

06

成果のあがりやすい取り組み

時間当たり利益を高め、 賃上げ可能な体質を目指す

対応ポイント

- ⊛ 生産性向上とは、少ないインプットで大きいアウトプットを生み出すこと
- ⊛ 時間当たり利益（限界利益÷時間）を管理し、生産性向上を図る

生産性とは何か？

生産性とは、「インプットに対するアウトプットの割合」です。

例えば1人当たり売上高（売上高÷従業員数）という指標があります。その名のとおり、従業員1人当たりの売上高ですが、生産性としての見方は、従業員数がインプット、売上高がアウトプットになります。

つまり、少ない人数（インプット）で、多くの売上をあげ（アウトプット）、1人当たり売上高が高くなっている場合に「生産性が高い」と判断されるわけです。

「売上高÷従業員数」など、インプットを「ヒト」にする生産性を「労働生産性」といいます。「売上高÷機械設備」「売上高÷売り場面積」というように、インプットを「モノ」にする生産性を「資本生産性」と呼びます。

いずれにしても、生産性の指標は、必ず分母がインプットで、分子がアウトプットになります（図表15）。

図表15 生産性とは？

$$生産性 = \frac{アウトプット（成果）}{インプット（資源投入）}$$

🪙 時間当たり限界利益（限界利益÷労働時間）を高める

最も代表的な生産性の指標は、付加価値労働生産性（付加価値÷従業員数）ですが、従業員数は勝手に増やしたり減らしたりできないため、この指標は日々のマネジメントには向きません。

しかし、分母を従業員数ではなく「時間」にすると、マネジメントに有効な指標になります。

以下は、サービス業を手がける中小企業Ａ社の事例です。

Ａ社の仕事は、人の手による労働で利益を稼ぐ、労働集約型ビジネスです。

現場での作業や見積もり業務に忙殺され、社員は「忙しい」が口癖。月１回のミーティングも必ず誰かが欠席する有様でした。

こういうケースでは、粗利額や粗利率だけを見ても、あまり意味がありません。なぜなら、それぞれの仕事をこなすために投入した時間（インプット）を含めて見ないと、生産性の高い仕事をしているかどうかがわからないからです。

図表16 　Ａ社の会議資料

限界利益を意味する　　事務処理等に要した時間も含む　　限界利益÷総所要時間

（千円）

受付番号	担当者名	顧客名	案件名	売上高	仕入・外注費	粗利	粗利率	総所要時間	時間当たり利益	
×××	×××	×××	×××	4,500	1,400	3,100	69%	130	ば ら つ き	23.8
×××	×××	×××	×××	3,000	900	2,100	70%	192		10.9
×××	×××	×××	×××	1,200	300	900	75%	56		16.1

そこで、Ａ社では、１つひとつの仕事の「時間当たり利益」（限界利益÷総所要時間）を一覧にした会議資料（**図表16**）を作り、毎月、振

り返りを行うことにしました。

この資料で判明したのは、案件ごとの「**時間当たり利益**」のばらつきでした。

人件費は限界利益から支払われます。「限界利益÷総所要時間」は「時給」とは一致しませんが、計算式は「時給」に近い意味を持ちます。

つまり、A社の社員たちは、「時給が高い仕事」と「時給が低い仕事」を区別せず、来た仕事を前から順にこなしていたのです。これでは生産性は高まりません。

最小の時間で最大の利益を獲得することが生産性向上です。そのためには、次のことに取り組む必要があります。

> ①時間当たり利益の高い仕事を積極的に受注する
> ②時間当たり利益の低い仕事の「価格」を引き上げる
> ③技術力向上等で作業にかかる時間を短くする
> ④直接利益を生まない事務処理等にかかる時間を減らす
> ⑤社員が自分の得意分野に集中できるように仕事を分担する

社員にはどの仕事に何時間使ったかを細かく記録してもらう必要があります。案の定、「時間を記録する時間がない」と愚痴をこぼす社員もいましたが、最近はスマホやアプリがあるので、これくらいのことは少しの努力で実行できます。

成果のあがりやすい取り組み

部門別損益で
「増益」を計画する

- ⊙ 部門別損益は有効なツールであるが、使い方には工夫が必要
- ⊙ できれば部門別に増益計画を立て、過去最高益を狙いたい

部門別損益を社員に見せると何が起こるか

　中小・零細企業でも、部門が２つか３つくらいに分かれている会社は少なくありません。例えば、小さなお店で雑貨を売っている会社でも、ネット通販を行っているなら２部門あることになります。

　こうした複数部門を持つ会社が儲けを増やすには、部門別に損益を集計した部門別損益を作り、利益を管理するのが効果的です。

　最近は中小企業でも、試算表とセットで「部門別損益表」を作り、経営に活用する会社が増えてきました。会計事務所も部門別損益の作成には協力的な事務所が多いようです。

　しかし、部門別損益で予算を組んだり、業績評価を行ったりしている会社は、そう多くありません。

　図表17のような部門別損益計算書を社員に見せると、次のような問題が起きることも原因の１つでしょう。

①人件費への不満が出やすくなる

　部門別損益に記載されている人件費は、その部門に所属する社員の人件費です。中小企業は人数が少ないので、人件費のトータル金額をみただけで、その部門の社員が大体いくらぐらいの給料を貰っているかがわ

かってしまいます。結果として、「最近入社したあの人のほうが自分より給料が高いのはおかしい」といった不満が出る場合があります。

②他部署への批判が高まる

他部門の利益を見て「自分たちの給料があがらないのはC部門の赤字のせいだ。彼らの給料を下げて我々の給料をあげるべきではないか」といった過激な意見が飛び出し、社員同士の仲が悪くなることがあります。

図表17 部門別損益資料の問題点

(百万円)

		A部門	B部門	C部門
売上高		200	150	50
売上原価		135	110	30
売上総利益		65	40	20
	人件費	22	15	13
	運賃荷造費	8	7	2
	広告宣伝費	5	3	2
	その他販管費	20	10	5
販売管理費		55	35	22
営業利益		10	5	-2

＜問題点＞

①自部門のみならず、他部門の社員の給料まで推定可能になる

②「C部門の赤字に足を引っ張られてA部門の給料があがらない」といった他部署への批判が出てくる

事例：部門別に予算を立てることで、過去最高益を達成

人件費の増加等で、なかなか利益を伸ばせなかったN社は、部門別損益に本格的に取り組み、2022年において過去最高益を達成しました。

同社の部門別資料（次ページ**図表18**）は変動損益計算書の形にし、さらに固定費を「管理可能固定費」と「管理不能固定費」に分けています。
「管理可能」と「管理不能」は、それぞれの部門が自力で管理できるか・できないかによる区分けです。

例えば、運賃荷造費が増えすぎないよう、各部門に工夫の余地があるなら、それは「管理"可能"固定費」です。広告宣伝費についても、各部門の努力で節約できるなら、「管理"可能"固定費」です。ただし、このように部門で管理できる固定費はあまり多くありません。

人件費は当然「管理"不能"固定費」です。中小企業の一部門が、自らの判断で給料を上げたり下げたりできません（アルバイトの給料や残業代はコントロールできる可能性はありますが）。図表18では人件費を管理不能固定費に入れ、直接見えないようにしています。

図表18において**各部門が責任を負う利益は、自らの手でコントロールできる「管理可能利益」**のみです。管理不能固定費の影響を受ける営業利益には責任を負いません。

図表18 各部門は「管理可能利益」に責任を負う

(百万円)

	A部門	B部門	C部門
売上高	200	150	50
変動費	135	110	30
限界利益	65	40	20
運賃荷造費	8	7	2
広告宣伝費	5	3	2
管理可能固定費	13	10	4
管理可能利益	52	30	16
人件費	22	15	13
その他販管費	20	10	5
管理不能固定費	42	25	18
営業利益	10	5	-2

各部門が自らの手でコントロールできる固定費

各部門が責任を負う利益

人件費はこの中に入れて見えなくする

各部門が自らの手ではコントロールできない固定費

予算を立てる際は、各部門には管理可能利益の「増益」を計画してもらいます。特殊な事情がない限り、予算での減益計画は認めません。また、営業利益が赤字になっている部門には、赤字を解消できる程度の増益を求めます。

状況は部門ごとに異なるので、N社では過去のデータに基づく打ち合わせを数回行う必要があり、最終的に**図表19**の予算が決まりました。条件は「増益」でしたが、結果として増収増益が計画されることになりました。

前述のとおり、部門別損益の開示と比較は社内の人間関係を悪化させる恐れがあるので、「土俵が異なる部門の業績を比較することはフェアではない」「部門ごとに予算の達成度が評価される」といった説明を入念に行いました。

予算達成に対しては、決算賞与の上乗せ等で報います。

図表19 部門別の予算

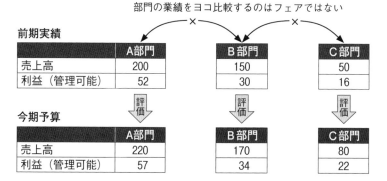

→ **さらに詳しく解説すると…**

本部費の配賦に意味はあるか

部門別損益では、間接部門などで発生した経費や役員報酬などを本部費（本社費、本社経費ともいう）として各部門に負担させる「配賦」という計算を行います（次ページ**図表20**）。この表に興味を持つ経営者は少なくありませんが、本部費を配賦した後の利益を見て「黒字」「赤字」と騒ぐことには、あまり意味がありません。そのことは、不採算店舗の閉鎖を考えてみると、よくわかります。

A店は本部費前も本部費配賦後も黒字ですから、何の問題もありません。

B店は本部費配賦後が赤字、本部費前は黒字です。ここで一瞬、迷いますが、B店を閉店したら減益になります（図表21）。B店を閉めても、本部費はほとんど変わらないうえ、B店が稼いでいた本部費前利益10百万円が消滅し、会社の全体利益が減少するからです。

C店は本部費前が赤字なので、このまま赤字が続くなら撤退を検討するしかありません。しかし、即撤退が正しいかはわかりません。閉鎖してもC店でかかっていた固定費（給料など）がゼロになるとは限らないからです。例えば、固定費が20百万円残るなら、当面、営業を継続したほうが赤字は少なくなります（図表22）。

図表20　本部費の配賦

(百万円)

	A店	B店	C店	本部費	合計
売上高	400	300	300		1,000
変動費	270	210	210		690
限界利益	130	90	90		310
固定費	100	80	100	50	330
本部費前利益	30	10	-10		30
本部費配賦額	20	15	15	←配賦	
本部費配賦後利益	10	-5	-25	-50	-20

この数字にはあまり意味がない

図表21　B店を閉じた場合

(百万円)

	A店	B店	C店	本部費	合計
売上高	400		300		700
変動費	270		210		480
限界利益	130	閉鎖	90		220
固定費	100		100	50	250
本部費前利益	30		-10		20
本部費配賦額	20	15	15		
本部費配賦後利益	10	-15	-25		-30

赤字拡大

図表22　C店を閉じた場合（固定費20百万円残存）

(百万円)

	A店	B店	C店	本部費	合計
売上高	400	300			700
変動費	270	210	閉鎖		480
限界利益	130	90			220
固定費	100	80	20	50	250
本部費前利益	30	10	-20		20
本部費配賦額	20	15	15		
本部費配賦後利益	10	-5	-35		-30

赤字拡大

このように不採算店舗の閉鎖はシミュレーションを行わないと判断できません。そしてこの判断に本部費配賦後利益はほとんど役に立ちません。

では、本部費配賦後の利益にはどんな意味があるか？　例えば、店舗別の売上目標は、本部費配賦後利益が黒字になる数値を検討すべきでしょう。総コストに基づく目安はやはり必要です。

08

成果のあがりやすい取り組み
組織図を見直す

対応ポイント

- ¥ 原理原則が徹底されているかをチェックする
- ¥ 経営改善では若手人材を抜擢する等で流れを変えることが重要

中小企業だからこそ組織図に問題がある

「組織図の見直し」が、生産性向上やモチベーションの改善、新製品・新サービスの開発などの成果に結び付くことがよくあります。

社員数が限られる中小企業では、「組織図に変更の余地はない」と考えがちですが、**中小企業だからこそ、生産性の低い組織形態が固定化している可能性**があります。

例えば、「兼務」の問題です。卸売業の中堅社員Mさんは、商品知識に長け、仕入が得意でありながら事務業務を兼務していました。「なぜ仕入のエキスパートであるあなたが、事務を兼務しているのか？」と尋ねたところ、彼は「自分にしかできない請求業務があって、代わりがいないのです」と答えました。

仕入れが仕入れに専念しないで、どうやって業績を伸ばせるのでしょうか？ Mさんの請求業務を他の社員に任せることを会議で決定してから3年経ちますが、いまもMさんの兼務は続いています。

組織図を見直す際のチェックポイント

業績を改善するには、上記のようなマイナス要因を可能な限りつぶしていく必要があります。組織図には原理原則があります。自社の組織図

をみて、以下の点をチェックしてみてください。

①役割と責任が明確になっているか？

　組織図では、原則として、すべてのポジションの役割と責任が明確になっている必要がありますが、これができている会社はそう多くありません。

　その証拠に、ほとんどの会社で、仕事を押し付けられることに不満を持つ社員がいたり、メンバー同士で衝突が起きていたりします。

　まずは、こうした社員の声を拾い上げることが必要です。

②命令系統が一元化されているか？

　組織図の「縦の線」のことをラインと呼びます（**図表23**）。

図表23　**ライン・アンド・スタッフ組織の例**

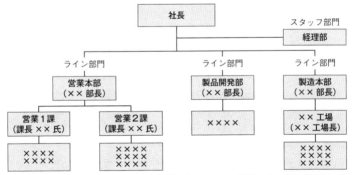

※中小企業の多くは、ライン部門とスタッフ部門で構成される
「ライン・アンド・スタッフ組織」を採用している

　このラインに沿って、1人の部下は1人の上司からのみ指示命令を受けるのが原則です（命令一元化の原則）。例えば、部長が課長をとばして社員に指示を出したり、他のラインの社員に指示を出したりすると、組織は混乱します。

中小企業では、この原則は軽視され、組織図が意味をなさなくなっているケースが少なくありません。

③職務が専門化されているか?

「営業は営業」「開発は開発」というように、1つの分野に集中して仕事をするほうが成果はあがりやすくなります(専門化の原則)。

特にどの職務を専門化すべきかは、会社の経営戦略によって決まります。例えば、青果卸売業を営む会社が、青果に対する専門性を武器として成長を図るために、「野菜部－キャベツ担当」「果実部－みかん担当」など、商品別に部門を設けている例があります。

④スタッフ部門が効率的に機能しているか?

スタッフ部門は、ライン部門が業務を遂行するのをサポートする部門のことで、**図表23**の「経理部」のほか「総務部」「人事部」などが該当します。スタッフ部門は直接収益をあげる部門ではないため、少人数で効率的に業務をこなすことが求められます。

ただし、最近は、動画やメルマガなどを制作する「企画部」や「Webデザイン部」などのスタッフ部門が、中小企業の売上に貢献するケースがよくみられます。

⑤部門横断的なテーマに対応する柔軟性はあるか?

ＩＴ化やＤＸ、コスト削減等の部門横断的なテーマについて、「臨機応変にプロジェクトチームやワーキングチームを立ち上げて対応しているか」もチェックポイントになります。

　リーマンショックで銀行返済をリスケし、経営改善に取り組んでいた製造業G社での話です。

　同社では、社員があげてくる要望や課題を無視する、事なかれ主義の営業部長K氏（当時60歳）に対する不平不満が頂点に達していました。

　無視された課題は、「若手社員同士の交流の場を設けるべき」という前向きな提案から、「営業部のせいで業務が滞る」等の不満、さらに「膝が悪いのでトイレを洋式にしてほしい」という切実な要望まで、広範囲にわたっていました。

　経営改善に取り組む会社では、しばしば問題のある幹部社員が批判を浴び、自発的に退職します。K氏も静かに会社を去っていきました。

　その後しばらく、K氏の後任をどうするかについて議論が続きましたが、最終的に社内でトップの営業成績を収めていた40歳の営業担当者を新しい営業部長に任命しました。この人事が当たりで、G社の売上は大きく伸び、現在では安定して利益を計上できる企業に回復しています。

　このように組織図の見直しでは、悪い流れを変える「若手人材の発掘・登用」が重要な検討ポイントになります。筆者の経験では、逆境時に実力を発揮するのは、ものごとを根本から考えるタイプの人材です。

第 3 章

COMPLETE MANUAL OF BANK NEGOTIATIONS
AND CASH MANAGEMENT
FOR SMALL AND MEDIUM ENTERPRISES

過剰債務を正しく理解し
「つぶれない会社」になる

倒産する会社は「借金の多い会社」。とはいえ借入を我慢
して資金が枯渇しても倒産します。融資にどこまで依存し
てもよいのか——その見極めに役立つのが「スコアリング」
です。本章ではその使い方を含め、どんな形のバランスシ
ートにしていけばよいのか、過剰債務の状態からどう脱す
ればいいか等、具体的な対応策を解説します。

01

スコアリングで
自社の財務格付を押さえる

対応ポイント

- ⊛中小企業経営診断システム（McSS）を使うと、自社の決算書に対する銀行の財務格付がおおよそ判明する
- ⊛過剰債務のDランク、Eランクについてよく理解し、対策を講じることが重要

金融機関が財務格付に用いる「スコアリングモデル」とは

　近年の金融機関は「スコアリングモデル」で判明するスコアに応じて財務格付を行い、それを調整して貸出先の信用格付を行っています。

　スコアリングモデルとは、膨大な決算データから把握した倒産企業の傾向をもとに、**企業がデフォルト（債務不履行）する確率を計算するツール**のことです。

　ＰＬ、ＢＳの主要数値を入力すると、デフォルトする確率や評点が算出されます。要するに「あなたの決算書は倒産する会社の決算書に似ているので、このくらい危ない」ということを数字で教えてくれる危険度メーターのような存在です。

　昨今のスコアリングモデルは、「一般的に知られている財務指標の得点を合計する」といった単純なものではありません。統計学的に「さまざまな指標がある中で、どの指標がどう動くとデフォルトに至るか」を計算したもので、金融機関が実務で十分活用できるレベルにまで精度が高まっています。

　よって、中小企業が自社の決算書を改善していくうえでも、貴重な道

標になります。

最近は、中小企業自身がＣＲＤビジネスサポート㈱が提供する中小企業経営診断システム（略称：McSS）を使うことによって、自社の決算書のスコアリング評価を把握することができます。

McSSは、信用保証協会の保証料率決定に利用されている「ＣＲＤモデル」で中小企業の財務診断を実施し、全国約100万社における信用力の位置づけを偏差値とランクで表示するものです。

決算数値をWeb上のフォームに入力すると、デフォルト企業との比較でＣＲＤランクが算出されます。

図表１は、McSS経営診断報告書の２ページ目に記載される【ＣＲＤモデルによる総合評価】の例です（McSSは有料サービスであり、経営診断報告書を入手するのに、初回はライセンス料を含めて約７千円かかります）。

図表1 McSS経営診断報告書【総合評価】

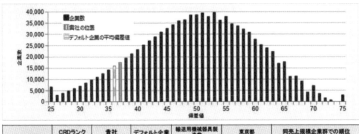

出所：CRDビジネスサポート（株）ホームページ
https://www.crd-office.net/CRD-BS/service/mcsspro/product.html

McSSで得られる**最も重要な情報は「ＣＲＤランク」**です（図表２）。
５段階のＣＲＤランク（Ａ－Ｅ）は、金融機関の債務者区分とおおむね
整合的とされており、**金融機関の評価を表している**からです。

図表2 ＣＲＤランクの内容

ＣＲＤランク	偏差値	ＣＲＤデータにおける構成比	財務内容	ランクの意味合い
A	58〜	24.5%	優良	Ａランクは、ＣＲＤモデル評価の偏差値が58以上の企業。デフォルトしにくい企業群（偏差値43以上）をおおむね３等分したうちの上位３分の１です。財務内容は優良で、信用力は相当高い
偏差値43以上をおおむね3等分に分割				
B	51〜57	25.3%	良好	Ｂランクは、ＣＲＤモデル評価の偏差値が51〜57の企業。デフォルトしにくい企業群（偏差値43以上）をおおむね３等分したうちの中位３分の１です。財務内容は良好で、信用力は高い
C	43〜50	27.1%	普通	Ｃランクは、ＣＲＤモデル評価の偏差値が43〜50の企業。デフォルトしにくい企業群（偏差値43以上）をおおむね３等分したうちの下位３分の１です。財務内容は普通で、信用力はまずまず
偏差値42：下回るとデフォルト企業の割合が増加				
D	37〜42	13.1%	注意	Ｄランクは、ＣＲＤモデル評価の偏差値が37〜42の企業。偏差値42は、これを下回るとデフォルトする企業の割合が増加する傾向があり、注意が必要
偏差値36：デフォルト企業の平均偏差値				
E	〜36	10.0%	要改善	Ｅランクは、ＣＲＤモデル評価の偏差値が36以下の企業。デフォルト企業の平均偏差値である36以下の水準であり、財務内容の改善が必要

※デフォルトの定義：３か月以上延滞、実質破綻先、破綻先、代位弁済先（保証協会）
出所：McSS経営診断報告書より作成

　ＣＲＤランクを金融機関の債務者区分で
表すと右表のイメージになります。

Ａランク：正常先上位
Ｂランク：正常先中位
Ｃランク：正常先下位
Ｄランク：要注意先
Ｅランク：破綻懸念先

　ＤランクとＥランクは過剰債務に陥って
おり、いずれも改善を要する状況です。
　筆者は、日ごろ、中小企業の財務改善ア
ドバイスや与信管理業務の支援にMcSSを使用しており、これまで100
社以上の財務データで、ＣＲＤランクと財務指標の相関分析を行ってき

ました。また、毎月10社程度のMcSS経営診断報告書を確認し、ＣＲＤランクと企業実態の照らし合わせを行っています。

　ＣＲＤランクは、信用保証協会が保証料率決定に使っているＣＲＤモデルでランク付けしているだけのことはあり、金融機関出身の筆者が見てもかなりリアルなものです。

　例えば、要注意先レベルのＤランクでは銀行の追加融資を受けにくくなっている会社が多く、破綻懸念先レベルのＥランクには銀行返済をリスケしている会社が散見されます。

　「敵を知り己を知れば百戦殆うからず」という兵法で有名な『孫子』の一節がありますが、我々中小企業は、「過剰債務のＤランクとＥランク」を敵とみなし、敵がどういう状況であるかを理解したうえで対策を講じる必要があります。

　以下ではその点を詳しく解説していきますが、McSSの中身は非公開のため、解説内容は筆者の所見であることをお断りしておきます。また、本書の執筆に当たっては、ＣＲＤビジネスサポート㈱による以下の有料レポートを参考にしています。

- 中小企業の財務分析入門
- 業種別に見た中小企業の状況【2021年2月版】
- ＣＲＤランクと実績デフォルト率、景気変動の関係【2021年3月版】
- コロナ禍における中小企業の業況

02

中小企業の財務分析に
スコアリングが必要な理由

対応ポイント

⊛中小企業の決算書を教科書どおりに分析しても、正しい答えは得られ
ない。デフォルトリスクや銀行の財務格付を押さえるには、McSSの
ようなツールが必要

教科書どおりの財務分析は通用しない

金融機関が中小企業の財務格付にスコアリングを用いる理由の１つに
**通常の財務分析（比率分析）では中小企業の決算書を読み切るのは難し
い**という点があります。

自己資本比率を例に説明します。

自己資本比率は自己資本（純資産）が総資本の何パーセントを占める
かを示す指標で、計算式は次のとおりです。

自己資本比率(%) ＝ 純資産 ÷ 総資本 × 100

自己資本比率が高くなればなるだけ、会社の経営は安定します。自己
資本比率の高さは、返済が必要なお金（負債）に依存せず、返済が要ら
ないお金（純資産）で事業を展開していることを意味するからです。

図表３の自己資本比率20%は中小企業では平均的な水準です。この数
値だけを見ると財務内容は可もなし不可もなしといえますが、それはあ
くまでも**自己資本比率が正しい場合の話**です。

図表３を見ればわかるとおり、自己資本比率は、「**ＢＳに記載された
資産＝健全資産**」を前提とする比率です。しかし、中小企業の決算書で

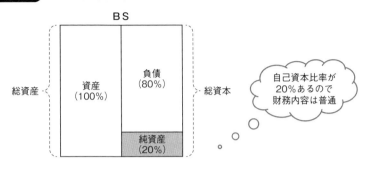

図表3 自己資本比率20％のＢＳ

ＢＳ

総資産 ← 資産（100％） / 負債（80％） → 総資本

純資産（20％）

（吹き出し）自己資本比率が20％あるので財務内容は普通

は、資産の部に、資産としての価値のない不良資産が計上されていることがよくあります。

　資産から不良資産を取り除いたＢＳのことを「実態バランスシート（ＢＳ）」と呼びます。実態ＢＳで自己資本をチェックした結果、"資産＜負債"の債務超過（実質債務超過）になっていれば、自己資本比率20％はまったくのデタラメで、本当はマイナスということになります（**図表４**）。

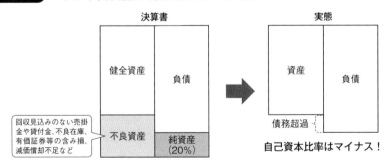

図表4 もし不良資産が計上されているなら

決算書

健全資産 / 負債

回収見込みのない売掛金や貸付金、不良在庫、有価証券等の含み損、減価償却不足など → 不良資産 / 純資産（20％）

実態

資産 / 負債

債務超過

自己資本比率はマイナス！

　このように、そもそも間違っている（かもしれない）数字を分析しても意味がありません。

　そこで銀行員は、財務指標にはあまり価値を置かず、勘定科目内訳明

細書の記載内容などの具体的な情報で、企業実態を把握しようとします。

　一方、大量のデフォルト情報からデフォルトパターンを学習している
McSSは、こういった経理処理の問題を織り込んだ結果をアウトプット
します。

　例えば「自己資本比率15％の黒字の会社」がＥランク判定になる場合
があります。自己資本比率15％といえば、中小企業ではいたって普通の
水準。それを躊躇なく、デフォルト以下のＥランクに判定します。

　もちろん、会社にはさまざまな要素があるので、McSSの判定が絶対
とはいえません。しかし、融資審査担当者の頭脳をかなりの部分、代替
していることは確かです。

　反面、スコアリングには、「結論に至るまでのロジックが見えにくい」
という弱点があります。

　銀行員や中小企業の支援専門家が中身を理解せずにMcSSを使うと「御
社は間違いなく××ランクです。理由はわかりませんが」とまったく役
に立たないアドバイスをすることになります。

➡ さらに詳しく解説すると…

「McSS」と「経営自己診断システム」は同じもの？

　独立行政法人中小企業基盤整備機構が運営する「経営自己診断システム」
は、2004年３月から公開されているWeb上の財務分析ツールです。

　経営自己診断システムは、とにかく入力が簡単です。入力にかかる時
間はほんの数分。吉野家の牛丼のように「早い、安い（無料）、うまい」
になっているところが、長年、使われている理由でしょう。

＜経営自己診断システムの特徴＞　https://k-sindan.smrj.go.jp/

- 無料、登録不要
- ＣＲＤに蓄積されている200万社以上の財務データで構築
- Web上の簡易なＰＬ、ＢＳに決算数値を入力
- デフォルト企業との比較で倒産リスクも点検できる

　経営自己診断システムでは、ＣＲＤデータに基づく「倒産リスク分析」が可能です。これは、安全性を表す10個の財務指標を業界の中央値およびデフォルト値と比較して、次の３段階で評価するものです。

- 安全ゾーン（業界標準以上）
- 警戒ゾーン（デフォルト企業以上、業界標準未満）
- 危険ゾーン（デフォルト企業未満）

　経営自己診断システムの倒産リスク分析は、一見すると、McSSと同じもののように見えますが、両者は別物です。

　図表５は、筆者（安田）が中小企業62社（同一業種）の2021年の決算データを用いて、両者のアウトプットを比較したものです。

図表5 経営自己診断システムとMcSSの判定は異なる

			経営自己診断システム			
			倒産リスク分析			
			安全	警戒	危険	計
McSS	CRDランク	A	9社			9社
		B	10社	6社		16社
		C	7社	10社		17社
		D	3社	9社	2社	14社
		E		2社	4社	6社
		計	29社	27社	6社	62社

経営自己診断システム
の評価が甘くなった

95

この表をタテに読んでください。

経営自己診断システムが「安全」と評価した29社に、Cランクが7社、Dランクが3社あります。

いずれも経営自己診断システムの評価が甘くなっているわけですが、筆者は特にDランク3社を「安全」と評価している点に注目しました。DランクはEランクほどではないものの“過剰債務”に陥った会社だからです。

また、経営自己診断システムが「警戒」と評価した27社には、Eランク2社が含まれていました。Eランクはデフォルト以下なので、「警戒」ではなく「危険」が妥当です、実際この2社は自己資本比率がマイナス（債務超過）で、借入金が年商を上回っていました。

こういった評価のズレが生じるのは、経営自己診断システムが、安全性を表す10個の財務指標の合計得点でランクを決めるという、比較的、簡易な方法をとっているからと思われます。

経営自己診断システムは、個々の財務指標の評価を知るには大変便利なツールです。それはそれで活用するとして、具体的なデフォルトリスクや銀行の財務格付については、やはりMcSSを使って把握したほうがいいと考えます。

03 構成比で見た
「よいBS」と「悪いBS」の形

対応ポイント

- ⓎBSの評価は「純資産」「借入金」「現預金」でかなりの部分が決まる
- Ⓨ警戒ラインは、自己資本比率1けた台、借入金の構成比70%超、現預金の構成比10%未満。優先順位は現金の確保

🪙 BSの警戒ライン

　CRDビジネスサポート㈱が発行する『業種別に見た中小企業の状況【2021年2月版】』は、「純資産」「借入金」「現預金」に関する警戒ラインを解説しています。**図表6**の判断基準は、「BSの形」を考えるうえで参考になる指標です。

図表6　BSの警戒ライン

項目	指標名	単位	計算式	判断基準
純資産	自己資本比率	(%)	純資産÷総資本×100	1けた台（10%未満）と債務超過は警戒
借入金	借入金依存度	(%)	（短期借入金＋社債＋長期借入金）÷総資本×100	不動産業以外は、70%を上回ると警戒
現預金	総資産現預金比率	(%)	現金・預金÷資産合計×100	不動産業以外は、10%を下回ると警戒

※CRDビジネスサポート（株）『業種別に見た中小企業の状況【2021年2月版】』より作成

銀行員も「純資産」「借入金」「現預金」に注目する

実際のところ、銀行員も「純資産」「借入金」「現預金」を見てBSの
よし悪しを判断しています。**図表7**は銀行員の読み方を表すものです。

図表7 銀行員のBSの読み方

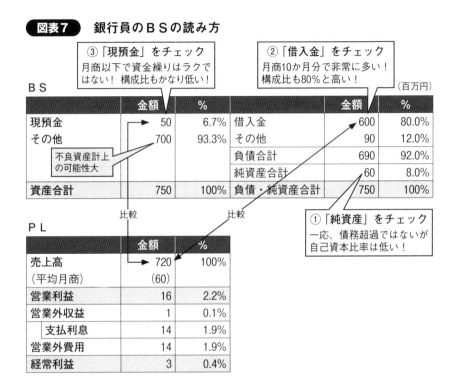

③「現預金」をチェック
月商以下で資金繰りはラクで
はない！ 構成比もかなり低い！

②「借入金」をチェック
月商10か月分で非常に多い！
構成比も80%と高い！

BS
(百万円)

	金額	%		金額	%
現預金	50	6.7%	借入金	600	80.0%
その他	700	93.3%	その他	90	12.0%
			負債合計	690	92.0%
			純資産合計	60	8.0%
資産合計	750	100%	負債・純資産合計	750	100%

不良資産計上
の可能性大

比較　　　　　比較

①「純資産」をチェック
一応、債務超過ではないが
自己資本比率は低い！

PL

	金額	%
売上高	720	100%
（平均月商）	(60)	
営業利益	16	2.2%
営業外収益	1	0.1%
支払利息	14	1.9%
営業外費用	14	1.9%
経常利益	3	0.4%

①「純資産」をチェック

銀行員の多くが最初に見るのは純資産の合計です。なぜなら純資産が
マイナスの会社は「債務超過」であり、原則融資対象から外れるからで
す。

図表7では純資産は60百万円のプラスで債務超過ではありませんが、
自己資本比率は8％と低いです。**警戒ラインである1けた台の自己資本
比率**であり、銀行としてはまったく油断できない状況と考えます。

②「借入金」をチェック

　続いて、銀行員は借入金を見ます。多額の借入を抱えた会社は、銀行の追加融資を受けられず、倒産する恐れがあるからです。

　銀行員は、**借入金を売上高（年商や平均月商）と比較**します。

　図表7では借入金が月商10か月分に達しています。一般に銀行が融資に応じられる金額は月商6か月分くらいまでなので、銀行員は「担保でもない限り、追加融資は困難」と考えるでしょう。

　総資本に占める借入金の構成比（**借入金依存度**）についても、**警戒ラインの70%超**を上回る80%になっており、銀行から問題視される可能性が高いです。

③「現預金」をチェック

　さらに、ＢＳの現預金を見て資金繰りの状況をチェックします。資金繰りを円滑に回すには、**最低でも「月商分の現金」が必要**といわれます。

　図表7の現預金は50百万円で平均月商60百万円を下回っているので、銀行員は「資金繰りはラクではない」と考えます。

　現預金のＢＳ構成比（**総資産現預金比率**）でみても**警戒ラインの10%未満**を下回る6.7%となっており、厳しい状況がうかがわれます。

　ここでもう一度、**図表7**のＢＳを確認してください。

　借入金は月商10か月分に達するほど多いのに、現預金はほとんど残っていない───。このことは何を示唆しているでしょうか？

　銀行員は、「その他の資産」の700百万円の中に不良在庫や不良債権等の不良資産が隠れており、**そこに銀行が貸した金が使われている可能性が高い**と考えます。

　そして実際に、科目ごとの増減や勘定科目内訳明細書を見て、不良資産を探し出そうとします。

すでに述べたとおり、McSSでは、こういった不健全なパターンを統計的に学習しており、図表7のような決算数値を入力すれば即座にDランクないしEランク判定を返してきます。

よいBS、悪いBSの形

構成比の観点から、よいBS（**図表8**）と悪いBS（102ページ**図表9**）の形を確認しておきましょう。

Ⅰ 超優良─無借金（図表8左）

その名のとおり、無借金の状態です。自己資本比率80％、現金が資産の50％を占めるといったイメージです。自己資本比率と資金繰りは、厳密には別問題ですが、このくらい自己資本比率が高いと、やはり現金も潤沢に確保している会社が多いです。

銀行融資を受けない分、新規投資を抑制し、成長が止まっている可能性があります。

しかし、さすがに倒産はしません。また、必ずしも節約志向というわけではなく、社長1人でかなり高額な役員報酬を受け取っているような会社もあります。

Ⅱ かなり優良─実質無借金（図表8中央）

借入金を上回る現金を持った状態です。銀行とはお付き合いで融資を受けているようなものですが、その分、機動的な投資と資金調達が可能になります。

Ⅰの無借金ほどではありませんが、実質無借金といっても実現するのは容易ではありません。業種にもよりますが、実質無借金には、最低でも50％以上の自己資本比率が必要になります。

Ⅲ　優良─自己資本比率30％以上（図表8右）

　自己資本比率30％以上、現預金20％を確保、借入金50％未満であれば、おおむね優良といえます。自己資本比率が30％を超えると、ＣＲＤランクはＢランクやＣランクが多くなり、Ｄランクはかなり少なくなります。

図表8　よいＢＳ

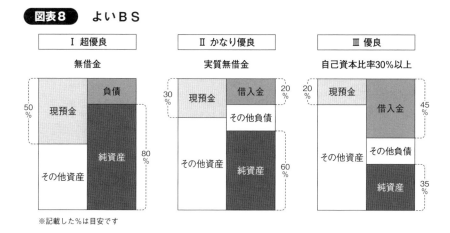

※記載した％は目安です

Ⅳ　普通─平均的な財務内容（図表9左）

　自己資本比率20％、現預金15％、借入金60％、厳密ではありませんが、このくらいが中小企業の平均でしょう。ＣＲＤランクはＣランクのイメージです。少し業績が悪化すると、Ｄランクに下がるので注意が必要です。

Ⅴ　悪い─ＢＳの右側は悪いが一定の現金を確保（図表9中央）

　先述のとおり、自己資本比率の１けた台はアウトで、債務超過はそれよりさらに悪い状況です。借入金が70％を超えるのも問題で、Ｄランクの可能性があります。

　ただし、「悪い」は現金を一定水準確保しているので、すぐに資金繰りが破綻するような状況ではありません。

Ⅵ　かなり悪い──ＢＳの右側は悪くて現金も少ない（図表9右）

　「悪い」より、現預金が減った状況です。業種によって資金繰りの厳しさは異なりますが、最悪の場合、資金繰り破綻の恐れがあります。在庫の処分を急ぐ、銀行への返済をリスケする等で、現金を確保する必要があります。

図表9　悪いＢＳ

Ⅳ 普通	Ⅴ 悪い	Ⅵ かなり悪い
平均的な財務内容	BSの右側は悪いが一定の現金を確保	BSの右側が悪くて現金も少ない

※記載した％は目安です

優先順位は借入を減らすことではなく現金を確保すること

　中小企業のＢＳを見るうえで欠かせない視点は、**現金がある限り会社は倒産しないこと**。そして、**現金と借入金が「両建て」であること**です。

　両建てを理解していない経営者は、「借入を増やしてはならない」との思いから、資金繰りを悪化させがちです。しかし、それで倒産しては元も子もありません。**図表10**のように、ＢＳの現預金が警戒ラインまで減少した場面では、迷わず融資を受けるべきです。

図表10 借入を増やしてでも、まず現金を確保する

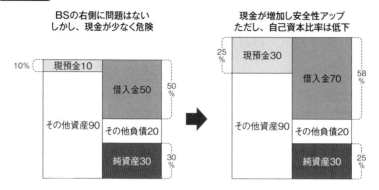

借入を減らすことは、現金を十分に確保した後の話です。融資によって多少資金がダブついても、銀行に問題視されるようなことはありません。

また、融資を受けると、借入金依存度があがり、自己資本比率が下がりますが、借入と同程度に現金が増えればMcSSの評価への影響も限定的です。

04 売上高支払利息率と 過剰債務の関係

売上高支払利息率は超重要指標

　売上高支払利息・割引料率（以下、売上高支払利息率）という財務指標があります。

> 売上高支払利息・割引料率（%）＝支払利息・割引料÷売上高×100%

　最近、筆者は中小企業の財務分析を、この比率の確認から始めるようにしています。なぜなら、売上高支払利息率は、筆者の分析では、ＣＲＤランクとの相関関係が最も強い指標であり、この数値が一定レベルを超えた会社はデフォルトする可能性が高いからです。

　図表11のＰＬとＢＳは図表7（98ページ）と同じものです。
　この読み方は、まずＰＬで売上高支払利息率を確認し、「高い」と思ったら過剰債務の疑いを持ってＢＳの借入金の水準をチェックするというものです。
　もちろん、ＢＳから先に読んでもいいわけですが、そのくらい筆者（安田）は**売上高支払利息率を重視している**のです。
　ＣＲＤビジネスサポート㈱の「業種別に見た中小企業の状況【2021年2月版】」は、この指標の評価について次のように述べています。

図表11　売上高支払利息率をチェック

P L （百万円）

	金額	%
売上高	720	100%
（平均月商）	(60)	
営業利益	16	2.2%
営業外収益	1	0.1%
支払利息	14	1.9%
営業外費用	14	1.9%
経常利益	3	0.4%

1.9%は高すぎる！

月商10か月分で非常に多い！
構成比も80%と高い！

B S （百万円）

	金額	%		金額	%
現預金	50	6.7%	借入金	600	80.0%
その他	700	93.3%	その他	90	12.0%
			負債合計	690	92.0%
			純資産合計	60	8.0%
資産合計	750	100%	負債・純資産合計	750	100%

> 売上高支払利息率が「1％を上回ると警戒」で、卸売業と小売業は「0.7％を上回ると警戒」　※ただし、不動産業は除く

「1％＝警戒」は重要な目安です。筆者の経験では、1.5％を超えている会社はほとんどの場合、過剰債務に陥っています。

警戒ゾーンである売上高支払利息率1％の状況は、次の状況と同じです。

> • 年商に匹敵する借入金を年利1％で借りている
> • 年商の半分の借入金を年利2％で借りている

一般に、適正な借入金の上限は「年商の半分」までといわれています。借入金が年商の半分を超えるのは「借金の多い会社」であり、年商に達すると明らかに「過剰債務の会社」です。

一方、中小企業の借入金利は１％程度で、財務内容が悪い会社は３％以上になる場合もあります。

　このようにみると、**売上高支払利息率１％は警戒を要するギリギリの数値**であることがわかります（**図表12**）。

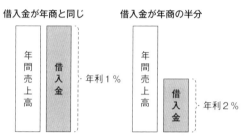

図表12　　売上高支払利息率１％のイメージ

借入金が年商と同じ　　　借入金が年商の半分

年間売上高　借入金　}年利１％

年間売上高　借入金　}年利２％

元金はリスケできても、利払いはリスケできない

　ではなぜ売上高支払利息率はデフォルトとの相関が強いのでしょうか？ それは「**利払いはリスケできない**」からです。

　わが国では、2009年に施行された中小企業金融円滑化法がきっかけとなり、銀行が返済猶予（リスケ）に積極的に応じるようになりました。

　しかし、それは元金に限った話です。利息の支払い（利払い）は、ちょっとやそっとのことではリスケできません。「金利減免」や「金利引き下げ」も同様です。

　つまり、資金繰りが悪化した際、**利払いだけはなんとか続けないと、延滞扱いされて、デフォルト企業になってしまう**のです（通常は３か月延滞を起こした後に期限の利益を喪失。保証協会の保証付き融資の代位弁済が行われ、プロパー融資は管理回収セクションに移管されます）。

　そして、利払いを継続しやすい体質かどうかを表すのが売上高支払利息率であるわけです。

　利払いはリスケできないという点は資金繰りの前提条件として、必ず
押さえるようにしてください。

現在の金利には、財務内容悪化の「時期」が関係している

　支払利息の水準は、「借入金の多さ」と「金利の高さ」によって決ま
ります。売上高支払利息率の数値が芳しくない場合、筆者はいつも「借
入平均金利」をチェックしています。

借入平均金利（％）＝ 支払利息 ÷ 借入金 × 100

　図表11の決算書で借入平均金利を計算してみると、2.3％になります。

借入平均金利2.3％＝支払利息14百万円÷借入金600百万円×100

　前述のとおり、最近の中小企業の借入金利は1％くらいが平均なので、
2.3％はやや高いといえます。

　この金利には、財務内容を悪化させた時期が関係しています。

　図表13のグラフは貸出約定平均金利（ストック）の推移です。

図表13　貸出約定平均金利（ストック）の推移

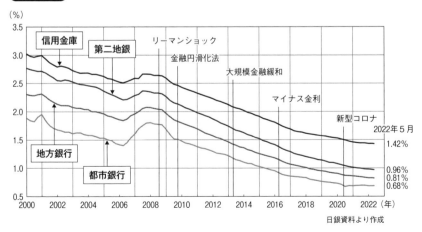

日銀資料より作成

リーマンショックから2022年までに１％以上、貸出金利は下がっていますが、リーマン以前に財務内容を悪化させた会社はその恩恵にあずかることができず、いまだに高い金利を払い続けています。なぜなら「**財務内容の悪い会社」や「銀行返済をリスケしている会社」は、銀行が金利を下げてくれない**からです。

　貸出金利は、需要と供給の関係で説明できます。財務内容の悪い会社は、何としてもお金を借りたい。一方、銀行は財務内容の悪い会社には貸したくないし、銀行間の競争原理も働かない。需要＞供給の関係にあるから金利は下がらないのです。
　このため、例えば借入平均金利が３％を超えているような会社では、「10年以上、リスケを続けている」といったケースが少なくありません。

➡ さらに詳しく解説すると…

売上高支払利息率とインタレスト・カバレッジ・レシオの違い

　利払い能力を表す指標としては、売上高支払利息率よりもインタレスト・カバレッジ・レシオ（ICR）のほうがメジャーでしょう。

> インタレスト・カバレッジ・レシオ（倍）
> ＝（営業利益＋受取利息・配当金）÷（支払利息・割引料）

　ICRは、「営業利益＋受取利息・配当金」で支払利息を賄えているかどうかを表す指標ですが、中小企業の目安としては最低２倍、できれば10倍以上ほしいところです。
　ただし、決算期による営業利益のブレが大きい中小企業では、ICRを１期分の決算書で判断することはできません。少なくとも３期分を見て実態を判断する必要があります。
　一方、売上高支払利息率は、分母が売上高なので、期によるブレが小さくなります。売上高支払利息率で財務体質の良し悪しを言い当てることができるのは、分母が売上高になっているからなのです。

---

05 利払いに苦しんだ後、会社再建を成し遂げつつあるケース

対応ポイント

- ⊛ 深刻な過剰債務に陥ると、利払い負担で利益があがらなくなり、リスケ（Eランク）が常態化された状態になる。よってその前に手を打つことが重要
- ⊛ 借入金を減らすために、固定資産等の売却処分を検討する。なお、決算書の"見た目"を気にする必要のない会社は、税務上、損金になる損失を最大限計上して節税（＝営業活動キャッシュフローの増大）を図るべき

🪙 いまの金利を当たり前と考えるのは危険

「借入金利は1%前後が普通」という超低金利の時代が続き、金利に意識が向かなくなった社長も多いのではないでしょうか。

ゼロゼロ融資（コロナ融資）に適用されたゼロ金利が、多くの中小企業を救ったのは事実です。しかし、ゼロゼロ融資を返済するために借りる融資には、従来よりも高い金利が設定されるかもしれません。

日銀の金融緩和政策が修正され、金利があがってくる可能性もあります。足元で地域金融機関の再編が進行していることも、将来の金利引き上げを示唆しています。

いずれにしても、**いまの金利水準を当たり前と考えず、収益力を高めていくことが重要**です。

次のT社の事例で、金利の恐ろしさを再確認してください。

悪循環を脱しつつあるＴ社の事例

⑴ 利払いの負担が重く、借入を返済できない

　図表14は、製造業Ｔ社の業績推移です。

　同社は、過剰在庫やリーマンショックによる売上減少で、資金繰りが悪化し、2009年に銀行返済をリスケしました。**図表14**は同社がリスケ状態にあった2012年以降の業績推移です。

図表14　　**Ｔ社の業績推移**（2012〜2017年）

利払いの負担が重い

（百万円）

	2012年	2013年	2014年	2015年	2016年	2017年
売上高	780	770	760	750	740	750
営業利益	20	20	19	19	17	24
▲支払利息	18	18	18	18	18	16
（支払利息率）	(2.3%)	(2.3%)	(2.4%)	(2.4%)	(2.4%)	(2.1%)
経常利益	2	2	1	1	-1	8
特別損益					固定資産売却損	-130
当期利益	2	2	1	1	-1	-122
資産	710	700	692	683	674	402
（うち現金）	(40)	(37)	(34)	(35)	(33)	(41)
負債	675	663	654	644	636	486
（うち借入）	(560)	(555)	(550)	(550)	(550)	(400)
純資産	35	37	38	39	38	-84

倉庫売却で借入を返済

借入を返せない　　苦しい資金繰り　　債務超過

　支払利息の金額に注目してください。一目で「多い」と感じると思いますが、それはその上にある営業利益と比較しているからでしょう。

　せっかく稼いだ営業利益の大半が支払利息に吹き飛ばされる――。Ｔ社の苦しみはまさにこの点にありました。

　支払利息を払った後の経常利益と当期利益はわずか１百万〜２百万円。借入金の返済は、利払い後の利益から行うので、Ｔ社は借入をほとんど返せていません。

　重要指標である売上高支払利息率は2.3〜2.4％と異常に高い数値にな

っています。借入平均金利（支払利息÷借入残高）も３％以上と高いです。

　これはＴ社がまだ金利の高い時期に、財務内容を悪化させたからです。前項で述べたとおり、銀行はこの金利を下げてくれません。

　すなわち、Ｔ社は深刻な過剰債務に陥っていました。McSSでいうとＥランク判定が毎期続いている状態です。

　この状態の問題点は、「支払利息で利益が減少」→「借入金の返済が進まない」→「支払利息が減らない」という悪循環に陥り、財務体質改善の出口が見えなくなることです（図表15）。

図表15 **深刻な過剰債務の状態**

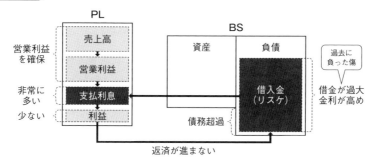

　売上を伸ばせば状況を打開できますが、リスケをしている会社は大胆な設備投資や人材投資ができず、なかなか売上を伸ばすことができません。その結果、長期にわたってリスケを繰り返すことになりがちです。

　Ｔ社の場合は、資金繰りにも苦しみました。季節変動で資金繰りが厳しくなるシーズンは、たびたび社会保険料を滞納し、ひどい時は社員の給与を遅配することもありました。

　Ｔ社の手元資金が少ないのは、リスケの判断が遅れたからです。序章でも述べたとおり、**リスケは現金を減らす前に行わないと慢性的な資金**

不足に悩まされることになります。

⑵ 債務超過への転落を覚悟のうえ、倉庫の売却処分に踏み切る

　その後、2016年に後継者（専務）が入社し、業績は上向き始めました。

　社長から全権を委任された専務は、①停滞していた製品開発に積極的に関与し、②売上に占める自社製品の割合を引き上げ、③目標管理制度を導入し、昇給基準を明確にしました。こうした取り組みが奏功し、低迷していた売上高に改善の兆しが見え始めたのです。

　Ｔ社を悩ませていた「利息の支払い」は、倉庫（土地建物）を売却し、借入金を圧縮しました。これから述べる内容は、**図表14**（110ページ）の2017年の動きを解説するものです。まずＢＳに簿価280百万円で計上されている倉庫（土地建物）を市場価格の150百万円で売却し、売却代金を借入金の返済に充てました。

　図表16をご覧ください。簿価の280百万円よりも低い150百万円で倉庫を売却したため、固定資産売却損△130百万円（特別損失）をＰＬに計上。その影響で、△122百万円の赤字（当期純損失）になりました。

　ＰＬの利益とＢＳの純資産は、会計処理上、つながっています。当期純損失△122百万円の計上により、38百万円あった純資産は△84百万円となり、債務超過になりました。

　債務超過は銀行が何より嫌うものです。しかし、**Ｔ社はすでにリスケを行って、銀行から融資を受けられなくなっています。よって、債務超過になっても、特段、困ることはありません**。確かに決算書の“見た目”は悪くなりますが、実害を被るデメリットはないわけです。

　逆にメリットはたくさんあります。まず、第一に、借入金の返済が進むことです。売却代金の150百万円を借入金の返済に充てることにより

図表16 倉庫売却は何をもたらしたか

(M=百万円)

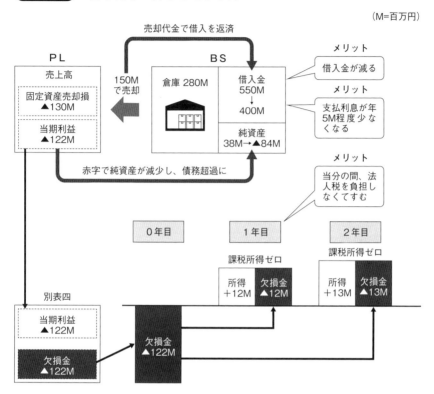

借入残高が550百万円から400百万円に減りました。

　さらに、借入残高の減少によって年間の支払利息が5百万円程度、減少します（支払利息の軽減額：借入の減少150百万円×借入レート3.2％＝4.8百万円）。

　これまで利払いに苦しんできたT社には、支払利息の減少は非常に大きな前進です。

　また、T社の倉庫売却には、税務上のメリットもあり、じつはこれが事業再生を図るうえで非常に重要な意味を持ちます。

　倉庫の売却により発生した固定資産売却損は税務上の損金になります。

損金はＰＬにおいて赤字として表示されますが、この赤字（損金）は、繰越欠損金となり、次の事業年度以降に持ち越されます。

　要するに、**倉庫の売却によって生じた損失を税務上の損金として計上し、これを将来の所得から差し引くことで、法人税の負担を軽減することができる**わけです。

　欠損金を繰越できる期間は平成30年４月以後に開始する事業年度より「10年」でそれ以前は「９年」とされています。

　もし、Ｔ社が、今後10年以内にトータル122百万円の利益をあげたとしたら、それにかかる法人税はゼロとなり、122百万円はまるまる借入金の返済に充てることができます。実効税率を35％と仮定すると、40百万円以上（122百万円×35％）のキャッシュが浮く計算になります。

　いかに繰越欠損金が重要であるか、ご理解いただけたでしょうか。

　Ｔ社のように、決算書の"見た目"を気にする必要のない会社は、**税務上、損金になる損失を最大限計上して節税（＝営業活動キャッシュフローの増大）を図るべき**です。

　含み損が節税につながる可能性のある資産は「売上債権」「棚卸資産」「建物」「機械設備」「土地」「貸付金」「投資有価証券」「子会社株式」「会員権」などです。

　ただし、税務判断は慎重に行う必要があります。まずは顧問税理士に、欠損金を活用する道はないか、相談してみてください。

⑶ **コロナ融資によってピンチが逆にチャンスに**
　図表17は、その後のＴ社の業績推移です。2017年の倉庫売却により、支払利息が減少し、利益があがりやすくなりました。

　売上高も順調に伸び、２期連続増収増益となったところで、コロナ禍に見舞われ、売上が減少、再び赤字になりました。

図表17 **T社の業績推移（2017〜2022年）**

支払利息が減少　　コロナ禍

（百万円）

	2017年	2018年	2019年	2020年	2021年	2022年
売上高	750	770	790	700	760	800
営業利益	24	25	25	3	25	28
▲支払利息	16	13	12	12	12	10
（支払利息率）	(2.1%)	(1.7%)	(1.5%)	(1.7%)	(1.6%)	(1.3%)
経常利益	8	12	13	-9	13	18
特別損益	-130					
当期利益	-122	12	13	-9	13	18
資産	402	412	423	410	510	523
（うち現金）	(41)	(48)	(56)	(42)	(142)	(165)
負債	486	484	482	478	565	560
（うち借入）	(400)	(395)	(390)	(385)	(485)	(480)
純資産	-84	-72	-59	-68	-55	-37

債務超過の解消へ

コロナ融資で現金増加

　しかし、T社にはコロナ禍が逆にチャンスになりました。コロナ前の2期連続増収増益の実績をもって直接、信用保証協会等に説明を行うことによってコロナ融資1億円を借りることができたからです。

　コロナ融資で十分な資金を確保したT社は、社員数を増員する等、積極的な展開に向けて動き出しました。2022年には売上高8億円を突破し、増収増益を達成。今後は2年程度で債務超過を解消し、銀行返済も完全に正常化できる見通しです。

➡ さらに詳しく解説すると…

損切りの判断にはMcSSの将来シミュレーション機能が役に立つ

　含み損のある資産を処分（いわゆる、損切り）してPLを赤字にし、法人税の負担を減らすことは、過剰債務を解消していくうえで、きわめて重要なテーマです。

　しかし、銀行から追加融資を受けて資金繰りを回している会社では、やはり決算書の"見た目"を無視するわけにはいきません。

こういった問題には、McSSの将来シミュレーション機能が役に立ちます。

　S社では、前社長時代に発生した「関係会社に対する１億円の貸付金」の処理に悩んでいました。関係会社は債務超過に陥っていて、貸付金１億円は完全に不良債権になっていたからです（図表18）。もしこの１億円を一気に貸倒処理したら、S社自身も債務超過に陥ってしまいます。

　一方、S社の業績は絶好調で毎期大幅な黒字を計上していました。そこで、なんとか不良債権を貸倒処理して、法人税の負担を減らせないものか。顧問税理士や弁護士に相談したところ、「関係会社を特別清算すれば貸倒処理できる」ということがわかりました。

　問題はこの１億円の赤字を金融機関がどう見るかです。McSSでS社の決算をシミュレーションしてみると、１億円を貸倒処理した場合でもCランクを維持できることがわかりました。

　さらに、金融機関を訪問して「貸付金１億円」の認識を確認したところ、すべての金融機関が「実態BS上は貸付金１億円をゼロ評価している」と回答してきました。つまり、貸付金を貸倒処理しても金融機関の評価はそう大きく変わらない、ということがわかったわけです。

　その後、金融機関に丁寧な説明を行ったうえで、関係会社を特別清算し、貸倒処理を完了させました。

　こうしたケースでは、なかなか次の一歩を踏み出せないものです。McSSのシミュレーションが社長の背中を押す材料になりました。

図表18　関係会社への貸付金１億円は回収不能

関係会社		S社			（百万円）
		科目	金額	科目	金額
債務超過	回収不能 ←100	貸付金	100	負債	940
		その他資産	900		
				純資産	↗60
		資産計	1,000	負債・純資産計	1,000

　　　　　　　　　　　　　　　　　　　　実質債務超過　▲40

06
McSSで
自社の弱みを把握する

対応ポイント

⊙ランクダウンは気づかないうちに進行する。毎期CRDランクを確認
し、Cランク以下になった場合は、原因分析を行い、改善に着手する

Eランクに落ちるとランクアップが難しくなる

　CRDビジネスサポート㈱の有料レポート『CRDランクと実績デフ
ォルト率、景気変動の関係【2021年3月版】』は、CRDランクの遷移
状況を次のマトリックス図（**図表19**）を使って解説しています。

図表19　CRDランク遷移状況（2012～2017決算）

		2017					
		A	B	C	D	E	小計
2012	A	57.0%	27.3%	11.9%	2.8%	1.0%	100.0%
	B	23.6%	38.4%	28.2%	7.1%	2.8%	100.0%
	C	10.1%	24.7%	40.7%	16.9%	7.6%	100.0%
	D	4.7%	13.1%	33.3%	28.5%	20.3%	100.0%
	E	1.9%	6.0%	18.0%	23.9%	50.2%	100.0%

出所：CRDビジネスサポート(株)『CRDランクと実績デフォルト率、景気変動の関係【2021年3月版】』より作成

　上表をヨコに読むと、2012年にEランクだった決算データの50.2％が
2017年になってもEランクのままであることがわかります。ランクが変
わらない率（在位率）が50％を超えているのはAランクとEランクだけ
です。また、Eランクから上位のA・Bランクへの遷移は10％にも満た
ないということがわかります。

つまり、一度、Ｅランクに落ちると、そこからはい上がることが難しくなるわけです。この点には、前項のＴ社がそうだったように、利払い負担で借入返済が進まなくなることが関係していると思われます。

　ほとんどの場合、ランクダウンは気づかないうちに進行するため、決算書ができあがるたびにＣＲＤランクを確認することが重要です。

　Ａ・Ｂランクは問題ありませんが、Ｃランクは油断できません。１期でも赤字を計上するとあっさりＤランクに転落することがよくあるからです。Ｄランクは過剰債務の状態であり、Ｅランク落ちを回避しつつ、ランクをあげていく必要があります。Ｅランクは在位率50.2％が示すとおり、腰を据えて事業再生に取り組むことになります。

自社の弱みを知る

　自社がＣランク以下ということがわかったら、まず自社の決算書のどこに問題があったかを知る必要があります。

　McSS経営診断報告書の３枚目にある【ＣＲＤモデルでみた貴社の財務状況】を見ると、自社の決算書がどの領域で悪く評価されているかが

図表20　【ＣＲＤモデルでみた貴社の財務状況】

評価のカテゴリー	代表的な財務指標名	財務面の強み・弱み（良好な場合は「○」、改善の余地がある場合は「●」）	財務面の弱みを評価した各カテゴリーのウェイト（寄与率）
資本の安定性	自己資本比率、純資産倍率　など	○	―
調達と運用の適合性		○	―
成長性		○	―
売上高利益率		●	3.5%
資産の健全性		●	9.4%
短期支払能力		●	9.8%
回転率・回転期間		●	10.8%
総合収益性		●	15.6%
債務償還能力	キャッシュフロー有利子負債比率、インタレストカバレッジレシオ　など	●	18.4%
借入状況	借入金月商倍率、借入金依存度　など	●	32.5%
合計			100.0%

（吹き出し）ＣＲＤモデルでみた財務面の強み・弱みを「○」「●」表示。さらに、「●」のカテゴリーについては、財務面の弱みを評価した各カテゴリーのウェイト（寄与率）を表示。ウェイトの大きい方から優先して取り組むことで、早期の財務改善につながります。

出所：CRDビジネスサポート（株）ホームページ
https://www.crd-office.net/CRD-BS/service/mcsspro/product.html

わかります（**図表20**）。

　評価のカテゴリーには、「総合収益性」「売上高利益」「資産の健全性」「成長性」「調達と運用の適合性」「債務償還能力」「資本の安定性」「借入状況」「回転率・回転期間」「短期支払能力」という10のカテゴリーがあります。

　このうち、改善を要するのは「●」のついたカテゴリーで、右にある寄与率の高いものから優先して取り組むと、ランクアップに効果的とされています。

　McSSでは、オプションで「財務指標一覧算出結果」を入手することができます。財務指標一覧算出結果で「●」のついたカテゴリーの財務指標の評価を確認し、改善点を把握するとよいでしょう。

➡ さらに詳しく解説すると…

> **ＣＲＤランクの変動原因にどうアクセスするか？**
>
> 　上記の弱みのカテゴリーにアプローチする方法より、もっと素早く、ダイレクトにＣＲＤランクの変動原因を把握できないものだろうか？McSSを使い始めた当初、筆者が抱えていた悩みでした
>
> 　以下の内容は、McSSに対する私個人のアプローチであり、正しさを保証するものではありません。しかし、筆者の仕事では決算数値を見て、その場でランクアップ（ダウン）の原因をコメントすることが多いことから、どうしても必要な手段でもあります。
>
> 　それは**McSSで判明する偏差値と相関の強い財務指標をあらかじめ特定しておき、その部分を重点的にチェックする**というものです。
>
> 　筆者の経験では、中小企業100社分の決算書を使ってMcSSの偏差値と財務指標の相関分析を行うと、相関の強い財務指標と弱い指標がはっきりします（30～50社でも同じような結果が出ると思います）。
>
> 　例えば、自己資本比率と偏差値との間には「正の相関」を確認できま

す。正の相関があるということは、自己資本比率が増えると偏差値もあがるということです。その関係の「強い」「弱い」を分析するのが相関分析です。

　図表21は、現時点で筆者（安田）が相関が強いと見ている財務指標です。
　ＣＲＤランク（偏差値）が下がった際、下記の指標のどれが悪化したかを見るといったことをやっていると、だんだんMcSSのクセがわかり、逆にランクアップのポイントも見えるようになります。

図表21　ＣＲＤランクとの相関が強い財務指標

カテゴリー	指標名	単位	計算式
借入状況	売上高支払利息・割引料率	％	支払利息・割引料÷売上高×100
借入状況	借入金月商倍率	倍	（短期借入金＋社債・長期借入金）÷（売上÷12）
借入状況	借入金依存度	％	（短期借入金＋社債・長期借入金）÷総資本×100
資本の安定性	自己資本比率	％	純資産÷総資本×100
借入状況	デットキャパシティレシオ	％	（短期借入金＋社債・長期借入金）÷（現金・預金＋有形固定資産）×100
総合収益性	総資本経常利益率（ROA）	％	経常利益÷総資産×100
資本の安定性	純資産倍率	倍	純資産÷資本金
短期支払能力	支払準備率	％	現金・預金÷流動負債×100
短期支払能力	当座比率	％	（現金・預金＋受取手形＋売掛金）÷流動負債合計×100
資産の健全性	減価償却費率	％	減価償却実施額÷（有形固定資産合計－土地＋減価償却実施額）×100

　ただし、これはＣＲＤランクの変動原因にどうアクセスするかという話であり、通常の財務分析が要らないということではありませんので注意してください。

　例えば、総資本経常利益率（ROA）が悪化している場合は、その背後にある売上高経常利益率と総資本回転率がどう動いているかという点にも目を向けて、改善点を検討すべきです。

07

債務償還年数10年以内を
改善目標とする

対応ポイント

- ⊛ 社長にとって「債務超過解消」よりもわかりやすい「債務償還年数10年以内」を改善目標にすべき
- ⊛ 数年分のＰＬから債務償還年数を把握、５年計画を立てるのではなく「いま何をできるか」を考える

「債務償還年数」を自覚し、改善していく

債務償還年数とは、その名のとおり借入金を何年で返せるかを表す指標です。何年で返せるか（返済力）であり、何年で返すか（返済条件）ではない点に注意してください。

銀行の融資審査では、債務者が借入金をきちんと返済できることが、融資に応じる大前提になります。このため、銀行の信用格付で、債務償還年数の配点ウエートは非常に高く、二大ポイントの１つ（もう１つは実質債務超過の有無）ともいわれています。

銀行が重視する「何年で債務超過を解消する」という話は、会計の話であり、社長の心に刺さりにくいです。

一方、債務償還年数には「これだけ稼げば10年で借金を返し終わる」という "わかりやすさ" があります。過剰債務に陥りつつある中小企業は、債務超過の解消よりも債務償還年数を改善目標にするのがよいと考えます。

💰 債務償還年数の計算

債務償還年数の計算式は、銀行により異なりますが、基本となるのは、「要償還債務÷営業活動キャッシュフロー」です。銀行借入金のうち「利益から返すことになる借入金」を「簡易計算のキャッシュフロー」で割るものです。

図表22では4つのパターンを示しました。他にも細かな違いはあるものの、（B）か（C）で計算しておけば、銀行の基準と大きく乖離することはないと思います。

図表22 債務償還年数の計算式

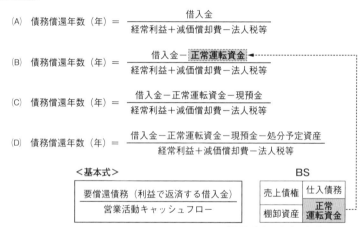

(A) 債務償還年数（年）＝ $\dfrac{借入金}{経常利益＋減価償却費－法人税等}$

(B) 債務償還年数（年）＝ $\dfrac{借入金－\boxed{正常運転資金}}{経常利益＋減価償却費－法人税等}$

(C) 債務償還年数（年）＝ $\dfrac{借入金－正常運転資金－現預金}{経常利益＋減価償却費－法人税等}$

(D) 債務償還年数（年）＝ $\dfrac{借入金－正常運転資金－現預金－処分予定資産}{経常利益＋減価償却費－法人税等}$

<基本式>

$$\dfrac{要償還債務（利益で返済する借入金）}{営業活動キャッシュフロー}$$

BS

売上債権	仕入債務
棚卸資産	正常運転資金

※正常運転資金は経常運転資金とも呼ばれる

➡ さらに詳しく解説すると…

①借入金には「利益で返す借入」と「利益以外で返す借入」がある

　図表22の（A）は、単純に借入金の全額を要償還債務にしているので計算が簡単です。しかし、本当にすべての借入金を会社の儲け（利益）で返済しなければならないかというとそうではありません。

　例えば、「正常運転資金」は、仕入の支払いと売上回収の時間差を埋める資金ですから、返済に利益は要りません。そこで（B）では、借入金から正常運転資金を引いた金額を要償還債務にしています。
　現預金はいつでも借入返済に回せるため、（C）では現預金も引いています。

　さらに（D）では、土地や有価証券などの資産を売却処分することによって返済できる金額（処分予定資産）を引いています。（D）の計算は、具体的な売却予定がないと、銀行は認めない可能性大ですが、イザという時、本当にその金額で売却できるのであれば、一定の説得力を持ちます。
　このように見ると、（A）が最も厳しい計算式ということになります。

②なぜ分母を「経常利益＋減価償却費－法人税等」とするのか？

　営業活動キャッシュフロー（営業ＣＦ）をＰＬ数値のみで計算したものを「簡易キャッシュフロー（簡易ＣＦ）」と呼びます。
　簡易ＣＦは、教科書では「当期純利益＋減価償却費」と説明されていることが多いですが、この計算式をそのまま使うと、営業ＣＦに「特別利益」と「特別損失」の数値が混ざってしまい、営業ＣＦとは呼べなくなってしまいます。
　特別損益の大半は、営業ＣＦと関係がありません。例えば、固定資産売却益が営業ＣＦではないことは明らかです。

　そこで「経常利益＋減価償却費－法人税等」で計算します。これによ

り「当期純利益＋減価償却費」から特別損益を取り除くことができます（図表23）。

図表23 「経常利益＋減価償却費ー法人税等」の意味

(万円)

科目		金額
売上高	＋	1,000
売上原価	ー	400
売上総利益		600
販売管理費	ー	400
（うち減価償却費）		(50)
営業利益		200
営業外収益	＋	0
営業外費用	ー	50
経常利益		150
特別利益	＋	100
特別損失	ー	0
税引前当期純利益		250
法人税等	ー	70
当期純利益		180

【経常利益＋減価償却費ー法人税等】

経常利益 150 ＋ 減価償却費 50 ー 法人税等 70 ＝ 簡易CF 130

【当期純利益＋減価償却費】

当期利益 180 ＋ 減価償却費 50 ＝ 簡易CF 230　特別利益100を含み、正しくない

「債務償還年数10年以内」を前提に経営に取り組む

債務償還年数はシンプルに「10年以内」を目標にすることをお勧めします。

銀行から折り返し融資を受けることによって実際の返済期間はもっと長くできます。しかし、逆に、これまで折り返し融資を借り続けていたことで経営に緊張感をなくし、収益力の改善が進まない原因となっている会社も結構多いのではないでしょうか（資金繰りの安全性を第一に考えて融資を受けることを否定するつもりはありません）。

今後、中小企業はさらに生産性を高め、賃金をあげていかねばなりません。そのことは「銀行借入を10年以内で返せる収益をあげること」と両立すると考えます。

図表24 平年度収益で債務償還年数を計算する

(百万円)

	過年度実績					平年度収益
	××年	××年	××年	××年	××年	
売上高						853
売上原価						554
売上総利益						299
（売上総利益率）						(35.1%)
役員報酬						18
従業員人件費						125
その他						15
人件費						158
減価償却費						15
その他経費						100
販売管理費						273
営業利益						26
（営業利益率）						(3.0%)
受取利息						0
雑収入						5
支払利息						-12
雑損失						-5
営業外損益						-12
経常利益						14
（経常利益率）						(1.6%)
法人税等						5
当期純利益						9

$$\frac{\text{要償還債務　500}}{\text{キャッシュフロー　24}} = \text{約21年}$$
（経常14＋償却15－法人税5）

10年以内にするには何が必要か

過去数年分のPLで現状認識、5か年経営改善計画等でお茶を濁さない

　なにはともあれ、大事なことは「現状認識」です。

　債務償還年数は、1年分の決算書で検討しても意味がありません。その年の利益（キャッシュフロー）によって、数値がまったく変わってくるからです。

　過去5年分くらいのPLをヨコに並べ、いまの会社の実力はこのくらいという「平年度収益」を求め、その数値で債務償還年数を計算します（**図表24**）。

ここでいう平年度収益は厳密なものである必要はありません。ただし、単純に平均値を採用するのではなく、内訳や推移を見て、社長自身が納得することが重要です。

　また、会計処理の甘さ、例えば年々、不良在庫が積みあがっているのに棚卸資産評価損を計上していないなら評価損を織り込む、退職金の支給予定があるのに退職給与引当金を計上していなければ概算値を織り込むといったことはやるべきです。
　債務償還年数を確認し、それが10年を超えているようであれば対策を検討します。

　ここで注意したいのが、５か年経営改善計画等の安易なシミュレーションを行い、思考停止に陥ることです。
　５年計画を前提にすると、「５年で達成すればいい」となります。そうではなくて、「いまいくら足りないのか」「いま何ができるか」「いまどんな答えを用意できるか」を考えることが大事です。
　例えば、前述のＴ社のように資産を売って借入金を減らせないでしょうか？　繰越欠損金で法人税等を抑えられないでしょうか？

　もちろん、銀行の手前、中長期計画も必要になります。しかし、**本当に大事なのは１年計画**です。「勝敗が決まるのはココだ」というくらいの心構えで改善策を検討するようにしてください。

COLUMN
銀行の本音や融資スタンスはどういう点に表れるか

銀行の対応方針を見抜くポイント

　銀行が企業に対し融資に積極的なスタンスか、それとも消極的かは、銀行員の行動からわかります。

　銀行は融資先企業ごとに、対応方針を決めています。そこで、企業側としては、銀行の対応方針を見極めたうえで資金計画を立てるべきです。

　しかしながら、企業側には、銀行のスタンスがなかなか見えてきません。以下では銀行員の行動から銀行の対応方針を見抜くポイントを説明します。

企業に対して積極方針の場合

- 担当者が頻繁に訪問してくる
- 支店長が訪問してくる
- プロパー融資を勧めてくる
- 金利引下げ要請に応じてくれる

1　担当者が頻繁に訪問してくる

　銀行員は積極的に融資をしたいと考える会社に足繁く通います。銀行員は自分が融資をしたいと考えている会社には、他行も融資をしたいであろうと考えます。そうすると、その競争に勝つには、他行よりも高頻度で通うことにより、社長に認めてもらおうと思います。

　また、企業に借りてもらうには、その切り口が必要です。そこで、銀行員は、企業の設備投資予定や運転資金の動向、さらには他行への返済予定などの情報をタイムリーにつかんで、**ライバル行よりも先に融資の提案**をしようと考えます。それらの情報を得るためには、企業に足繁く通う必要があります。

2　支店長が訪問してくる

　支店の取引先は多いので、すべての取引先を支店長が訪問することはでき

ません。支店の中で融資先企業をランク分けし、**積極対応の企業にのみ支店長は訪問**します。

さらに、支店長が接待を誘うのは、最積極対応ランクの企業です。

3　プロパー融資を勧めてくる

信用保証協会の保証付融資だと保証料が発生してしまいます。

そこで、自行は信用保証協会の保証付融資しか案内していない先に、他行がプロパー融資を提案してきたら、他行に融資を奪われてしまうのではないかと銀行員は考えます。**積極対応先にはプロパー融資を提案**するインセンティブが銀行側にはあります。

4　金利引下げ要請に応じてくれる

積極対応先であれば、銀行は他行とのある程度の**金利競争は止むを得ないと考えている**ので、「○○銀行が○％を提示してきた」と企業側がささやけば、それよりも低い金利を提案してくることが期待できます。

もっとも、銀行は融資先企業の信用格付に応じて採算ライン（利ざや）を設定しているので、金利引下げには限度があります。

企業に対して消極方針の場合

> ・担当者の訪問頻度が低い
> ・支店長と会えない
> ・融資の提案をしてこない
> ・以前はプロパー融資を行っていたのに、最近は保証付融資しか行わない

1　担当者の訪問頻度が低い

銀行の担当者はノルマに追われています。**ノルマ達成にプラスにならない企業**（＝融資消極対応先）を訪問する時間はありません。

2　支店長と会えない

銀行に社長が訪問したとき、支店長が店内にいる様子にもかかわらず、支

店長が挨拶に来ない場合は、**支店長が挨拶すらする価値がないと考えている企業＝融資消極対応先である**可能性が高いです。

　もっとも支店長により、腰が軽い人と重い人がいますので、一概には言い切れません。

3　融資の提案をしてこない

　当たり前ですが、融資消極対応先には融資の提案をしてきません。銀行は融資するのが商売です。つまり融資が商品です。

　したがって、融資の提案をするのが原則です。それにもかかわらず融資の提案をしないということは、"融資できない先"にランクされている証です。

　融資の提案をしてきたとしても、返済時期がきた融資の折り返しに過ぎず、**借り増しの提案がない場合は、銀行から信用力が低く評価されている兆候**です。

4　保証付融資しか行わない

　以前はプロパー融資を行っていたのに、最近は保証付融資しか行わない場合、それは銀行から**信用力が低く評価されていることの証**です。

第 4 章

COMPLETE MANUAL OF BANK NEGOTIATIONS
AND CASH MANAGEMENT
FOR SMALL AND MEDIUM ENTERPRISES

資金繰り表の
チェックポイント

資金繰りで追い込まれると、社長は冷静な判断ができなく
なります。資金繰り悪化を避けるには「予想すること」が
重要で、その代表的なツールが資金繰り表です。
資金繰り表は銀行の融資判断にも大きな影響を与えます。
本章では、銀行に提出する「資金繰り表の留意点」につ
いて詳しく解説します。

01

資金繰りで追い込まれると どうなるか

対応ポイント

- 🈷 資金繰りで追い込まれると社長は冷静な判断ができなくなる
- 🈷 ２社間ファクタリングへの依存は倒産リスクを高める
- 🈷 銀行が短期の融資にしか応じないのは、資金繰りや返済力を懸念して いるから

🪙 資金繰りで追い込まれた会社の事例

　資金繰りで追い込まれると、どういうことが起きるか？　過去に筆者 が相談を受けたケースで印象に残ったものを３つ紹介します。

⑴ ２社間ファクタリングに依存するＡ社

　ここ数年、「２社間ファクタリング」を利用する中小企業をよく見か けるようになりました。

　２社間ファクタリングとは、自社が保有する売掛金をファクタリング 会社に売却して資金を調達。回収代行契約に基づき、自社で売掛金を回 収し、ファクタリング会社に支払うというものです（**図表１**）。

図表１　「２社間ファクタリング」の仕組み

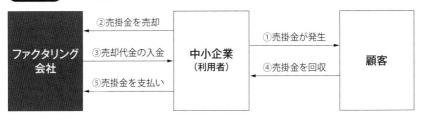

132

この方法のメリットは、顧客（売掛金の相手先）に気づかれずに売掛金を売却し、資金化できる点です。

問題は手数料の高さで、A社のケースでは、売掛金1000万円を資金化するのに10％の手数料を払っていました。この場合、図表1の③の段階でA社に入金されるのは10％の手数料を差し引いた900万円になります。

つまり、A社は資金繰りを回すためだけに1000万円の売掛金を900万円でたたき売っていたわけです。

A社はこれまでにも数回ファクタリングを利用しているとのこと。最近は手数料の安いファクタリングも登場しているそうなので全否定はしませんが、**この仕組みに依存すると会社の倒産リスクは高まります。**

しかし、追い込まれた社長にはファクタリング会社が救世主に見えるようです。A社の社長は、明らかに冷静な計算ができていませんでした。

(2) 親戚からの借入を融資条件にされたB社

月末の手形を落とせるかどうか、瀬戸際の状況にあったB社の社長。融資を依頼した地銀の担当者から、次のように言われました。

「親戚のXさんから至急3000万円借りてください。それを条件に、短期のプロパー融資1000万円を出します」

地銀がこう言ってくるのは、自行で対応できる1000万円では、B社の資金繰りがもたないことがわかっているからです。その親戚からは過去に3000万円借りて、返した実績がありました。それを目ざとく発見した地銀は、自行の貸倒リスクを減らすために、親戚からの借入を融資条件にしてきたのです。

一方、筆者はB社の社長に次のような話をしました。

「御社の赤字は深刻で、すでに税金や社会保険料も滞納しています。親戚から3000万円を借りてもすぐに資金が底をつき、せっかくの借入が"死に金"になる恐れがあります。その3000万円は、新しい会社でやり直す際に借りたほうがよいのでは？」

追い込まれた社長が、こういう助言を聞き入れることはまずありません。B社の社長も例外ではなく、傷を広げてしまいました。

⑶ その場しのぎで短期融資を受け返済不能に陥ったC社

銀行は、「返済期間が短いほうが貸付金の回収リスクは小さくなる」と考えます。このため、業績や返済力が懸念される会社には、苦肉の策として短期の融資を提案してきます。

C社の資金繰りは、売上減少で赤字になっているところに、既存の長期借入金の返済負担が重なり、著しく悪化していました。そんな状況下で、メインバンクである信用金庫から「返済期間3か月（一括返済）の短期融資で1000万円までなら対応可能」と提案されました。

C社のような会社が、短期の融資を受けるとどうなるか？　短期で借りた1000万円は、赤字の穴埋めと長期借入金の約定返済にあっという間に飲み込まれ、3か月後の返済期日の一括返済が困難になります。

こういった**借りてもすぐ返せなくなる場面ではリスケを依頼すべき**です。しかし、すでにC社の持ち金はゼロに近い状態でした。

社長は「もはやリスケをしても資金繰りは回らない。返済できる見通しはないが、とりあえず短期1000万円3か月の融資を受け、時間を稼ぐことにしよう」と判断しました。そして、信用金庫に提出する資金繰り予定表に、ウソの入金予定を記入してしまいます。

3か月後、C社は借りたばかりの1000万円を返済できず、信用金庫から厳しく叱責されました。

上記3社の共通点は「社長の気持ちに余裕がないこと」です。資金繰りへの焦りが悪循環に拍車をかけ、さらに状況を悪くしていきます。

普段から資金繰りを予想していれば、上記3社のように追い込まれる事態は回避できます。次項では、その方法を解説します。

➡ さらに詳しく解説すると…

短期借入金を返済できなくなる典型的なパターンとは

　銀行からの借入金には、返済期間が1年以内の「短期借入金」と、返済期間が1年を超える「長期借入金」があります。

　短期借入金の本質は「つなぎ資金」です。資金繰りの凸凹（一時的な資金不足）を埋め合わせるものであり、凸凹を除くと、現預金と短期借入金は均衡している必要があります。**図表2**の「本来の状態」がそれです。現預金と短期借入金が均衡関係にある一方、長期借入金は、ＰＬで計上する利益で返済する借入金という位置づけになります。

　C社のような赤字の会社は、このバランスを維持できません。短期借入金の返済に回すべき資金の一部が、赤字の補てんに使われ、さらに利益で返済すべき長期借入金の返済にも短期資金が使われることになります（**図表2**の「不健全な状態」）。つまり、「短期のお金」が「長期の借金」に食われてしまうことによって、短期借入金を返済できなくなるわけです。

　この理屈を当の銀行員が理解せず、短期貸付に応じている場合もあります。返済が難しくなったことを伝えると「すぐに返せなくなるのは異常だ。納得できない」と不信感を持たれてしまう場合もあります。短期借入金を借りるときは、==確実に返済できるかどうかを資金繰り表等でチェックする==ようにしましょう。

図表2 短期借入金を返済できなくなるパターン

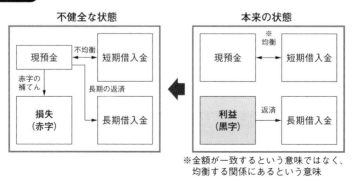

　　不健全な状態　　　　　　　　　　　　　　本来の状態

※金額が一致するという意味ではなく、
　均衡する関係にあるという意味

02 資金繰り表の構造を理解する

対応ポイント

- ¥ 資金繰りの大きな幹は「経常収支」と「財務収支」の2つ。借入の多い会社は両者をバランスさせることによって資金繰りが安定する
- ¥ 借入の多い会社ほど半年〜1年先の現預金を予想し、早めに資金調達に動くことが重要

試算表なしでも資金繰りは把握できる

資金繰り表はもちろん、月次試算表（1か月ごとに作成するPLとBS）すら作っていない会社の「資金繰り」をどう把握するか？

経営コンサルタントとして資金繰りの相談を受け始めた頃、筆者（安田）はこの問題に悩んでいました。前期の決算から半年以上経過しているのに試算表が作られておらず、わかるのは売上高だけ。社長の説明はどんぶりで要領を得ない。いったい何を見て、どう判断すればよいのか……。

この問題に対する解答とともに、**資金繰り表の構造がじつはシンプルである**という事実をお伝えしたいと思います。

①現預金残高を調べる

まず直近6か月程度の現預金残高を調べて**図表3**を作成します。

図表3 現預金残高の推移

(万円)

	実績1月	実績2月	実績3月	実績4月	実績5月	実績6月
月初現預金	3,800	3,600	2,800	1,530	2,530	3,000
月末現預金	3,600	2,800	1,530	2,530	3,000	2,800

1000万円減少

「月末現預金＝翌月の月初現預金」となる点を確認してください。

1月の月初現預金が3800万円で6月の月末現預金が2800万円なので、この6か月間で現金が1000万円減っていることがわかります。

②財務収支を確定させる

現預金は、経常収支と財務収支によって増減します。計算式で表すと次のようになります。

> 月末現預金 ＝ 月初現預金 ＋ 経常収支 ＋ 財務収支

経常収支は、本業の資金収支です。売上の入金から仕入の支払いを行い、諸経費や利息等を支払った後に残るお金です。

一方の**財務収支は、借入金の借入と返済による資金収支**です。

試算表を作っていない状況で、経常収支を把握するのは困難です。しかし、財務収支は、銀行からもらった返済予定表や預金通帳を見ることで簡単に金額を把握することができます。

そこで、月初と月末の間に経常収支と財務収支の欄を設け、財務収支に借入と返済の実績金額を入力します（**図表4**）。

図表4 財務収支を入力する

（万円）

	実績 1月	実績 2月	実績 3月	実績 4月	実績 5月	実績 6月
月初現預金	3,800	3,600	2,800	1,530	2,530	3,000
経常収支						
借入 a				1,000		
返済 b	500	500	500	500	500	500
財務収支（a-b）	-500	-500	-500	500	-500	-500
月末現預金	3,600	2,800	1,530	2,530	3,000	2,800

←財務収支は確認できる

③経常収支を計算し、資金繰り表を完成させる

財務収支が確定すると、次式で経常収支の金額が判明します。

$$経常収支 = 月末現預金 - 月初現預金 - 財務収支$$

要するに**図表4**の「経常収支」の抜けているところを計算するわけです。**図表5**は6か月間の合計と売上高を加えた表です。

図表5 **簡単な資金繰り表が完成**

4〜6月はプラス

（万円）

	実績1月	実績2月	実績3月	実績4月	実績5月	実績6月	合計
月初現預金	3,800	3,600	2,800	1,530	2,530	3,000	3,800
経常収支	300	-300	-770	500	970	300	1,000
借入 a				1,000			1,000
返済 b	500	500	500	500	500	500	3,000
財務収支 (a-b)	-500	-500	-500	500	-500	-500	-2,000
月末現預金	3,600	2,800	1,530	2,530	3,000	2,800	2,800
売上高	4,500	4,500	4,500	5,000	5,000	5,000	28,500

1月の月初現預金

本業で1000万稼ぎ、財務で2000万返済した結果、現預金が1000万円減った

6月の月末現預金

　表を見ると、2〜3月はマイナスだった経常収支が4〜6月はプラスに転じていることがわかります。このことには4月以降の売上が5000万円に伸びたことが関係していると思われます。

　1〜6月の合計で見た場合、「本業で1000万円稼ぎ、財務で2000万円返済したことにより、現預金が1000万円減った」という現状認識になります。

　現預金を減らしているものの、「足元の経常収支はプラス」という点は、銀行が融資に応じる上で、有力な判断材料になります（とはいえ、融資を受けるには、試算表の提出がマストですが……）。

　このように、現預金残と財務収支をはっきりさせるだけで、資金繰りの状況はかなりつかむことができます。

半年後の現預金をどう予想するか？

　序章（30ページ）で次のように問題提起しました。

　もし、あなたが経営者か経理担当者で、心当たりがあるなら、**自社の現在の手元キャッシュがいくらで、それが半年後にいくらくらいになるか、考えてみてください。**ざっくりとでも、この問いに答えられないと、安全な舵取りはできないはずです。

　さきほどのケースを使って、半年後の現預金が大体いくらになるかを考えてみましょう。

　1〜6月の経常収支は、4〜6月が好調で1000万円のプラスになりました。しかし、経常収支には不確実性がつきまといます。一方、財務収支の返済は確実に行わなければなりません。

　そこでまず経常収支をゼロと仮定し、財務収支のみで資金繰りをシミュレーションします。

図表6　半年後の現預金を予想する

(万円)

	予想 7月	予想 8月	予想 9月	予想 10月	予想 11月	予想 12月	
月初現預金	2,800	2,300	1,800	1,300	800	300	
経常収支	0	0	0	0	0	0	← 経常収支をゼロと仮定
借入 a							
返済 b	500	500	500	500	500	500	
財務収支 (a-b)	-500	-500	-500	-500	-500	-500	
月末現預金	2,300	1,800	1,300	800	300	-200	← 現金がかなり減って危険！

　図表6では、半年後（12月末）の現預金が-200万円になっています。もし7〜12月の業績が振るわなかった場合、かなり危険な状況に追い込まれることがわかります。

　ここから先の判断はケースバイケースです。「銀行から融資を受け、財務収支のマイナスをプラスにする」という判断もあり得ますし、「銀行返済分くらいは十分稼げるので、このままでよい」という判断もあり得るでしょう。

　なにはともあれ、**「経常収支ゼロ」などの仮定をおいて、資金繰りを**

予想することが大事です。

　資金繰り表を作るのが困難な会社も、**図表6**の計算だけはやってください。大抵の社長は、自分の商売が儲かっているかどうか（経常収支）くらいはわかっています。あとは、**図表6**のような表で現金から返済予定を引いていけば、この先がどうなるか、ざっくり認識できるはずです。

　特に過剰債務に陥りつつある会社は、長期借入金に付随する約定返済で資金繰りが悪化しやすいので「予想は必須」と心得てください。

　「経常収支」と「財務収支」を大きな幹と見立てれば、資金繰り表の構造はシンプルです。枝葉末節にこだわらず、資金の減少をどう防ぐかをシンプルに考えることをお勧めします。

➡ さらに詳しく解説すると…

資金繰りの体質を決めるのは経常収支と財務収支

　資金繰り表を読む際、「経常収支」と「財務収支」のバランスを意識すると、資金繰りの体質が読みやすくなります。

①理想的な体質（図表7）

　図表7は経常収支のプラスが、財務収支のマイナス（長期借入金の返済）を上回っている状態です。本業で返済資金を稼いでおり、理想的な状況と言えます。

②借換えが必要な体質（図表8）

　経常収支のプラスで財務収支のマイナスをカバーできていない状態です。この状態のままでは現金が減っていくため、銀行から借換え融資や追加融資を受けて財務収支のマイナス（返済額）を抑制する必要があります。

　現在、ゼロゼロ融資の返済本格化で資金繰りが厳しい会社の多くは、**図表8**の状態にあると考えられます。

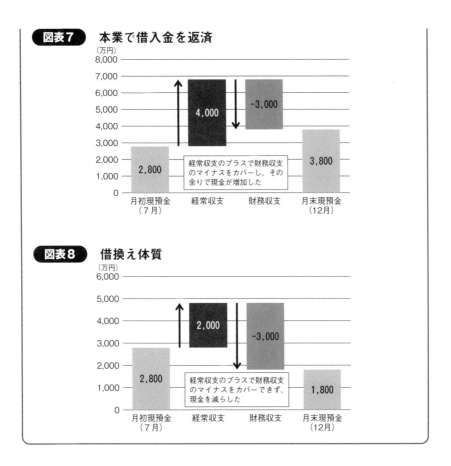

図表7 **本業で借入金を返済**

（万円）

- 月初現預金（7月）: 2,800
- 経常収支: 4,000
- 財務収支: -3,000
- 月末現預金（12月）: 3,800

経常収支のプラスで財務収支のマイナスをカバーし、その余りで現金が増加した

図表8 **借換え体質**

（万円）

- 月初現預金（7月）: 2,800
- 経常収支: 2,000
- 財務収支: -3,000
- 月末現預金（12月）: 1,800

経常収支のプラスで財務収支のマイナスをカバーできず、現金を減らした

03

どんなフォーマットの
資金繰り表を使うべきか

対応ポイント

☑ 経営判断に役立ち、銀行員にとっても読みやすいのは「経常収支」「経常外収支」「財務収支」の集計欄がある資金繰り表

「経常収支」「経常外収支」「財務収支」の集計欄が必要

　資金繰り表には、「必ずこのフォーマットで作成しなければならない」という決まりがありません。このため、会社ごとにさまざまな形の資金繰り表を作成しています。

図表9　収入と支払だけを集計した資金繰り表

（千円）

		××年×月
月初現預金	(a)	30,000
現金売上		200
売掛金回収		50,700
受取手形期日入金		2,100
その他収入		300
収入計	(b)	53,300
現金仕入		300
買掛金支払		22,600
支払手形決済		4,400
人件費支払		15,900
諸経費支払		7,400
支払利息		250
設備購入		600
税金支払		200
長期借入金返済		800
その他支払		100
支払計	(c)	52,550
当月収支 (b)−(c)	(d)	750
月末現預金 (a)+(d)		30,750

資金繰りが回るかどうかしか確認できない

　ただし、**図表9**のような収入と支払の合計だけを集計した資金繰り表は使い物にならないと考えてください。図表9から読み取れるのは「資金繰りが回るかどうか」だけ。経常収支を見て本業の状態をチェックする、といったことができません。すなわち「**先が読めない**」ということです。

　現在もこのタイプの資金繰り表を銀行に提出している会社を時々見かけますが、銀行員は内心「読みにくいなあ」と感じているはずです。

　経営判断に役立ち、銀行員にとっても読みやすいのは、「経常収支」「経常外収支」「財務収支」の集計欄がある資金繰り表です（**図表10**）。

図表10 経営判断と銀行交渉に役立つ資金繰り表のフォーマット

（千円）

	××年×月
月初現預金　(a)	30,000
現金売上	200
売掛金回収	50,700
受取手形期日入金	2,100
売上代金回収 計	53,000
その他経常収入	300
収入計　　　　(b)	53,300
現金仕入	300
買掛金支払	22,600
支払手形決済	4,400
仕入代金支払 計	27,300
人件費支払	15,900
諸経費支払	7,400
支払利息	250
税金支払	200
その他経常支払	100
支払計　　　　(c)	51,150
経常収支　(b)−(c)　(d)	2,150
設備売却	0
その他経常外の収入	0
収入計　　　　(e)	0
設備購入	600
その他経常外の支払	0
支払計　　　　(f)	600
経常外収支 (e)−(f)　(g)	−600
短期借入金	0
長期借入金	0
定期預金取崩し	0
収入計　　　　(h)	0
短期借入金返済	0
長期借入金返済	800
定期預金預入	0
支払計　　　　(i)	800
財務収支　(h)−(i)　(j)	−800
当月収支 (d)+(g)+(j) (k)	750
月末現預金　(a)+(k)	30,750

- 千円が基本（桁が多く、読みづらい場合は百万円とし小数点第1位まで表示）
- 売上代金の入金
- 主に営業外収益の入金
- 仕入代金の支払い
- 給料、賞与、法定福利費、退職金などの支払い
- その他の販売管理費（減価償却費は除く）の支払い
- 利息・信用保証料の支払い
- 法人税、消費税の支払い（中間納付の支払月に注意）
- 利息を除く営業外費用の支払い、未払金等の精算
- 設備売却による収入
- 貸付金の回収、有価証券の売却等による収入
- 設備購入による支出
- 貸付金の発生、有価証券の購入等による支出
- 借入による収入
- 定期預金解約による収入
- 返済による支出
- 定期預金預入による支出
- 定期預金を除く金額

本業の資金収支であり資金繰りを回す基本的な動力源

経常的（＝通常の業務において発生する）とは言えない資金収支

主に借入と返済による資金収支。資金調達の状況を表す

前項で述べたとおり、資金繰り表の大きな幹は「経常収支」と「財務収支」です。これに「経常外収支」を加えた３区分の資金繰り表は、資金繰りの中身がより見えやすくなります。

➡ さらに詳しく解説すると…

経常収支、経常外収支、財務収支の意味

ここで改めて３つの収支の意味を整理しておきます。

種類	意味
経常収支	●本業の資金収支であり、資金繰りを回す基本的な動力源。経常収支のプラスは、経常外収支と財務収支のマイナスを補い、資金を増加させる ●売上の季節変動等によって、月によってアップダウンするが、原則、年間合計はプラスであることが求められる ●年間合計はキャッシュフロー計算書の「営業活動キャッシュフロー」とほぼ一致する
経常外収支	●経常的（＝通常の業務において発生する）とは言えない資金収支 ●「設備の購入・売却による収支」「貸付金の貸出・回収による収支」「有価証券の購入・売却による収支」等が該当 ●資金繰り表によって「設備収支」と呼ぶ場合もある ●年間合計は「投資活動キャッシュフロー」とほぼ一致する
財務収支	●借入と返済による収支で、資金調達の状況を表す収支 ●経常収支と経常外収支において生じたマイナスは、財務収支のプラスで補てんされる必要がある ●定期預金等の固定性預金は自由に引き出しできないと考え、財務収支に「取崩し」と「預入」を記載する ●年間合計は「財務活動キャッシュフロー」とほぼ一致する

04
なぜ銀行は資金繰り予定表の提出を求めてくるのか

対応ポイント

- ¥ 銀行が資金繰り表の提出を依頼してくるのは、当面の資金繰り状況と資金使途を確認したいから

最低でも半期に一回程度、自主的に資金繰り表の提出を

　銀行が融資審査で資金繰り表を求める理由は主に2つあります。

　1つ目は、**当面の資金繰りに懸念がないことを確認するため**です。

　資金繰りがどう展開されるかは、決算書や試算表だけでは判断できません。融資実行後すぐに延滞（即時延滞）が起きると、その案件にかかわった担当者や上席者は銀行内で責任を問われることになります。このため資金繰り予定表をエビデンスとして入手しておく必要があるのです。

　2つ目は、**資金繰り予定表から「資金使途」を確認するため**です。**資金繰り表には資金の入り口と出口がすべて記載されている**ので、貸した金が何に使われ、またどのように返済されるかがわかります。

　大半の中小企業は資金繰り表を提出せずに銀行融資を受けています。しかし、財務内容が悪化し資金繰りに余裕がない状態で融資を申し込むと、**銀行は高い確率で「資金繰り表の提出」を求めてきます**。

　普段から資金繰り表を作成していない会社は銀行の依頼に困惑し、適当な数字を入れた資金繰り表を提出することになります。

　逆に言うと、定期的に資金繰り表を銀行に提出している会社は、そうではない会社に比べ、融資が下りやすくなります。最低でも半期に一回程度、自主的に資金繰り表を作成し、提出することをお勧めします。

05

「売上の入金」と「仕入の支払い」を どう予想するか

- ⓧ まず月次のPL計画を作成する
- ⓧ PL計画の売上と仕入を、資金繰り表でどう展開するかが問題

「売上の入金」と「仕入の支払い」が最大の山場

　資金繰り予定表の作成で、最も厄介なのは「売上代金回収」と「仕入代金支払」です。本項ではその点に絞って解説します。

図表11　　回収・支払サイト1か月の資金繰り表

(千円)

		実績 4月	実績 5月	実績 6月	予定 7月	予定 8月
売上高		60,700	47,400	59,800	75,500	54,500
仕入・外注費		33,700	26,300	33,200	41,900	30,200
月初現預金	(a)	30,000	29,500	27,100	20,800	70,000
売上代金回収		56,300	59,100	47,800	58,400	74,400
その他経常収入		300	100	100	100	1,700
収入計	(b)	56,600	59,200	47,900	58,500	76,100
仕入代金支払		31,300	32,800	26,500	32,400	41,200
人件費		15,900	16,300	20,100	16,300	17,200
諸経費支払		7,800	7,900	8,000	8,500	8,200
支払利息・割引料		600	600	600	600	600
税金支払		100	300	0	100	0
支払計	(c)	55,700	57,900	55,200	57,900	67,200
経常収支　(b)−(c)	(d)	900	1,300	-7,300	600	8,900
設備支払					9,500	

　半年から1年先の資金繰り予定表を作成する際には、**まず月次のPL計画を作成し、その数値を出入金のタイミングに修正する**のが一般的です。例えば、4月に計上した売上高が売掛金として1か月後に回収されるなら、資金繰り表では5月の売上代金回収にその数字を入れます。

　図表11は、ある卸売業の会社の資金繰り表です。矢印を見るとPLの売上高が翌月の売上代金回収にスライドしていることがわかります。売上原価（仕入・外注費）も同様で、PLの仕入・外注費が翌月の仕入代金支払にスライドしています。つまり、売上回収サイトは「約1か月」で、仕入の支払サイトも「約1か月」であるわけです。

　こういう会社の資金繰り予定表は簡単に作ることができます。月次PLで計画した売上と仕入をそれぞれ1か月、後ろにずらすだけで済むからです。

　実際には取引先ごとに異なる回収・支払条件が設定されていて、細かい計算が必要になるケースがほとんどです。その場合、まず**図表12**の

図表12　得意先（仕入先）別に予想する

(千円)

得意先	回収条件		7月	8月	9月	10月
A社	末締・翌月	予想売上高	5,000	5,000	4,000	4,500
		現金売上 売掛金回収 受取手形期日入金	5,000	5,000	5,000	4,000
		回収計	5,000	5,000	5,000	4,000
B社	末締・翌々月	予想売上高	3,000	2,000	3,000	3,500
		現金売上 売掛金回収 受取手形期日入金	5,000	3,500	3,000	2,000
		回収計	5,000	3,500	3,000	2,000
C社	末締・90日手形	予想売上高	10,000			
		現金売上 売掛金回収 受取手形期日入金				10,000
		回収計	0	0	0	10,000

ような表で得意先別に売上高と回収額を予想することを検討します。

　仕入の場合も同じ形の表で、仕入先別に予想売上原価と支払額を予想します（仕入の場合、売上は「仕入」、回収は「支払」と読み替えてください）。

　資金繰り予定表には**図表12**の合計値を入力すればよいわけですが、取引先が多い場合、一社一社の数値を予想するのは労力がかかりすぎて、非現実的です。そこで、第二の方法として**図表13**のようにサイト別の割合から予想する方法を検討します（この方法を用いている会社はかなり多いと思います）。

図表13　**サイトの割合から予想する**

			4月	5月	6月
損益	売上高（または仕入高）		100	100	100
資金繰り	当月	40%	▶40	40	40
	翌月	30%		▶30	30
	翌々月	30%			▶30
	計	100%	40	70	100

①サイト別の割合を設定　　②サイト別の計算を繰り返す

①売上に占めるサイトの割合を設定する

　過去の実績を調べて、「当月回収が売上に占める割合は40％」というように各サイトの割合を決めます。

②サイト別の計算を繰り返す

　表計算ソフトを使い、予想売上を入力するとサイト別に回収額と回収月が自動計算されるようにします。

　中小企業では、資金繰り表を優秀な経理部長の個人的な技術や視点で作成していることが少なくありません。

　その結果、経理部長が退社する際、引継ぎがうまくいかず、銀行交渉に支障が生じることがあります。特に製造業で、そういった会社を何社か見てきました。

　資金繰り表の作り方には絶対コレという決まりがないだけに、個人の主観が混ざりやすくなります。もし経理部長にお任せという状態であれば、作成方法を文書化する、わかりやすいフォーマットに変更する等の対策を講じることをお勧めします。

月末現預金の読み方

対応ポイント

⊛ 資金繰り表の月末現預金がプラスでも、「日繰り」では資金不足に陥
る場合があることに注意

月末現預金から「日繰り」へのイメージを膨らませる

　図表14は、卸売業E社の資金繰り表です。この表から、資金繰りが
回ると見るか、回らないと見るかが、最初のポイントになります。

　月末の現預金を、右斜め上にある翌月の経常支払（支払計）と見比べ
ていますが、この目線には次のような意味があります。

　5月の資金繰りについて考えてみましょう。4月末の現預金（＝5月
の月初現預金）は30百万円で、5月の支払計は58百万円となっており、
支払いのほうが現預金を大きく上回っています。

　5月の資金繰りを「日繰り表」でイメージしてください。日繰り表と
は、収入と支払を毎日記録し、手元にある現金を確認する1日単位の資
金繰り表のことです（図表15）。

　もし仕入と人件費の支払いが、売上の回収より先に到来したら、何が
起こるでしょう？

　支払いに支障を来すことが容易に想像できると思います。

　「最低でも月商分の手元資金を持つべき」とよく言いますが、まさに
このE社がそうで、手元資金は月商の半分程度。

　その状態で仕入やら人件費やらの支払いを行うのですから、それはや
はり「綱渡り」です。銀行からいますぐに融資を受けて、現預金を増や
すべきです。

図表14 資金繰り表での月末現預金の読み方

(百万円)

			実績4月	実績5月	実績6月	予定7月	予定8月
売上高	【PL数値】		61	47	60	76	55
仕入・外注費	【PL数値】		34	26	33	42	30
月初現預金		(a)	30	30	32	24	23
	売上代金回収		56	59	48	58	74
	その他経常収入		0	0	0	0	2
	収入計	(b)	57	59	48	59	76
	仕入代金支払		31	33	27	32	41
	人件費		16	16	20	16	17
	諸経費支払		8	8	8	9	8
	支払利息・割引料		1	1	1	1	1
	税金支払		0	0	0	0	0
	支払計	(c)	56	58	55	58	67
経常収支 (b)−(c)		(d)	1	2	−7	1	9
	設備売却				3		
	その他経常外収入						
	収入計	(e)	0	0	3	0	0
	設備購入						
	その他経常外支払			3	1	1	1
	支払計	(f)	0	3	1	1	1
経常外収支 (e)−(f)		(g)	0	−3	2	−1	−1
	短期借入金調達						
	長期借入金調達			5			
	収入計	(h)	0	5	0	0	0
	短期借入金返済						
	長期借入金返済		2	2	2	2	2
	支払計	(i)	2	2	2	2	2
財務収支 (h)−(i)		(j)	−2	4	−2	−2	−2
当月収支 (d)+(g)+(j)		(k)	−1	2	−7	−1	6
月末現預金 (a)+(k)			30	32	24	23	29

月末現金を翌月の支払いと比較する

図表15 日繰り表の例

(円)

		入金			出金				現預金残高
		売上	その他	計	仕入	給料	その他	計	
5月31日	水								9,048,487
6月1日	木	79,920		79,920	381,841		10,930	392,771	8,735,636
6月2日	金	21,070		21,070				0	8,756,706
6月3日	土			0	28,023			28,023	8,728,683
6月4日	日			0				0	8,728,683
6月5日	月	447,295		447,295	4,078	6,159,934		6,164,012	3,011,966
6月6日	火	745,000		745,000			240,471	240471	3,516,495
6月7日	水			0				0	3,516,495
6月8日	木	325,080	282,830	607,910	49,464		20,800	70,264	4,054,141
6月9日	金			0	162,000			162,000	3,892,141
6月10日	土			0				0	3,892,141

　このように資金繰り表では、「月末現預金がプラスだから大丈夫」とは判断できません。日繰りまでイメージすることが必要と心得ましょう。

➡ さらに詳しく解説すると…

現金をどのくらい持つのがよいか

　ここ数年、中小企業の資金繰りに関して、次のような意見をよく耳にするようになりました。

●現金は多ければ多いほどいい

●銀行から目一杯借りて、手元に現金を残しておくべき

●最低でも月商の３か月分以上の現金を持つべきで、場合によっては６か月分以上持つのもよい

●銀行との関係に配慮し、借入金は返さないほうがよい

　要するに「銀行から融資を受けて、現金を多く持つようにすれば、会社は倒産しない」という話です。

　確かにＢＳ上、現金と借入金は"両建て"です（図表16）。預金にプールする前提で借入を行えば、その分、現金を厚くすることができます。また、利息収入を得たい銀行とも良好な関係を維持できます。

図表16　　**現金と借入金は両建て**

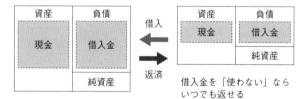

　ただし、この考え方は現在の低金利を前提にしている点に注意が必要です。将来、金利があがってきたら、利息が負担になり、必要以上に借入金を増やして現金をダブつかせることはやりにくくなります。

　現金をどのくらい持つのがよいか（適正な手元流動性）は、なかなか難しい問題です。「現預金が月商を下回るのは危険」といった下のラインはわかるのですが、上のラインははっきりしない。

　こういった判断は、いずれAIがやってくれるのではないかと思いますが、もうしばらく時間がかかりそうです。

　次の資金繰り表（図表17）のように、月末現預金を過年度の同月値と比較できるようにしておくと、「以前はこのくらいの現金で資金繰りを回していた」ということがわかり、適正な現預金を見極めるのに役立ちます。

図表17　月末現預金について過去の実績値と比較する

2023年資金繰り表

（千円）

		実績 4月	実績 5月	実績 6月	予定 7月	予定 8月	
月初現預金	(a)	30,000	29,500	27,100	20,800	20,000	
月末現預金	(a)＋(k)	29,500	27,100	20,800	20,000	26,900	
過年度現預金	2022年	32,500	29,800	22,900	22,000	29,600	比較する
	2021年	50,200	46,100	35,400	34,000	45,700	
	2020年	59,000	54,200	41,600	40,000	53,800	
	2019年	67,900	62,300	47,800	46,000	61,900	
	2018年	70,800	65,000	49,900	48,000	64,600	

銀行は資金繰り表の
どこを見るか

対応ポイント

- ¥ 銀行は「借入後の資金繰りが改善するかどうか」を見る
- ¥ 経常収支はプラスが望ましく、銀行員は「年合計」を見る
- ¥ ＰＬの売上高、仕入高等と照らし合わせて、信憑性がチェックされる
- ¥ 資金使途の健全性を確認できない場合、融資は下りない

図表18　　Ｅ社の資金繰り予定表

		予定8月	予定9月	予定10月	予定11月
売上高		55	55	50	45
仕入・外注費		30	35	37	47
月初現預金	(a)	23	29	75	68
売上代金回収		74	54	62	68
その他経常収入		2	0	0	0
収入計	(b)	76	54	62	68
仕入代金支払		41	30	34	37
人件費		17	17	19	17
諸経費支払		8	9	8	8
支払利息・割引料		1	1	1	1
税金支払		0	0	0	1
支払計	(c)	67	56	62	63
経常収支　(b)-(c)	(d)	9	-2	1	5
設備売却					
その他経常外収入					
収入計	(e)	0	0		
設備購入					
その他経常外支払		1		5	5
支払計	(f)	1	0	5	5
経常外収支　(e)-(f)	(g)	-1	0	-5	-5
短期借入金調達					
長期借入金調達			50		
収入計	(h)	0	50		
短期借入金返済					
長期借入金返済		2	2	2	2
支払計	(i)	2	2	2	2
財務収支　(h)-(i)	(j)	-2	48	-2	-2
当月収支　(d)+(g)+(j)	(k)	6	46	-7	-3
月末現預金　(a)+(k)		29	75	68	66

ポイント④
投融資が行われている

借入予定

ポイント①
借入後の資金繰り

E社は運転資金50百万円を借り入れるために、**図表18**の資金繰り予定表を銀行に提出しました。銀行は融資に応じるでしょうか？

ポイント①から順に見ていきましょう。

ポイント① 借入後の資金繰り

資金繰り表には、9月の財務収支に借入予定額50百万円（借入期間5年、据置期間1年）が記入されています。

銀行員がチェックするのは、その借入により、資金繰りが改善するかどうかです。図表18では、50百万円の借入で月末現預金が増加し、資金繰りが改善することが示されています。

(百万円)

予定12月	予定1月	予定2月	予定3月	合計
52	68	52	50	670
43	42	28	36	433
66	54	55	62	30
49	60	77	50	716
0	0	0	0	3
49	61	77	50	719
26	33	41	27	391
20	16	16	16	208
8	8	9	8	99
1	1	1	1	7
0	0	0	0	2
55	58	67	52	706
-6	3	10	-2	13
				3
				0
0	0	0	0	3
				0
3				19
3	0	0	0	19
-3	0	0	0	-16
				0
				55
0	0	0	0	55
				0
2	2	2	2	25
2	2	2	2	25
-2	-2	-2	-2	30
-11	0	7	-5	27
54	55	62	57	57

ポイント③
資料としての信憑性

照合

照合

ポイント②
経常収支はプラスか？

借換え体質

155

ポイント②　経常収支はプラスか？

　経常収支は資金を生み出す基盤部分。売上の季節変動や、賞与や納税資金などのスポット支出により、収支が月によって変動し、本来はその細かな動きを分析すべきところですが、忙しい銀行員は「年」や「半期」などの合計に注目します。このケースでは経常収支の合計欄に13百万円のプラスが計画されているのをみて、とりあえず 「事業の継続性に異常なし」と判断 します。

　資金使途の観点でいうと、銀行は、運転資金として貸し出したお金が赤字の穴埋めに使われて回収できなくなる事態を恐れます。

　経常収支がマイナスの企業に運転資金50百万円を貸し出す場合、「50百万円は赤字の穴埋めに使われて戻ってこないかもしれない」と警戒 し、逆に、経常収支がプラスの企業に対しては、「50百万円は赤字の穴埋めには使われない。正常な事業運営に使われ、返済可能な状況にある」と判断 します。

　なお、E社の経常収支13百万円は財務収支の30百万円を下回っており、追加融資や借換え融資を受けないと、資金が減っていく体質（借換え体質）になっています。しかし、多くの中小企業はこの状態にありますから、銀行は、必ずしも問題視しません。

ポイント③　資料としての信憑性

　銀行員は、資金繰り予定表の提出を求める一方、「中小企業が作成する資金繰り予定表の大半は間違っている」と考えています。

　ベテランの経理担当者が作成したものや、専門家が関与して作成したものであれば、ある程度、信用できますが、それ以外は、苦し紛れに数字を入れたようなものが少なくないからです。

　「それなら提出させるな」と言いたいところですが、銀行としては資

金繰りに関する本人の見解はやはり知っておくべきと考えるわけです。

銀行員は資金繰り予定表の正確性を、次のような照合を行って検証しようとします（**図表18 ポイント③**）。

> ● ＰＬで計画された「売上高の合計」を資金繰り予定表で計画された「売上代金回収の合計」と照合する
> ● ＰＬで計画された「仕入・外注費の合計」を資金繰り予定表で計画された「仕入代金支払の合計」と照合する

なぜこの照合を行うかというと、資金繰り表が適当に作られたものではないことを、手っ取り早く確認できるからです。

売上が急増・急減するような場合を除き、ＰＬの数値（売上高等）と資金繰りの数値（売上代金回収等）に大きな差はあまり出ません。

もし大きな差があるようなら、その資金繰り表は、資金繰りが回るように帳尻を合わせたものである可能性大です。

このケースでは、**図表19**のように経常収支をプラスにするような差が生じています。

図表19 ＰＬ計画と資金繰り予定表の照合

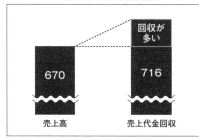

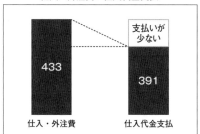

この差についての質問に明快に答えられなければ、銀行は資金繰り表を作り直すよう言ってくるか、いろいろ理由をつけて融資に応じないか、

のどちらかでしょう。なぜなら、売上回収と仕入の支払いが怪しいとなると、借入後の資金繰りに余裕があることや、経常収支がプラスであることもぜんぶ怪しい、ということになるからです。

　こういうチェックに耐えるコツは、**ＰＬの合計値との整合性に注意す**るということです。これだけで、予定表の精度はあがりますし、銀行員から誤解されにくくなります（最初から正しい作り方をすれば、こういった矛盾は生じないわけですが、その方法は手間がかかり、実践している会社は少ないです）。

　ちなみに、合計欄がない表でも銀行員は**図表19**のような検証を行います。

ポイント④　投融資が行われている

　Ｅ社の資金繰り表の最大の問題点は、「その他経常外支払」に資金流出が見られる点です（**図表20**）。

　資金流出の中身は、**赤字の子会社に対する貸付金**でした。業績が悪化した子会社の資金繰りをＥ社が支援していたわけです。

　となれば、今回借り入れる50百万円の運転資金も、赤字の子会社の損失補填に流用される可能性が高いということになります。

　銀行としては、そのような資金使途を認めるわけにはいかないので、融資に応じることが難しくなります。

　銀行がＥ社への50百万円の運転資金融資に応じるには、最低、次の２つの条件を満たす必要があるでしょう。

---

①決算書で子会社の業績回復を確認できる

②子会社の借入金について、子会社がＥ社への返済を開始する

　この状態になって、ようやく、銀行は「50百万円は子会社の赤字の穴埋めには使われない。正常な事業運営に使われ、返済可能な状況にある」

と判断します。

　このように、銀行の案件審査は、資金使途のウエートが極めて大きく、そのチェックに資金繰り表が用いられるわけです。

　なお、運転資金には、銀行が貸出に「前向きな運転資金」と、「後ろ向きな運転資金」があり、上記のような業績不振会社への貸付金（投融資資金）は後ろ向きな運転資金に該当します。

　詳しくは第8章をご覧ください。

図表20　銀行は資金使途を読もうとする

（百万円）

		実績9月	実績10月	実績11月	予定12月	予定3月	合計
月末現預金	(a)	29	75	68	66	62	30
売上代金回収		54	62	68	49	50	716
仕入代金支払		0	0	1	0	0	2
支払計	(c)	56	62	63	55	52	706
経常収支 (b)−(c)	(d)	−2	1	5	−6	−2	13
設備売却							3
その他経常外収入							0
収入計	(e)	0			0	0	3
設備購入							0
その他経常外支払			5	5	3		19
支払計	(f)	0	5	5	3	0	19
経常外収支 (e)−(f)	(g)		−5	−5	−3	0	−16
短期借入金調達							0
長期借入金調達		50					55
支払計	(h)	50	0	0	0	0	55
短期借入金返済							0
長期借入金返済		2	2	2	2	2	25
支払計	(i)	2	2	2	2	2	25
財務収支 (h)−(i)	(j)	48	−2	−2	−2	−2	30
当月収支 (d)+(g)+(j)	(k)	46	−7	−3	−11	−5	27
月末現預金 (a)+(k)		75	68	66	54	57	57

投融資資金（子会社の赤字補填）

流用の恐れ

159

➡ **さらに詳しく解説すると…**

経常収支がマイナスでも銀行に問題視されない

　経常収支は本業の収支なので、プラスを維持するのが望ましいのですが、売上急増による「増加運転資金」でマイナスになっている場合、銀行はさほど問題視しません。

　最近、コロナ禍で売上が半減していた会社が、Ｖ字回複するケースをよく見かけます。Ｖ字回複した会社の多くは、増加運転資金で経常収支がマイナスになっています。

　増加運転資金の知識は、銀行交渉でよく必要になるので、簡単に確認しておきましょう。

　例えば、当期から売上が２倍に増えるなら、仕入を２倍しないといけません。必然的に、棚卸資産と仕入債務（買掛金）の水準も従来の２倍になります。

　売上が２倍に増えるので、売上債権（売掛金）も２倍になります。

　結果として、経常運転資金は従来の２倍になります（**図表21**）。

図表21 　売上が２倍になった場合の増加運転資金

（万円）

①売上が２倍になると

前期売上高200 ━━━━━➡ 当期売上高400

売上債権 20	仕入債務 30
棚卸資産 50	経常運転資金 40

売上債権 40	仕入債務 60
棚卸資産 100	経常運転資金 80

②運転資金も２倍になる

　図表21では経常運転資金が40万円から80万円に40万円増えています。この40万円は売上が200万円から2倍の400万円に伸びる過程で必要になった資金です。今後も売上が400万円で推移するなら、追加の資金負担は発生しません。

　逆に、従来の200万円まで売上が下がるときは、仕入や売掛金が減るため、資金負担は軽くなります。80万円の経常運転資金は再び40万円となり、40万円が手元に戻ってくることになります。

　増加運転資金は**図表22**のように資金繰り表の数値に影響を与えます。

図表22　**増加運転資金が経常収支に与える影響**

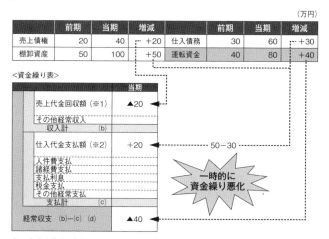

（万円）

	前期	当期	増減		前期	当期	増減
売上債権	20	40	+20	仕入債務	30	60	+30
棚卸資産	50	100	+50	運転資金	40	80	+40

<資金繰り表>

	当期
売上代金回収額（※1）	▲20
その他経常収入	
収入計　　(b)	
仕入代金支払額（※2）	+20
人件費支払	
諸経費支払	
支払利息	
税金支払	
その他経常支払	
支払計　　(c)	
経常収支　(b)−(c)　(d)	▲40

50−30

一時的に
資金繰り悪化

（※1）売上代金回収額＝売上高−売上債権増減
（※2）仕入代金支払額＝仕入高+棚卸資産増減−仕入債務増減

第 5 章

COMPLETE MANUAL OF BANK NEGOTIATIONS
AND CASH MANAGEMENT
FOR SMALL AND MEDIUM ENTERPRISES

キャッシュフロー計算書は
倒産回避の羅針盤

取り組んできたビジネスが儲かっていたかどうか──、
その真実は損益計算書（ＰＬ）ではなくキャッシュフロー
計算書に記載されています。キャッシュフロー計算書は「年
単位の資金繰り表」としても機能し、倒産を回避する重
要な指針になります。一見難しそうですが、ポイントさえ
つかめば誰でも簡単に読むことができます。

01 キャッシュフロー計算書の概要を押さえる

対応ポイント

- ¥ 営業CFは、本業の活動による資金の増減
- ¥ 投資CFは、将来の売上・利益獲得のための投資活動による資金増減
- ¥ 財務CFは、資金の調達と返済による資金の増減

キャッシュフロー計算書のキャッシュはBSの現預金

キャッシュフロー計算書は、企業が1年間にどのように資金を得て、それをどう活用したのかを示す表です。

表の一番下には、キャッシュの期首残高と期末残高が記載されています。**図表1**をご覧ください。

上場企業が作成するキャッシュフロー計算書では、キャッシュの範囲を「現金及び現金同等物」とし、すぐに現金に変えられる短期の金融資産を含めます。一方、中小企業が経営管理や銀行交渉で用いる場合は、単純に「BSの現預金」と考えればOKです。

図表1は、キャッシュを営業活動で5百万円失い、投資活動で55百万円失い、財務活動で40百万円獲得した結果、キャッシ

図表1　キャッシュフロー計算書とは

キャッシュフロー計算書　(百万円)

原因	営業活動キャッシュフロー　△5
	＋
	投資活動キャッシュフロー　△55
	＋
	財務活動キャッシュフロー　＋40
	‖
結果	キャッシュの増加・減少額　△20
	＋
	キャッシュの期首残高　60
	‖
	キャッシュの期末残高　40

ュが60百万円から40百万円に20百万円減ったことを表しています。このように、キャッシュの増減を３つの活動に分けて示すのがキャッシュフロー計算書の最大の特徴です。

　逆にいうと、３つのキャッシュフローが何であるかを理解すれば、すぐにキャッシュフロー計算書を読めるようになります。各キャッシュフローの意味は、次のとおりです（167ページ**図表２**も参照のこと）。

⑴ 営業活動キャッシュフロー（営業ＣＦ）

　仕入、製造、販売、管理など、**本業の活動による資金の増減**を表します。この数値は損益計算書（ＰＬ）上で計算される簡易キャッシュフロー「経常利益＋減価償却費－法人税等」に営業資産・負債の変動を加えて修正した数値です。

⑵ 投資活動キャッシュフロー（投資ＣＦ）

　設備投資や有価証券投資、貸付金、Ｍ＆Ａなど、**将来の売上、利益獲**

貸借対照表（ＢＳ）

（百万円）

科目	前々期	前期	科目	前々期	前期
現預金	60	40	買掛金	110	125
売掛金	100	115	未払費用	20	30
棚卸資産	200	260	未払法人税	10	5
			流動負債	140	160
流動資産	360	415	長期借入金	360	400
建物	140	160	固定負債	360	400
土地	30	0	負債合計	500	560
貸付金	0	25	資本金	10	10
			利益剰余金	20	30
固定資産	170	185	純資産合計	30	40
資産合計	530	600	負債・純資産合計	530	600

得のための投資活動によって増減する資金です。例えば、設備を購入してお金を使えばマイナス、売却して売却代金が手に入ればプラスになります。

⑶ 財務活動キャッシュフロー（財務ＣＦ）

　主に借入金や社債など、資金の調達と返済による資金の増減です。例えば、新たに借入を行えばプラス、返済すればマイナスになります。増資や配当金の支払いも財務活動キャッシュフローに含まれます。

➡ さらに詳しく説明すると…

> **キャッシュフロー計算書を自分で作るには**
>
> 　キャッシュフロー計算書を作るのに困っている人なら日本公認会計士協会が公表している「中小企業のためのキャッシュ・フロー計算書作成シート」をお勧めします。
>
> 　エクセルの入力画面に２期分のＢＳと１期分のＰＬの数字を入力すると、簡易なキャッシュフロー計算書（間接法）が出力されます。日本公認会計士協会のウェブサイトでダウンロードできるので、試してみてください。
>
> ＜日本公認会計士協会＞
>
> 　中小企業のためのキャッシュ・フロー計算書作成シート及び経営計画書作成シートの改訂について
>
> https://jicpa.or.jp/specialized_field/post_314.html
>
> 　キャッシュフロー計算書は試算表から月次ベースで作ることもできます。拙著『銀行が貸したい会社に変わる　社長のための「中小企業の決算書」財務分析のポイント』（日本実業出版社）では簡単なキャッシュフロー計算書の作成例とチェックの行い方を解説していますので、よろしければご確認ください。

図表2 **キャッシュフロー計算書（間接法）**

（百万円）

	前期
Ⅰ 営業活動によるキャッシュフロー	
税引前当期純利益	15
減価償却費	20
受取利息・受取配当金	△ 3
支払利息	8
固定資産売却損益・廃棄損益	20
売上債権増減	△ 15
棚卸資産増減	△ 60
仕入債務増減	15
その他の流動資産増減	0
その他の流動負債増減	10
その他の固定負債増減	0
（小　計）	10
利息及び配当金の受取額	3
利息の支払額	△ 8
法人税等の支払額	△ 10
営業活動によるキャッシュ・フロー	**△ 5**
Ⅱ 投資活動によるキャッシュフロー	
有形固定資産の増減	△ 30
有価証券の増減	0
貸付金の増減	△ 25
その他の固定資産の増減	0
投資活動によるキャッシュ・フロー	**△ 55**
Ⅲ 財務活動によるキャッシュ・フロー	
短期借入金の増減	0
長期借入金・社債の増減	40
増資	0
支払配当金	0
財務活動によるキャッシュ・フロー	**40**
Ⅳ 現預金残高の増減	△ 20
Ⅴ 期首現預金残高	60
Ⅵ 期末現預金残高	40

仕入、製造、販売、管理など、本業の活動による資金の増減

設備投資など、将来の売上・利益を獲得するための投資活動による資金の増減

借入金や社債など、主に借入と返済による資金の増減

02 経営者はキャッシュフロー計算書の どこを読むべきか

対応ポイント

¥ キャッシュフローの良し悪しは上の2行（営業、投資）でわかる

¥ 理想的なキャッシュフローは"自家発電"で成長を続けるユニクロ

キャッシュフロー計算書の読み方

キャッシュフロー計算書を理解する近道は、お手本になるパターンを1つ知ることです。

図表3は㈱ファーストリテイリング（代表的なブランドはユニクロ）の連結キャッシュフローとPLの主要数値です。少し古いデータになりますが、同社が日本のアパレル企業として初の1兆円企業になる直前の数値です。これをキャッシュフローのお手本として読んでみます。

図表3 キャッシュフローの例　ファーストリテイリング（連結）

(億円)

決算年月	2009年8月	2010年8月	2011年8月	2012年8月	2013年8月
営業CF	592	886	571	1,276	994
投資CF	-342	-233	-266	-353	-639
財務CF	-168	-288	-261	-290	-239
売上高	6,850	8,148	8,203	9,286	11,430
当期純利益	497	616	543	716	903

① ② ③

1兆円突破

※表内の数値は会社が公開している数値を切り捨てにしたもの

①営業CFの範囲内で投資を行い（営業CF＋投資CF＞0）
②投資の結果、売上と利益を伸ばし
③利益によって営業CFを確保

　キャッシュフロー計算書を読む際には、**まず上の2行（営業ＣＦと投資ＣＦ）を見ます**。キャッシュフローの良し悪しは上の2行で説明がつくからです。

　よいキャッシュフローの第一の条件は**営業ＣＦがプラスであること**です。ファーストリテイリングの営業ＣＦは毎期プラスになっています。

　よいキャッシュフローの第二の条件は、**投資ＣＦがマイナスで、そのマイナスが営業ＣＦのプラスを超えない**、すわなち、「**営業ＣＦの範囲内で投資が行われていること**」です。

　投資活動は、将来の売上・利益を獲得するための活動なので、健全企業の投資ＣＦはマイナスになるのが普通です。

　ファーストリテイリングの場合は、主に国内外の店舗投資によって投資ＣＦがマイナスになっています。

　しかし、この投資は無尽蔵に行われているわけではなく、投資ＣＦのマイナスが営業ＣＦのプラスを超えていません。あくまでも自社が儲けた範囲で投資を行っているわけです。

　さらにファーストリテイリングは、その限られた投資で売上高と利益を増やして、増加した利益から再投資を行っています。

　つまり、同社は**“自家発電”でどんどん会社を大きくして、売上高1兆円の快挙を成し遂げた**のです。

　同社のようなサイクルを確立した会社は自前でビジネスを回せるので、外部から資金を調達する必要がありません。逆に**営業活動キャッシュフローを使い切らなかった分のお金が余るため、借入金の返済が進み、現金が増えます**。

　実際、ファーストリテイリングは、借入金よりも現預金のほうがはるかに大きい実質無借金会社です（同社の財務ＣＦはマイナスになっていますが、これは借入金の返済によるものではなく、主に配当金の支払いによるものです）。

03

フリーキャッシュフローが
持つ意味

対応ポイント

- ㊅ FCFは設備投資などをひっくるめた事業そのものの資金収支
- ㊅ 中小企業は、FCFをプラスにし、同時に、成長も実現するという "自家発電" 意識を高めるべき

フリーキャッシュフローとは何か

銀行に頼らず自前で事業を展開できているかどうかを示す数値がフリーキャッシュフロー（FCF）です。

FCFの計算方法にはいくつか種類がありますが、中小企業の経営管理に役立つのは「営業CF＋投資CF」です。営業CFに投資CFを足して求めたFCFは、設備投資などをひっくるめた事業そのものの資金収支です。

図表4はファーストリテイリングのFCFです。同社は毎期FCFがプラスです。

図表4 ファーストリテイリングのFCF

(億円)

決算年月	2009年8月	2010年8月	2011年8月	2012年8月	2013年8月
営業CF	592	886	571	1,276	994
投資CF	-342	-233	-266	-353	-639
FCF（営業＋投資）	250	653	305	923	355

FCFがファーストリテイリングのようにプラス（営業＋投資＞0）になっていれば、**銀行から借入をせずに、自前で事業を回すことができ**

ます。また、FCFのプラスが続く会社は、借金を減らし続け、いずれ無借金化します。

逆に、FCFのマイナス（営業＋投資＜0）が続く会社は、借金を増やし続けていずれ倒産します。

図表5をご覧ください。キャッシュフローは「FCF」と「財務CF」に分けると構造が見えやすくなります。

左側の事業活動で稼ぐお金（FCF）に対し、右側の財務CFは、FCFでマイナスが出た場合に、それに対応する形で資金を調達する役割を負っています。

よって、ファーストリテイリングのように図表5の左側だけを回転させている会社（毎期営業CFがプラスで、営業CFの範囲内で投資を行う会社）は、配当金を除いて財務CFの出番はありません。

同社のようにはなかなかいかないと思いますが、中小企業もFCFをプラスにし、同時に成長も実現するという"自家発電"意識をもっと高めるべきではないでしょうか。自家発電力をチェックするためにキャッシュフロー計算書を活用するのです。

図表5 FCFと財務CFの関係

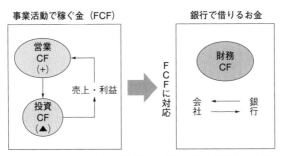

※FCFがマイナスのときは財務CFはプラス（新たな借入を行う）
　FCFがプラスのときは財務CFはマイナス（借入金を返済する）

フリーキャッシュフローの判定問題

それでは、ここでフリーキャッシュフローの評価に関するクイズを出題します。

評価の欄に○（良い）、×（悪い）、△（どちらともいえない）で答えてください。また、理由も記入してください。

第1問

	2021年	2022年	2023年
営業ＣＦ	20	20	20
投資ＣＦ	−50	−50	−50
ＦＣＦ（営業＋投資）	−30	−30	−30

評価	理由

第2問

	2021年	2022年	2023年
営業ＣＦ	20	20	20
投資ＣＦ	0	0	0
ＦＣＦ（営業＋投資）	20	20	20

評価	理由

第3問

	2021年	2022年	2023年
営業ＣＦ	−5	−5	−5
投資ＣＦ	0	0	0
ＦＣＦ（営業＋投資）	−5	−5	−5

評価	理由

第4問

	2021年	2022年	2023年
営業ＣＦ	−5	−5	−5
投資ＣＦ	10	10	10
ＦＣＦ（営業＋投資）	5	5	5

評価	理由

第5問

	2021年	2022年	2023年
営業ＣＦ	20	20	30
投資ＣＦ	−10	−100	−10
ＦＣＦ（営業＋投資）	10	−80	20

評価	理由

＜回答＞

第1問

	2021年	2022年	2023年
営業ＣＦ	20	20	20
投資ＣＦ	-50	-50	-50
ＦＣＦ（営業＋投資）	-30	-30	-30

評価	理由
✕	過剰投資

　営業ＣＦを上回る投資が続き、ＦＣＦは3年連続マイマス。その分、借入も増加しているはずです。この投資に対するリターン（売上と利益の増加）が見込めない場合は、かなり厳しい状態に追い込まれることになります。

第2問

	2021年	2022年	2023年
営業ＣＦ	20	20	20
投資ＣＦ	0	0	0
ＦＣＦ（営業＋投資）	20	20	20

評価	理由
△	消極的

　この3年間、投資を行っていません。その判断が絶対に間違っているとは言えませんが、今後の成長は期待できないかもしれません。消極的な姿勢で売上高が下がってきていないか、チェックが必要です。

第3問

	2021年	2022年	2023年
営業ＣＦ	-5	-5	-5
投資ＣＦ	0	0	0
ＦＣＦ（営業＋投資）	-5	-5	-5

評価	理由
✕	赤字体質

　営業ＣＦがマイナスでは会社を維持することができません。銀行も融資に応じなくなります。まずはマイナスの原因をはっきりさせましょう。

第4問

	2021年	2022年	2023年
営業CF	-5	-5	-5
投資CF	10	10	10
FCF（営業＋投資）	5	5	5

評価	理由
✕	資産の切り売り

　営業CFのマイナスを、固定資産の売却によるキャッシュインで凌いでいますが、営業CFがマイナスである以上、よい状態とはいえません。この動きを銀行も警戒しているはずです。

第5問

	2021年	2022年	2023年
営業CF	20	20	30
投資CF	-10	-100	-10
FCF（営業＋投資）	10	-80	20

評価	理由
◯	積極投資の後プラスに回復

　FCFはプラスが望ましいのですが、中小企業では、大きな設備投資（成長投資）を行った際にマイナスになるのは、やむを得ないことです。問題は投資の後がどうなるか。上記は営業CFが増えてFCFもプラスに回復しているので、問題はありません。

04 キャッシュフローを見ていない会社の末路

「数字に強い」を自負する社長が危ない理由

以下は、資金繰り悪化に悩む社長から相談を受けた際のやり取りです。

> 安田「前期は営業ＣＦが大幅な赤字になっていますね」
>
> 社長「営業ＣＦが赤字？　そんなバカな」
>
> 安田「ＰＬは黒字ですが、前々期から前期にかけて、買掛金が大きく減ったせいで、営業ＣＦは赤字になっています」
>
> 社長「仕入先からの依頼で支払サイトが3か月から2か月になったからでしょう」
>
> 安田「では、それが原因ですね」
>
> 社長「いやいや、そうじゃないんです。支払サイト1か月分のマイナスをカバーするため、仕入先と交渉し、仕入先に預けていた保証金を解約しています。よってキャッシュフローは赤字にならないはず。この理屈、どこか間違ってますか？」
>
> 安田「間違っていません。確かに投資活動キャッシュフローの欄には、戻ってきた保証金の金額が記載されています。しかし、買掛金の減少はぜんぜんカバーできていませんよ」
>
> 社長「うーん。なぜだろう。おかしいなあ……」

会話からわかると思いますが、この社長は、決して"ドンブリ"ではありません。逆に、数字に強い社長です。

しかし、この社長には月次試算表でキャッシュフローを確認する習慣がありませんでした。結果として、営業ＣＦの悪化に気づかず、半年以上、手を打つのが遅れてしまいました。

数字に強い経営者が苦境に立たされるケースは意外に多いです。その原因は「自己完結型の思考」や「強い思い込み」、そして「周囲とのコミュニケーション不足」にあります。思い当たるところがある社長は、顧問税理士やコンサルタントなどに意見を求めることを心がけてください。

大事なのは１人にならないことです。

🪙 ＰＬしか見ていない会社は行き詰まる

キャッシュフロー計算書をチェックしていない会社では、どんな問題が生じるのでしょうか。筆者（安田）が実際に見た中小企業の失敗事例をお伝えします。

１．過剰な設備投資でリスケに追い込まれたＸ社

Ｘ社（製造業、年商５億円）は、過剰な設備投資が原因で、リスケに追い込まれた会社です。

60代の社長は息子への事業継承を希望しており、「自分が社長のうちに必要な設備投資を済ませておく」と言って、営業ＣＦを超える設備投資を毎期連続して行いました（内心では売上ダウンを恐れており、そのことが無謀な投資に拍車をかけた模様です）。

図表６の財務ＣＦのプラスは金融機関からの借入によるものです。**F**

CFのマイナスを補うための借入によって借金が年々増加しています。

　X社の特徴は、設備投資を行っても、売上が伸びず、逆に下がってしまった点です。このパターンに陥った会社は、倒産リスクが高く、金融機関の見方も厳しくなります。

　X社の場合は、3年目あたりでメインバンクが貸出を渋り始め、その穴を埋めるために、他の金融機関から借入を行うようになります。
　3行だった取引銀行は6行に増え、結局、すべての金融機関の返済をリスケすることになりました。
　X社の問題点は、投資ありきの思考に支配され、フリーキャッシュフローや銀行の借入限度額を考慮しなかったことです。

図表6 　**過剰な設備投資でリスケに追い込まれたX社**

過剰投資によって
FCFがマイナス

（百万円）

		1年目	2年目	3年目	4年目	5年目
	営業CF	10	10	10	-10	0
	投資CF	-50	-50	-50	-20	-10
FCF		-40	-40	-40	-30	-10
財務CF		40	40	40	30	10
売上高		500	500	480	470	450
当期純利益		8	8	7	5	2
設備資産		180	230	280	300	310
借入金		280	320	360	390	400

設備投資を行っても売上が伸びない

──── 借入増加 ────▶ リスケ

２．不良在庫を放置してリスケに追い込まれたＹ社

　Ｙ社（製造業、年商10億円）は、不良在庫が原因でリスケを申請した会社です。Ｙ社では製品の売れ残りや原材料の滞留が発生し、最終的に月商の５か月分以上の在庫を抱えてしまいました。

　図表7のとおり、２年目以降、営業ＣＦが大幅な赤字になっています。これは売れ残った製品在庫や原材料などが積み上がり、不良在庫になったからです。

　一方、経常利益は黒字を維持した形になっています。なぜなら、**ＰＬの売上原価は「期首在庫＋期中仕入－期末在庫」で計算され、不良在庫を期末在庫に計上していても、見た目の利益は悪化しない**からです。

図表7　**不良在庫を放置してリスケに追い込まれたＹ社**

在庫の増加により
営業ＣＦがマイナス

(百万円)

	1年目	2年目	3年目	4年目	5年目
営業ＣＦ	10	−45	−45	−30	−10
投資ＣＦ	−5	−5	−5	−5	3
ＦＣＦ	5	−50	−50	−35	−7
財務ＣＦ	−5	50	50	35	−5

売上高	980	1,020	990	920	880
当期純利益	10	15	10	5	−10

棚卸資産	280	340	395	430	440

ＰＬの利益
のみを見て
経営

借入金	450	500	550	585	580

――――― 借入増加 ――――→ リスケ

　Ｙ社の社長は、不良在庫の発生を自覚していました。

　しかしなぜか、**毎月の試算表が黒字になっているのを見ると安心**し、「製品はともかく材料はまだ使えるはずだ。そんなにひどい状況ではない」と甘い見通しを周囲に語りました。

　また、Y社では、経理担当者が資金繰り表を作成していましたが、資金繰り表から在庫の問題が議論されることは、ほとんどありませんでした。資金繰り表が、「資金繰りが回るかどうか」をチェックするためだけに使われていたからです。

　メインバンクは、在庫の異常と営業ＣＦの悪化を見逃しませんでした。４年目で融資は打ち切られ、Y社はリスケを申請せざるを得なくなりました。

　２つのワーストケースの共通点は、「ＰＬしか見ていない」という点です。

　誰かが、「キャッシュフローを直視せよ！」と強く助言していれば、ここまで傷を広げることはなかったはずです。

05 キャッシュフローを年単位で予想し、早めに融資を申し込む

対応ポイント

- ⊛ 資金を減らす前に、融資を申し込むことが極めて重要
- ⊛ ざっくりでもいいのでキャッシュフローを予想し、いつ頃、融資が必要になるかを先読みする

融資の申込みは資金を減らす前に行う

銀行との融資交渉は、いつ頃いくらぐらいの資金が不足するかを先読みし、資金を減らす前に相談することが重要です。資金繰りがギリギリになってから融資を申し込むと、銀行に与える印象が悪くなります。

そこで、例えば決算報告のタイミングで、この先1～2年分の必要資金の融資を申し込むようにします。

不足資金を先読みするには、次のようにキャッシュフローを年単位で見積もることが必要になります。

キャッシュフローの見積もり方

(1) 営業活動キャッシュフロー（営業CF）

予想損益計算書を作成したうえで、簡易CFである「経常利益＋減価償却費－法人税等」を営業CFとします。

(2) 投資活動キャッシュフロー（投資CF）

投資活動には、設備や有価証券の取得・売却、貸付金の貸出・回収などがあります。取得と貸出はキャッシュアウト、売却と回収はキャッシュインになります。

投資活動は、予定が明確なものを除き、ざっくりとした概算値でも構いません。例えばこれまで工場設備の修繕・改良費で毎年1000万円程度キャッシュアウトしてきたので今期も同額を見込む、などです。

(3) 財務活動キャッシュフロー（財務CF）

借入金については「借入」と「返済」の欄を設けます。返済欄には、返済予定表から長期借入金の約定返済額と短期借入金で期限内返済が確定している返済額を記入します。

図表8のように借入の欄は空欄にし、現状を確認したうえで、必要な借入予定額を入力します。

図表8　キャッシュフローの予想例

〈借入前〉　　　　　　　　　　　　　　　　　　　　　　　　　　（百万円）

	1年目	2年目	3年目	算出根拠
営業CF	20	20	20	経常利益＋減価償却費－法人税等
投資CF	-10	-10	-10	設備投資の予定など
借入				新規の借入予定額
返済	-20	-20	-25	長期借入金と短期借入金の返済予定額
財務CF	-20	-20	-25	
CF計	-10	-10	-15	
期首現預金残高	40	30	20	
期末現預金残高	30	20	5	

〈借入後〉　　　　　　　　　　　　　　　　　　　　　　　　　　（百万円）

	1年目	2年目	3年目	算出根拠
営業CF	20	20	20	経常利益＋減価償却費－法人税等
投資CF	-10	-10	-10	設備投資の予定など
借入	30			新規の借入予定額
返済	-20	-20	-25	長期借入金と短期借入金の返済予定額
財務CF	10	-20	-25	
CF計	20	-10	-15	
期首現預金残高	40	60	50	
期末現預金残高	60	50	35	

➡ さらに詳しく解説すると…

営業活動キャッシュフローは「増加運転資金」で変化する

営業活動キャッシュフローは、簡易ＣＦである「経常利益＋減価償却費－法人税等」をキャッシュベースに修正した数値です。営業活動キャッシュフローは**図表9**のように経常運転資金の増減額で変化します。

図表9 営業ＣＦと経常運転資金の関係

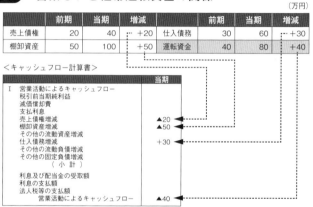

(万円)

	前期	当期	増減		前期	当期	増減
売上債権	20	40	+20	仕入債務	30	60	+30
棚卸資産	50	100	+50	運転資金	40	80	+40

＜キャッシュフロー計算書＞

	当期
Ⅰ 営業活動によるキャッシュフロー	
税引前当期純利益	
減価償却費	
支払利息	
売上債権増減	▲20
棚卸資産増減	▲50
その他の流動資産増減	
仕入債務増減	+30
その他の流動負債増減	
その他の固定負債増減	
（ 小 計 ）	
利息及び配当金の受取額	
利息の支払額	
法人税等の支払額	
営業活動によるキャッシュフロー	▲40

経常運転資金が増加した場合の増加資金を「増加運転資金」と呼びます。

増加運転資金が発生すると、営業キャッシュフローはその分、少なくなります。この影響が大きい場合は、予想売上高と予想回転率で売上債権、棚卸資産、仕入債務を見積もり、増加運転資金の予想額を算出し、簡易ＣＦを調整します（**図表10**）。

図表10 増加運転資金の見積もり方

(百万円)

		前期実績	今期予想
売上高	①	200	400
売上債権	②	20	40
棚卸資産	③	50	100
仕入債務	④	30	60
経常運転資金	②＋③－④	40	80
売上債権回転率（回）	①÷②	10.0	10.0
棚卸資産回転率（回）	①÷③	4.0	4.0
仕入債務回転率（回）	①÷④	6.7	6.7

この金額を
簡易ＣＦから引く

増加運転資金
40

予想回転率で売上債権等を計算

182

06

返済負担を
コントロールする際の着眼点

対応ポイント

💰 返済負担の重さは返済額を見てもわからない。銀行から提案を受けた
ときは、必ず借入残高の減る速度をシミュレーションすること

返済負担をどうコントロールするか？

新型コロナ対策の「ゼロゼロ融資」の返済本格化により、資金繰りに
窮する中小企業が急増しています。

返済負担が重くなった場面では、銀行から「借換え融資」や「追加融
資」を受けて、資金繰り悪化を防ぐことになります。そして、もし融資
が受けられない場合は、返済をリスケすることになります。

返済負担のコントロールは意外と混乱しやすいテーマなので、数字の
見方を詳しく解説します。

借入残高＝留保資金量と考える

例えば、A銀行から「当行でB銀行の借入を借り換えると、毎月の返
済額をこれだけ少なくできます」という提案を受け、その話をB銀行に
話すと、「当行では、毎月の返済額は少なくできませんが、その分は新
規の融資で対応させていただきます」と言われたとします。

A銀行とB銀行、どちらの提案が資金繰りに有利でしょうか？

答えを出すには、両行の提案をそれぞれ表計算ソフトに入力して「借
入残高の減る速度」を比較する必要があります。

図表11をご覧ください。

図表11 　借入残高は留保資金量

借入額

借入残高
（留保資金量）

返済額

「借りる金額」と「返す金額」
によって、借入残高は増えた
り減ったりする

資金繰りのポイントは、
**借入残高を減らし過ぎない
ようにコントロールすること**

　ＢＳ上、借入が増えると現金が増え、借入を返済すると現金が減ります。よって、借入残高は「社内に留保される資金量」と言い換えることができます。

　借入残高（留保資金量）は、借入額と返済額によって増減します。そして、借入金の有利不利はフロー（期間中の増減）よりもストック（ある時点の量）を見るほうが圧倒的にわかりやすいです。

　図表11でいうと、水の量を比較し、できるだけ水が減らない選択をするということです。

同額借換えと増額借換えを比較する

　上記の説明では、なかなかピンとこないと思いますので、具体例で説明していきます。

　図表12は、既存借入80百万円の返済予定です。年間16百万円ずつ返済して、5年後に完済することが予定されています。

図表12 　既存借入の返済予定（現状）

（百万円）

		1年目	2年目	3年目	4年目	5年目
既存	借入					
	返済	-16	-16	-16	-16	-16
	計	-16	-16	-16	-16	-16
借入残高	80	64	48	32	16	0

　この返済負担を「借換え融資」でどのくらい軽くできるかを考えてみたいと思います。

　近年、信用保証協会の保証付融資でよく用いられるようになったのが、**既存の借入を新たに借り直す「借換え融資」**です。

　図表13は借換えのイメージです。現在、既往借入8000万円を5年で返済する予定になっており、返済がきついという時、8000万円を返済期間10年の新規融資で借り換えます。これにより、毎月の返済額を少なくすることができます。

　この例のように、8000万円の借入金を同額の8000万円で借り換えることを**同額借換え**と呼びます。

図表13　同額借換え

　借換えには新たな融資を上乗せして借り換える「増額借換え」もあります。**図表14**では8000万円を1億円の融資で借り換えています。借入が増えるため、同額借換えと比べると返済額が増えますが、上乗せされた2000万円（真水）を資金繰りに使うことができます。

図表14　増額借換え

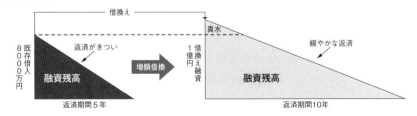

では同額借換えと増額借換えの資金繰り改善効果を比較してみます。

図表15 同額借換えと増額借換えの比較

●同額借換え

⇒ 80百万円の借入を80百万円の新規融資（返済期間10年）で借換え

(百万円)

		借換	1年目	2年目	3年目	4年目	5年目	6年目	7年目	8年目	9年目	10年目
新規	借入		→80									
	返済		-8	-8	-8	-8	-8	-8	-8	-8	-8	-8
	計		72	-8	-8	-8	-8	-8	-8	-8	-8	-8
借入残高		80	72	64	56	48	40	32	24	16	8	0

財務CF			-8	-8	-8	-8	-8	-8	-8	-8	-8	-8

●増額借換え

⇒ 80百万円の借入を100百万円の新規融資（返済期間10年）で借換え

(百万円)

		借換	1年目	2年目	3年目	4年目	5年目	6年目	7年目	8年目	9年目	10年目
新規	借入		→100									
	返済		-10	-10	-10	-10	-10	-10	-10	-10	-10	-10
	計		90	-10	-10	-10	-10	-10	-10	-10	-10	-10
借入残高		80	90	80	70	60	50	40	30	20	10	0

財務CF			10	-10	-10	-10	-10	-10	-10	-10	-10	-10

　図表15では、同額借換えのほうが返済額は少なくなっていますが、返済額を比較しても正しい答えは得られません。

　また、財務キャッシュフローは、借入残高の期中の増減値ですが、これを見てもすぐにはどちらが有利かはわかりません。

　そこで、留保資金量を表す借入残高を比較します。

　借入残高が減るのが遅いのは増額借換えのほうであることが一目でわかります。よって、「増額借換えが資金繰りには有利」という結論になります。

186

図表16 借入残高の比較（増額借換え・同額借換え）

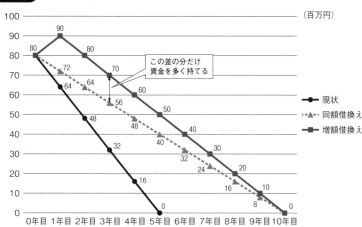

念のためグラフも見ておきましょう。

図表16のとおり、増額借換えのほうが、全期間を通じて借入残高が多くなり、資金を多く持つことができるので資金繰りには有利です。

ついつい返済額のほうに目が行きがちですが、**資金繰りの有利不利はこのように借入残高の減る速度を比較しないとわかりません**。

銀行から借換えや融資の提案を受けたときも見た目にだまされず、借入残高で判断してください。

追加融資による返済負担のコントロール

追加融資は、既存借入の返済には手を付けず、ただ新たに融資を受けるというもの。借入が2本に増えます。追加融資で借りたお金を既存借入金の返済に充てて、資金繰りを維持します。

次ページ**図表17**は20百万円の追加融資を受けた場合のシミュレーションです。追加融資は借換え融資と違って、既存借入の返済を従来の条

件で続けることになるので、借入残高の減りが早くなります。

　よって、多くの場合は、追加融資よりも借換え融資のほうが資金繰り改善効果は高くなります。

（図表17）　追加融資のシミュレーション

●追加融資

⇒ 80百万円の返済はそのまま、20百万円の追加融資（返済期間10年）を受ける

（百万円）

既存			1年目	2年目	3年目	4年目	5年目	6年目	7年目	8年目	9年目	10年目
既存	借入							既存借入はそのまま返済				
	返済		-16	-16	-16	-16	-16					
	計		-16	-16	-16	-16	-16	0	0	0	0	0
借入残高		80	64	48	32	16	0	0	0	0	0	0

＋

新規	借入		20				新規融資によって資金を留保					
	返済		-2	-2	-2	-2	-2	-2	-2	-2	-2	-2
	計		18	-2	-2	-2	-2	-2	-2	-2	-2	-2
借入残高		0	18	16	14	12	10	8	6	4	2	0

＝

合計												
合計	借入		20	0	0	0	0	0	0	0	0	0
	返済		-18	-18	-18	-18	-18	-2	-2	-2	-2	-2
	計		2	-18	-18	-18	-18	-2	-2	-2	-2	-2
借入残高		80	82	64	46	28	10	8	6	4	2	0

ポイントは借入残高（合計）が減る速度

第6章

COMPLETE MANUAL OF BANK NEGOTIATIONS
AND CASH MANAGEMENT
FOR SMALL AND MEDIUM ENTERPRISES

融資の種類から
決算書の評価まで
「銀行融資」の基本原則

この章では、融資の種類や融資審査の流れ、融資方針、担保の評価の仕方、銀行側の決算書の読み方など、「銀行融資」の基本原則を解説します。自社の資金調達力を高めるためにも、中小企業の経営者が知っておきたい重要ポイントをしっかり押さえましょう。

01

銀行融資には
どんなものがあるか

対応ポイント

- ⑧「手形貸付」「当座貸越」「手形割引」は運転資金の短期融資に用いられ、「証書貸付」は主に運転資金と設備資金の長期融資に用いられる
- ⑧短期継続融資には、「毎月返済が不要」というメリットがあるが、契約更新に銀行が応じず、返済を求められる場合もある
- ⑧銀行は、長期融資よりも短期融資の方が「リスクが低い」と判断する

銀行融資の形態

　銀行融資の形態には、①証書貸付、②手形貸付、③一般当座貸越、④特別当座貸越（専用当座貸越）、⑤手形割引があります。

①証書貸付

　証書貸付は、銀行と契約書（金銭消費貸借契約書）を交わして融資を受ける方法です。

　契約手続きは、債務者（会社）と連帯保証人（経営者）が署名捺印した金銭消費貸借契約証書を銀行に差し入れる「差入方式」が一般的で、会社側は契約書のコピーを保管することになります。

　証書貸付は、主に返済期間が1年を超える長期融資（運転資金と設備資金）に用いられます。

　返済条件は、返済期間に応じた「元金均等返済」が多く、毎月の元金返済が資金繰りの負担になる場合もあります。

②手形貸付

手形貸付は、借用証書を作成する代わりに、銀行に約束手形を差し入れて融資を受ける方法です。手形に記載されるのは、受取人である銀行、支払人である会社（署名捺印が必要）、金額、支払期日で、それ以外の契約事項は、取引開始時に銀行と締結した「銀行取引約定書」が規定する内容になります。手形貸付には、証書貸付より手続きが簡便で、印紙税が安くなるメリットがあります。

手形には不渡りのイメージがありますが、**手形交換所に回されるわけではありません**。手形貸付で借りた借入金を返済すると、その手形は会社に返却されるか、廃棄されるかのいずれかになります（ただし、銀行にとっては、貸金債権と手形債権を併有することになり、簡易な手形訴訟で早期の債権回収を図りやすい、という側面もあります）。

手形貸付が用いられるのは、1年以内に返済期限が到来する短期融資です。

資金使途は運転資金であり、正常運転資金、売上回収までのつなぎ資金、納税資金、賞与資金などが該当します。

「売上債権＋棚卸資産－仕入債務」で表される正常運転資金は6か月ないし1年後を返済期限とする「期限一括返済」で貸し出され、以降は返済期限が到来するつど、手形を書き換える形で融資が継続されます。

銀行が融資を継続するのは**正常運転資金が恒常的に必要になる資金**だからです。ここで言う「恒常的」とは、**仕入の支払いが売上の回収に先行するビジネスでは、仕入を停止してそのビジネスを終了させない限り、正常運転資金が発生し続ける**という意味です。

正常運転資金を対象に手形貸付の書き替えなどで資金をつないでいく短期融資のことを短期継続融資と呼びます（次ページ**図表1**）。

短期継続融資は、銀行にとって契約更新の手間がかかる一方、定期的に融資先の状況をモニタリングできるメリットがあります。

会社にとっても、**短期継続融資を導入することで、長期借入金に付随する毎月返済の負担を軽減できる**メリットがあります。

短期継続融資の手形貸付には、**業績悪化や正常運転資金の減少を理由に、銀行から融資の継続を拒絶されたり、融資額を減額されたりするリスク**があります。

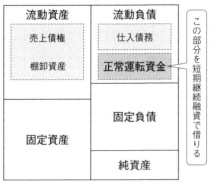

図表1 短期継続融資

BS

流動資産	流動負債
売上債権	仕入債務
棚卸資産	正常運転資金

この部分を短期継続融資で借りる

固定資産	固定負債
	純資産

とはいえ、銀行がいきなり手形貸付の継続を拒んで一括返済を要求すると、いわゆる「貸しはがし」になってしまうので、実際には**手形貸付を長期融資で借り換える等のソフトな対応になることが多い**です。

③一般当座貸越

当座貸越には、一般当座貸越と特別当座貸越がありますが、両者の内容はかなり異なります。

一般当座貸越は、当座預金口座に手形や小切手などの支払いで残高不足が生じた場合、銀行が融資限度額（極度額）内で貸付を行い、残高不足を補てんする制度です。一般当座貸越を利用するためには、当座預金口座を開設している必要があります。

会社にとっては便利な仕組みですが、銀行にとっては、資金使途を把握できない等の問題があって、リスクの高い融資です。

このため、中小企業でもそれなりの規模と信用力のある会社が担保を差し入れて利用している場合が多いです。

④特別当座貸越（専用当座貸越）

特別当座貸越は、当座預金口座を開設せず、当座貸越契約書に定める融資限度額（極度額）の範囲で、反復して資金を貸し出す方法です。

例えば極度額を3000万円と定めたら、3000万円の範囲内で借りたり返したりができます。決算書では決算日時点の残高を「短期借入金」に計上します。

融資を受ける際には、原則、銀行の承認が必要になります（承認といっても、銀行内部の稟議手続きは不要である場合が多いので、対応はスピーディです）。

また手続きとして、払戻請求書、借入申込書、支払伝票などを銀行に提出することになります。

当座貸越契約の期間は１年程度で、契約の更新が必要になります。会社の業績が悪化していたりすると、極度額の減額や契約の解消を求められる場合があるので注意が必要です。

特別当座貸越は手形貸付と同様に「短期継続融資」の１つであり、**資金使途は「正常運転資金」**です。当座貸越で調達した資金を設備資金や貸付金等に使うと、それらの資金が当座貸越の極度枠を食いつぶし、運転資金の借入に困ることになるので注意しましょう。

手形貸付では借入のつど、印紙税が必要になりますが、特別当座貸越では当座貸越契約を最初に締結する際に印紙200円が必要になるだけで、以後、印紙代の負担はありません。

なお、特別当座貸越は専用当座貸越と呼ばれる場合もあります。

⑤手形割引

手形割引とは、得意先から受け取った「支払期日が到来する前の受取

手形」を銀行に売却し、資金を調達する方法です。例えば、1000万円の受取手形を銀行で割り引き、割引料が3万円かかった場合は、割引料を差し引いた997万円が自社の口座に入金されます。

　割引料は手形割引にかかる利息で、計算は以下のように行います。

割引料
＝手形額面×手形割引の利率×（割引日から支払期日までの日数）÷365

　決算書では、割引料が営業外費用の「支払利息・割引料」または「手形売却損」に費用計上されます（**図表2**）。

　銀行は手形を振り出した会社の信用力を事前に調査して、手形割引の利率を決定します。振出人の信用力が低いと、割引を拒絶されたり、手形を選別されることがあります。また、多くの場合、手形割引枠（限度額）が設定されます。

　手形割引では、**割り引いた手形が不渡りとなった場合、割引を依頼した会社に手形を買い戻す義務が生じます**。

　手形を割り引いた後も、その手形が支払期日に決済されるまで安心できないわけです。こうした、将来、一定の条件が成立することにより確定する債務のことを「偶発債務」と呼びます（**図表3**）。

　そこで決算書では、期日が到来していない割引手形の額面金額（受取手形割引高）を個別注記表に記載します。

　手形が不渡りになると、その情報が仕入先等に知れ渡り、振出人は、倒産の危機に瀕することになります。この「不渡りに対する恐怖」が貸倒れの抑止力になります。さらに、万が一、不渡りが起きたとしても割り引いた会社に買い戻す義務が生じます。これらのことから、銀行にとって**手形割引の貸倒リスクは他の融資より低い**です。

　かつては、銀行が中小企業と融資取引を始める際には「まずは手形割引から」という感覚でしたが、昨今は手形の利用が減少しており、手形

図表2 手形割引の会計処理

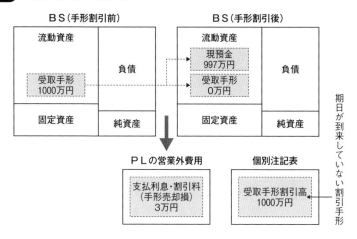

割引による融資も少なくなっています。

　手形割引を毎月当たり前のように行っていると、金利がかかり、銀行への資金繰り依存を強めることにもなります。筆者（安田）が知る**健全企業の多くは平常時の手形割引を銀行とのお付き合い程度に抑え、緊急時の備えにしています**。電子記録によって譲渡や決済が行われる「電子記録債権」も銀行に割引を依頼できますが、平常時は控えめにしておくのがよいと思います。

図表3 受取手形割引高がある場合の見方

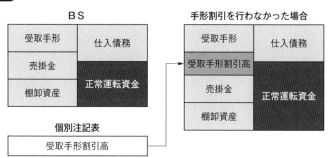

手形割引の資金使途は「正常運転資金」です。銀行は正常運転資金を分析する際、**個別注記表の受取手形割引高をＢＳの受取手形に加算**します。手形を割り引く前の状態に戻して、売上債権の回収サイト（売上債権回転期間）等をチェックするわけです。

銀行は短期と長期をどう考えているか

　ここまでの内容をまとめると**図表4**になります。

図表4　銀行融資の種類

形態	資金使途	貸出期間	特徴
証書貸付	設備資金・運転資金	短期・長期	主に長期で用いられ、毎月返済が必要になる
手形貸付	運転資金	短期	短期継続融資の場合、半年ないし1年ごとに契約を更新
一般当座貸越	運転資金	短期	当座預金口座のマイナスを補てんする形、利用の難易度が高い
特別（専用）当座貸越	運転資金	短期	極度額の範囲で「借りる・返す」が可能、年1回など定期的に契約を更新
手形割引	運転資金	短期	不渡りが発生すると買戻しが必要になる、銀行は取り組みやすい

　銀行融資は貸出期間によって**1年以内に返済期限が到来する短期融資と1年を超える長期融資**に分かれます。

　銀行は短期融資と長期融資を資金使途や貸出リスクに応じて使い分けますが、その背後にあるのは「時間の経過により債権は劣化する」という考え方です。つまり、**「貸出期間が短いほど不良債権になりにくい」が銀行の常識**です。

　このため、新しく取引を開始する銀行とは、比較的、難易度の低い短期融資（プロパー）から付き合いが始まる場合が多いです。

　また、これまで借りられていた長期融資の申込みに対し、**「短期しか出せません」と銀行員が言ってくる場合は、業績や資金繰りを警戒して**

いる可能性が高いので注意する必要があります。

短期借入金と長期借入金の会計処理

　決算書においては、借入期間1年以内の借入は短期借入金（流動負債）、1年超の借入は長期借入金（固定負債）にそれぞれ計上します。

　毎月の約定返済が設定されている長期借入金は、1年以内に返済することになる金額部分を「1年以内返済長期借入金」として流動負債に振り替えて計上するのが正しい会計処理です（**図表5**）。

　中小企業ではこの処理を行っていない会社が少なくありませんが、1年以内返済長期借入金を計上している場合は、決算書から「**今後1年間の長期借入金の返済金額**」を読み取ることができ、これが極めて重要な情報になります。

　長期借入金の返済は、「当期純利益＋減価償却費（簡易計算の営業活動キャッシュフロー）」から行われます。

　もし前期の決算書が以下のようになっていたら、当期の約定返済をまかなうだけの利益が前期において確保されていないことになります。

要注意！（当期純利益＋減価償却費）＜1年以内返済長期借入金

図表5　「1年以内返済長期借入金」の意味

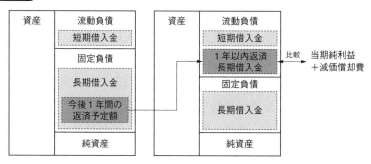

02 決裁までに何が行われているのか 「融資審査」の流れ

対応ポイント

- ⚥ 支店長決裁案件と本部決裁案件がある
- ⚥ 金額が大きかったり、金利が低いと本部決裁案件になる
- ⚥ 本部決裁案件では、多くの資料の提出が求められ、決裁に時間もかかる
- ⚥ プロパー融資と信用保証協会の保証付融資では流れが異なる

支店長決裁案件と本部決裁案件

銀行の融資審査の流れを理解するうえで、まず、融資の決裁権者が誰かを理解しておく必要があります。

基本的には、一定の枠内であれば、決裁権者は支店長であり、その枠を超えると本部となります。

支店長が決裁できる枠は、融資先企業の格付、融資残高（与信残高）、担保の有無により決まります。

図表6　支店長決裁の範囲

格付	融資残高（与信残高）	
	担保あり	担保なし
A	300百万円	100百万円
B	150百万円	50百万円
C	100百万円	30百万円
D	50百万円	不可

り決まります。具体的な内容は銀行によりますが、**図表6**のようなイメージのテーブルがあり、この範囲内であれば支店長決裁、残高がこれを超えると本部決裁だと思ってください（数値はイメージです）。

ここでいう残高は、銀行が決裁済の総与信残高です。実際に借りていなくても、手形貸付や当座貸越の貸出枠の決裁を受けていれば、その枠の金額も加算されます。また、融資に限らず、デリバティブ等の与信も加えられます。

　さらに、本部決裁案件も決裁権者は、①審査役、②審査部副部長、③審査部長、④審査部担当役員、⑤頭取、と取引先事業者の格付、融資残高（与信残高）、担保の有無等により分かれます。

　また、融資先企業の格付、融資残高（与信残高）、担保の有無からは支店長決裁の枠に収まっていても、**金利が基準以下になる場合は本部決裁**となります。

　支店は貸出実績のノルマに追われていますから、支店長決裁の場合、比較的甘めの判断となります。しかし、審査部は貸倒れを防ぐのがミッションですから、審査部が絡む本部決裁の場合は、各種資料を細かくチェックされます。提出を求められる資料も多くなる傾向にあります。

融資審査の流れ

　銀行の担当者が融資申込みを受けた後、融資を実行するまでの手続きは、おおよそ以下のような流れになっています。

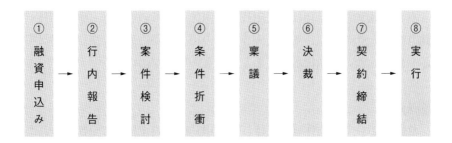

①融資申込み

　借入申込書が必要な場合と口頭でよい場合があります。

②行内報告

　融資申込みを受けた担当者は、面談記録を作成のうえ、速やかに上司に報告をします。

③案件検討

　取引先と具体的な貸出条件の折衝を行う前に店内で、貸すか、断るか、貸す場合はどのような条件とするかを、担当者、課長、支店長が協議をして検討します。

　支店としては前向きに取り組みたいが、本部決裁となる案件については、必要に応じて（審査部の審査が通る難易度に応じて）、支店担当者は本部（審査部）担当者と事前協議を行います。

④条件折衝

　銀行と融資申込者で、担保、保証、金利等の条件を折衝します。

⑤稟議

　担当者は、融資申込者と合意した貸出条件をもとに貸出稟議書を作成します。貸出稟議書はまず店内で、融資担当者 → 融資担当課長 → 副支店長 → 支店長と回付されます。

　本部決裁案件の場合は、支店長まで回付したものを本部（審査部）へ送ります。その際に、本部（審査部）の担当者から追加で資料の提出指示や融資金額の減額指示等があることもあります。

⑥決裁

　決裁において、条件（例えば、融資申込時の資金使途に全額使われたことを証明する領収書の提出を受ける）が付与されることがあります。

⑦契約締結

　金銭消費貸借契約や抵当権設定契約を締結します。

⑧実行

　事務担当者のオペレーションにより融資が実行され、融資金が申込者

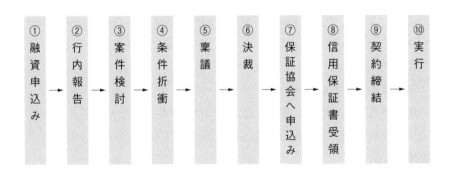

の預金口座に入金されます。

　融資申込みから融資実行までの期間は、案件によって異なりますが、支店長決裁であれば1週間あれば可能です。一方、**本部決裁であれば1か月程度みておくべき**です。

　しかし、借りる側からすれば、支店長決裁か本部決裁かはわかりませんから、1か月程度の余裕をみて申し込みましょう。前回、申込みから1週間で実行されたからといって、今回も同様とは限りません。

信用保証協会保証付融資の場合

　信用保証協会保証付融資は原則は80％保証で、20％は銀行が貸倒リスクを負います（責任共有制度。254ページ参照）。しかし、100％保証が適用される制度もあります。

　責任共有制度の場合は、銀行も貸倒リスクを負うので、プロパー融資と同じプロセスを踏んだうえで、さらに信用保証協会との手続き（⑦信用保証協会へ申込み、⑧信用保証書受領）が加わります。

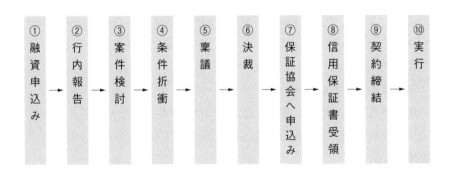

　一方、信用保証協会の保証が100％適用される制度を利用する場合は、銀行の貸倒リスクはないので、まずは信用保証協会との手続きを進め、信用保証書が受領できたら、行内稟議を上げます。

03

定性面はどのような点が
チェックされるか

対応ポイント

> (¥) 定性評価では、企業の属性や経営者の資質がチェックされる

　融資審査のポイントには、大きく「定量評価」と「定性評価」があります。

　定量評価は決算書などの数値による評価で、定性評価は、企業の属性や経営者の資質で評価するものです。

　ここでは、後者の定性面について、銀行が特に重視する点をあげます。

基本的なチェックポイント

①反社勢力でないこと

　銀行は、融資の申込みを受けたつど、その会社の全役員や主要株主等の重要なステークホルダーに反社勢力が紛れ込んでいないかをチェックします。融資のつどチェックするのは、役員等に変動があるからです。

②不芳属性先でないこと

　反社勢力ではないとしても、過去、ヘビークレームを言ってきた先や、主要な役員に犯罪歴がある先などは、不芳属性先として融資を敬遠されます。

③過去の取引振りに問題がないこと

　銀行は不誠実な企業は警戒します。過去、粉飾がバレたり、銀行へ虚偽の報告や資料提出があった会社は、注意コードがシステムに設定され、

取引店のみならず、他の支店や本部でもそれがわかるようになっています。

④当行の取引序列

　銀行は取引先のメインとか準メインという立場を重視します。したがって、準メインの銀行に、メイン行の融資残高を上回るような融資の申込みがされた場合、準メイン行としては、メイン行に断られたから当行に持ち込まれたのでは？　と警戒をします。

融資先企業に関するチェックポイント

①株主構成

　株主間に対立関係がある場合はマイナスポイントです。同族企業の場合、相続の際の影響も考慮ポイントになります。

　経営者の同族、または従業員以外の株主がいる場合、その株主との関係もチェックポイントです。紛争の火種の可能性があるからです。

②役員

　取締役は同族か？　生え抜きか？　外部招聘か？

　同族で代表者の兄弟や甥姪が取締役に入っている場合、対立関係でないか？　親族間の対立はマイナスポイントです。

　後継候補者は誰か？　後継候補者は経営者としての素質があるか？社長が高齢であるにもかかわらず後継者が不透明な場合はマイナスポイントです。

③経営陣のビジョン

　経営陣のビジョン、戦略、実行力が、企業の成長や利益の確保にどれだけ貢献できるか？

④従業員

従業員は十分な業務スキルを持っているか？

従業員の定着状況。短期間で退職する従業員が多い場合はマイナスポイントです。

⑤業界と市場

企業が位置する業界の成長性や競争状況、市場の需要やトレンドをチェックします。競合他社との差別化や市場シェアの獲得能力、将来の市場展望に基づく収益性が重要な評価ポイントです。

⑥事業計画

企業の事業計画や成長戦略がチェックポイントです。市場進出計画、製品開発計画、新規事業展開の戦略など、企業の将来の収益性に影響を与える要素を見ます。

⑦企業特性

企業のブランド価値、顧客満足度、取引先との関係などの項目が収益力の源泉としてチェックポイントになります。

⑧金融機関との関係

メインバンクと良好な関係が築けているかをチェックします。また、ノンバンクからの借入は"他の銀行から融資を受けられなかったので仕方なく借りた"と見られます。

⑨取引先との関係

仕入先、販売先とも特定の1社に集中している場合は、その会社との関係をチェックし、ビジネスの持続可能性を判断します。

🪙 経営者個人に関するチェックポイント

①経歴と実績

社長の学校卒業後の経歴（職歴）とその実績で、得手・不得手や、タイプ（挑戦型かリスク回避型か）などをチェックします。

過去、会社を潰した経験がある場合は大きなマイナスポイントになります。

②社長の会計の理解度

会計がわかっていない社長はマイナス評価です。

③社長の資産背景

大きな借財を抱えている場合はマイナスポイントです。会社のお金が社長の借金返済に流れるリスクがあり、さらにリスク管理能力が低い人物と評価されるからです。

社長個人の資産が大きいか（お金持ちか）否かは会社が融資を受けることにおいては、あまり重要ではありません。ただし、個人資産が大きい場合、銀行は社長個人に対する資産運用ビジネスでも儲けられるのではないかと期待します。

④社長の地域や業界における風評

昔は、銀行は他の顧客からの情報でしか風評に関する情報を得ることができませんでした。最近はネット上の情報もチェックしているので注意してください。

04

信用格付と
融資審査の関係

対応ポイント

⊙信用格付とはその企業に対する融資方針を決定するもの

⊙信用格付は債務者区分と似ているが、正常先も複数に区分けされる

⊙正常先であっても、銀行の融資方針は、正常先の上位と下位で異なる

債務者区分とは

債務者区分とは、財務内容と返済状況に応じて、融資先企業を**図表7**のように区分するものです。

これは従前、金融庁の金融検査マニュアルにより、銀行は融資先企業の債務者区分を決め（自己査定）、債務者区分に従った貸倒引当金の引

図表7　債務者区分

債務者区分	定　義		財務内容
正常先	業績が良好で、かつ財務内容にも特段の問題がない債務者		黒字、債務超過なし
要注意先	貸出条件に問題のある債務者のほか、財務内容に問題がある債務者、債務の履行状況に問題がある債務者	その他要注意先	2期連続の赤字実質債務超過 など
		要管理先・3か月以上延滞・貸出条件緩和	
破綻懸念先	経営難の状態にあり、経営改善計画等の進捗状況が芳しくなく、経営破綻に至る可能性が大きい債務者		
実質破綻先	実質的に破綻している債務者		
破綻先	法的・形式的に経営破綻している債務者		

当を行っていたことによります。

　金融庁の金融検査マニュアルは2019年12月に廃止されましたが、<mark>この債務者区分の運用は実質的に継続しています。</mark>

信用格付とは

　銀行は、一般に、融資先について、**決算書に基づき10段階程度に分けて信用度を格付け**しています。これを信用格付といいます。運用は金融機関にもよりますが、基本的にシステムで判定され**定性面はほとんど加味されません。**

　この信用格付は前ページの債務者区分と似ていますが、目的は別物です。

　債務者区分は**適正な引当金を計上するためにリスクを査定するも**のです。

図表8　信用格付と債権者区分の関係

債務者区分	信用格付
正常先	A
	B
	C
	D
要注意先（要管理先以外）	E1
要注意先（要管理先）	E2
破綻懸念先	F
実質破綻先	G
破綻先	H

　一方、信用格付とはその企業に対する融資方針を決定する基準となるものです。

　ただし、実際には**図表8**の例のとおり、信用格付は債務者区分の正常先を細かく分類したものに過ぎません。

　198ページで述べたとおり、正常先については、信用格付によって支店長決裁で融資できる金額が異なります。したがって、融資の申込みを受けたとき、担当者はまず「信用格付」と、「あといくらまでであれば支店長決裁で融資できるか」を考えます。

要注意先以下であれば支店長決裁の貸出は困難です。要注意先（要管理先以外）の場合、その銀行の要注意先全体の貸倒実績率に基づいて貸倒引当金を積みます。引当率は2〜5％といわれています。

　貸倒引当金を積むことにより、金利が3％でも銀行は赤字になる可能性があります。もっとも、既往の取引先については、近い将来に収益を回復する可能性があるため、融資に応じることもあります。

　とはいえ、**債務者区分が要注意先（要管理先）まで下がると15％程度の引当が必要になり、融資は難しくなります。**

　一方、正常先でも、銀行の融資方針は上位と下位で異なります。上位は積極的にプロパー融資を売り込み、融資残高を伸ばそうとします。他行との競争もあるため、必然的に金利は低くなります。

　それに対して、**正常先でも下位は現状維持が基本です。**銀行としては融資額を増やすのではなく、金利を引き上げることにより収益を拡大しようとするので、金利は高くなる傾向にあります。審査では、資金使途や返済計画が重視されます。

　信用格付は毎年見直されます。銀行は債務者区分に基づいて貸倒引当金を計上するため、債務者区分を見直す必要があるからです。

05

貸出案件の審査では
どこがポイントになるか

対応ポイント

- ⍟案件の中身による融資審査のポイントとしては、資金使途と返済財源、保全状況、金利（利ざや）が重要
- ⍟融資審査が通るか否かは、収益からの返済の確実性、保全状況、利ざやの総合判断

　融資審査のポイントには、案件の中身によるものと、案件の中身を問わず取引先の属性によるものがあります。

　ここでは前者について説明します。

資金使途と返済財源

　銀行は、まず資金使途をチェックします。資金使途は、運転資金か設備資金であることが原則です。

　資金使途が不明確な融資には応じません。また、資金使途に応じた返済財源の観点から、返済が十分可能であるかをチェックします（第8章「資金使途を理解して銀行交渉を有利に進める」参照）。

保全状況

　取引先が返済できなくなったときに代わりの手段で回収することを銀行では「保全」と呼んでおり、これが審査の大きなポイントの1つになります。

　保全は、融資の返済が将来できなくなったときに銀行が備えておくも

のです。そのため財務内容や業績が良く将来の見通しが明るい企業は、将来、返済できなくなる可能性が低いことから、保全がなくても融資を受けられます。

一方、財務内容や業績が悪い企業は、将来、返済できなくなる可能性が高いと銀行から見られ、保全がなければ融資を行わない、と銀行は判断します。

銀行が保全で考えることは、基本的には担保です。

また、信用保証協会の保証付融資の場合は信用保証協会の責任分担部分（責任共有制度であれば80%）は保全されています。

図表9　保全バランス表

貸出債権	金額	債権保全	金額
手形貸付		預金担保	
当座貸越		有価証券担保	
証書貸付		商業手形担保	
その他		抵当権	
		根抵当権	
		その他	
合計（A）		合計（B）	
保全バランス＝（B）−（A）＝			

担保が不動産の普通抵当であれば、その担保価値で保全を判断しますが、根抵当や商業手形譲渡担保の場合は、その銀行からその企業への貸出全体で判断をしなければなりません。

そこで、銀行は**図表9**のような表（これを「保全バランス表」と呼んでいます）を作り、保全状況を判断します。

金利（利ざや）

銀行の審査においては金利も非常に重要な要素です。銀行は、最低限、

貸倒リスクを上回る利ざや（金利差）を確保できないと赤字の融資となり、融資を行う意味がありません。

利ざやとは「銀行の融資金利と調達金利の差」です。銀行としては、利ざやが大きければ大きいほど好ましいですが、あまりにも大きな利ざやを求めると、競合他行に融資を奪われてしまう可能性があります。

本部協議案件では、融資実績（貸出額）のノルマ達成のため利ざやを削ってでも融資を行いたい営業店と、利ざやを相応に確保すべきとする本部との間でせめぎあいとなることがあります。

最後は総合判断

融資審査が通るか否かは、最終的には、収益からの返済の確実性、保全状況、利ざやの総合判断となります。

06

融資金利は
どのように決まるか

対応ポイント

- ⍟ 融資金利は銀行の総合的判断により決まる
- ⍟ 銀行は、何パーセントなら他行との競争に勝てるのかを考えて、競争に勝てるであろう最大の金利を顧客に提示する
- ⍟ 財務状況が悪いと金利は高くなる

融資金利決定の考慮要素

融資金利を決定するには、銀行はさまざまな要素を総合的に判断します。

①銀行の収益

貸出金利と銀行の調達金利の差を利ざやといいます。銀行は実際の貸出金利よりも、利ざやを重視します。

②貸出先の健全性

財務内容、収益力、将来性などを総合的に判断し、融資が安全に回収できるか、すなわち貸倒リスクを判断します。

③貸出期間

一般に貸出期間が長いほど金利は高くなります。なぜなら、固定金利の場合、期間が長いほど銀行の調達金利が高くなり（①との関係）、また期間が長いほど融資先企業の経営がどうなるのか予測が難しいからです（②との関係）。

④保全状況

担保の状況です。有力な担保があれば、貸倒リスクが低くなるので、金利は低くなります。

⑤他行との競合状態

地元金融機関の金利相場、当該融資先に対する他行の取引スタンス及び適用金利、新規取引の場合の営業政策的な配慮などを考慮します。銀行から見れば金利は高いほど好ましいものの、高い金利を提示した結果、他行との競合に負けたら商売にならないからです。

金利体系の種類

銀行が貸出金利を決める際に基準金利として機能するのが「プライムレート」と「市場金利」です。

①短期プライムレート

短期プライムレート（短プラ）とは、歴史的には、銀行が1年未満の短期の貸出を行う際の最優遇金利です。これは、銀行が取引先に融資をする際の金利なので、銀行の利ざやがのった金利です。

もっとも、事実上は「最優遇」ではなく、後述の市場連動貸（スプレッド貸）により、短プラよりも低い金利で融資が行われることもあります。

②長期プライムレート

長期プライムレート（長プラ）とは、歴史的には、銀行が期間5年の固定金利で貸出を行う際の最優遇金利です。これは、短プラと同様に銀行が取引先に融資をする際の金利なので、銀行の利ざやがのった金利です。

最近は、後述の市場連動貸（スプレッド貸）により、長プラよりも低

い金利で融資が行われることもあります。

③市場金利

　銀行間の市場（インターバンクマーケット）で、お金の貸し借りを行ったり、固定金利と変動金利の交換（金利スワップ）を行います。この銀行間の市場金利は、融資に対する銀行の利ざやはのっていません。

　市場金利は銀行の調達金利です。銀行は、市場金利＋○％という金利で融資をすることがあります。この○％が銀行の利ざやとなります。このような形態の融資を「市場連動貸」といいます。○％がスプレッド（金利差）なので「スプレッド貸」ともいいます。

金利決定における銀行の視点

　融資金利決定における銀行側の視点は、この取引先から"どれだけ利ざやを稼げるか"です。とはいえ、ライバル銀行との競争もあります。金利が何％なら競争に勝てるかを考えて、できる限り低い金利を顧客に提示します。

　また、融資において銀行は貸倒リスクを負うので、利ざやが小さいと貸倒（予想）コストによって赤字になってしまいます。

　そこで、銀行は、取引先の信用状況と担保の状況を総合的に勘案し、最低何パーセントの利ざやをとらないと商売にならないかを考えます。

　財務状況が悪い企業では、銀行は見積もった貸倒リスクを金利に上乗せさせるので、融資金利は高くなります。

07
担保評価は
どう行われるか

「担保にできるもの」とは何か

概念上は、譲渡が可能で交換価値がある財産は、何でも担保とすることができます。代表的なものを挙げれば次のとおりです。

不動産	不動産は、売却しやすく、値動きも激しくないので、担保として最もポピュラーです
動　産	動産は、商品や機械、器具などの移動可能な財産を指します。例えば、在庫商品や生産設備、オフィス機器などが動産にあたります
有価証券	有価証券は、株式や公社債、手形などの金融商品を指します。株式の場合、上場株式と非上場株式とで担保としての扱いが大きく異なります
債　権	売掛金や工事代金債権等の通常の商流で生じる債権が担保として使われることがあります
預　金	預金は譲渡が禁止されていますので、他行預金は担保になりません。融資先金融機関への預金は、金融機関から見れば最良の担保です

担保価格は担保の時価より低い

担保価格は、以下の式により求められます。

$$対象物の評価額（時価等） \times 担保掛目 = 担保価格$$

担保評価において、担保掛目を掛ける理由は次のとおりです。

・**時価変動のリスク**

　担保物件の価値は、時間とともに変動する可能性があります。担保の時価が取得時の評価価格よりも下落するリスクが存在します。そのため、担保掛目を掛けることで、時価変動に対するリスクを考慮します。

・**処分費用と競売価格**

　担保物件を処分する際には経費がかかります。また、競売による処分では時価よりも低い価格で処分されることが一般的です。**担保掛目を掛けることで、処分費用や競売による価格下落に対応**します。

　担保掛目の具体的な割合は、担保の種類や金融機関によって異なります。傾向としては、預金担保は通常100％、不動産担保は80％、その他の担保については40％～60％程度が一般的とされています（**図表10**）。ただし、具体的な割合は金融機関の方針や評価基準によって異なるため、必ずしも一律ではありません。

図表10　**担保掛目と担保価格の例**

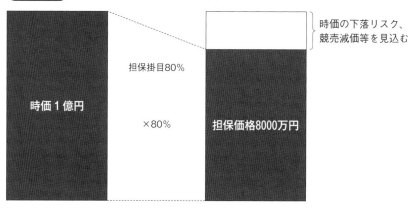

不動産担保の評価　※原則

土地

　更地として売買したら "いくら" かで評価をします。簡便的には路線価、公示価格、基準地価などの指標を使用して評価されます。これらの指標は地域ごとに設定され、土地の相対的な価値を示すものです。

　しかし、より正確な評価を行うためには、実際の取引事例や市場動向を考慮することが重要です。これにより、担保対象物件の地域や条件における実際の売買価格を参考にして評価を行うことができます。

路線価	国税局が毎年7月ごろに発表する土地の価格です。国税庁のホームページで確認することができます。公示価格の80％程度に設定されています
公示価格	地価公示法に基づいて、国土交通省が、適正な地価の形成に寄与するために、毎年1月1日時点における標準地の正常な価格を3月に公示します 国土交通省によれば、「一般の土地の取引に対して指標を与えること」をその役割としていますが、実際の取引価格よりは安い傾向にあります
基準地価	各都道府県が主体となって毎年7月1日の評価が9月20日頃に公表される土地の標準価格のことです 評価方法は、公示価格とほぼ同じです
取引事例	過去の取引事例をもとに、取引事例と担保物件との相違点（時点、駅からの距離、画地、広さ等）から評価額を調整します

建物

　建物の評価方法は、「同じ建物を新しく建てたとしたら、どのぐらいの費用がかかるか」という考え方のもとに担保評価を行うことが多いようです。これを積算法といい、具体的な手順は以下のとおりです。

1　建築単価の設定

　1平方メートル当たりの建築単価を設定します。これは、その地域や

建物の特性に基づいて算出されます。

2　建築面積の計算

　既存の建物であれば、登記上の床面積を使用します。これから新築をする場合は、建築確認の申請書等で確認をします。

3　新築価格の計算

　建築単価を建物の面積に掛けて、新築時の価格を計算します。これにより、同じ建物を新しく建てた場合にかかる費用を算出します。

4　現在の価値の計算

　既存の建物の場合は、経過年数を考慮して現在の価値を算出します。耐用年数に対する新築時からの経過年数の割合を求め、それを1から引いた割合を建築単価と面積に乗じて計算します。

　例えば、建物の床面積が100平方メートル、建築単価が30万円、耐用年数22年で築11年の建物だったとすると、以下のように評価されます。
　建物の評価額＝建築単価30万円×床面積100平方メートル×（1－（11年÷22年））＝1500万円

収益物件

　賃貸ビル等、収益物件の場合は、収益還元法という方法を使うことがあります。この評価方法では、その不動産から将来的に生み出される価値を現在価値に割り引いて不動産価格を決定します。
　収益還元法には、直接還元法とＤＣＦ法の2種類がありますが、より簡便な方法である直接還元法では、以下の計算式により評価をします。

不動産価格（収益価格）＝ 1年間の純収益 ÷ 還元利回り

　簡便といってもＤＣＦ法に比べての話です。１年間の純収益を求めるには、空室損失や修繕費用等を見込まなければならず、実際の計算は複雑です。

動産担保の評価

　動産は流通価格と処分価格が大きく異なることが特徴です。一般に商品として流通する価格に比べて、担保処分として売却するときの価格は大きく下がります。担保評価は処分価格によります。

　銀行としては、処分シナリオを設定し、市場での取引事例や２次マーケットでの指標等を元に換価価値を算定し、評価額を決定します。

有価証券の評価

　有価証券はその種類により担保評価方法は異なります。種類別の評価方法は次のとおりです。

上場株式	担保取得時の時価に掛目を掛けます
非上場株式	非上場株式は、一般的には担保として適しません。金融機関が担保にとることはありますが、評価額は０とするのが通常です
国債	担保取得時の時価に掛目を掛けます。信用リスクがないので、掛目は大きめ（100％に近い）です
社債	担保取得時の時価に掛目を掛けます。信用リスクがあるので、掛目による減額は国債よりも大きくなります
約束手形	手形上の金額に掛目を掛けます。掛目は、振出人の信用力により判断します

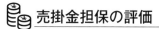 **売掛金担保の評価**

　売掛金の担保評価は、対象となる売掛金を構成する個別債権（通常、複数ある）の信用リスクを個々に評価できるか否かによって、個別評価方式とポートフォリオ評価方式があります。

個別評価方式	売掛先の信用状態、支払能力などに関して、多面的な調査・分析を行う
ポートフォリオ評価方式	個別債権が多数かつ分散している場合に用いる。1社当たりの調査・分析は個別評価方式に比べて簡易な手続きにより実施される

　実務的には、売掛先を構成する個別債権のほとんどが信用情報の入手が難しい中小企業向けという場合が多いのが実情です。

　その場合、信用調査会社の評点を使って売掛先各社の信用リスクを階層化し、簡易なポートフォリオ評価を行うこともあります。

銀行の決算書の読み方①
銀行が重視するのは経常利益

- ⊛ 通常の事業活動でどれだけ利益をあげているかという観点から、経常利益の実態がチェックされる
- ⊛ オーナー経営の中小企業は役員報酬で利益をコントロールできるため、役員報酬は必ずチェックされる

なぜ「経常利益」か

損益計算書で銀行がチェックするのは次ページ**図表11**のような点です。

銀行の担当者は、ＰＬの数値を上から順番に読むのではなく、まず売上高と利益をざっと見て黒字か赤字かをチェックし、そのうえで各項目の詳細を見ていきます。

金融機関が最も重視する数値は「経常利益」です。経常利益の上にある営業外費用には、金融機関への支払利息が含まれているので、経常利益が黒字なら、通常の事業活動で利息が支払えることになるからです。

逆に、経常利益が赤字になると、利息の支払能力が不足していることになり、債務者区分が「要注意先」になります。赤字が１期だけであれば「正常先」を維持できる場合もありますが、２～３期連続で赤字を計上すると、「要注意先」に分類される可能性が高まります。

銀行は、「通常の事業活動でどれだけ利益をあげているか」という観点から、経常利益の実態をチェックします（223ページ**図表12**）。

(百万円)

	R4年	R5年	
売上高	790	845	← 売上は伸びているか、安定しているか
売上原価	490	547	
売上総利益	300	298	← 売上総利益は増えているか
(売上総利益率)	(38.0%)	(35.3%)	← 売上総利益率は悪化していないか
役員報酬	25	20	← 妥当な水準か、前期より下げていないか
給料手当	89	100	← 妥当な水準か、大きく変化していないか
法定福利費	17	18	
接待交際費	7	7	← 妥当な水準か
地代家賃	30	30	← 妥当な水準か、役員への支払いの有無は
減価償却費	9	9	← 償却不足はないか(法人税申告書の別表16を参照)
その他販管費	89	85	← 大幅に増えた経費はないか
販売管理費	266	269	
営業利益	35	29	← 営業利益は黒字か、増益か、減益か
営業外収益	5	9	← 非経常的損益を計上していないか
営業外費用	21	18	← 支払利息が多すぎないか
経常利益	19	20	← 経常利益は黒字か、増益か、減益か
(経常利益率)	(2.4%)	(2.4%)	
特別損益	0	0	← 特別損益の内容は
税引前利益	19	20	
法人税等	7	7	← 法人税の負担状況は、繰越欠損金の有無は
当期純利益	12	13	← 最終利益は黒字か

　例えば、営業外収益に一時的に発生した補助金収入や有価証券売却益が計上されている場合、銀行はその影響を除外して経常利益を考えます。

　一方、当期利益の数値は、特別な要因でその期だけに発生した特別損益を加算した最終利益です。経常利益が黒字で、特別損失によって当期純利益が赤字になった場合は、本業の利益が確保されているので銀行は「一過性の赤字」としてあまり問題視しません。

図表12 銀行の経常利益の見方

(百万円)

	R4年	R5年
営業利益	35	29
受取利息	0	0
賃貸料収入	4	4
補助金収入	0	4
雑収入	1	1
営業外収益	5	9
営業外費用	21	18
経常利益	19	20

経常的とはいえない収入
（実態は特別利益）

(百万円)

	R4年	R5年
営業利益	35	29
受取利息	0	0
賃貸料収入	4	4
補助金収入	0	0	…除外
雑収入	1	1
営業外収益	5	5
営業外費用	21	18
経常利益	19	16

経常利益が減少

科目ごとのポイント

①売上高

売上高は**推移**が重要になります。銀行員は**直近3～5年程度**の推移を見て良し悪しを判断します。過去5年程度の売上推移に基づき「自社がどういう方向に向かっているか」を説明すれば、銀行員と視点を共有できるでしょう。

売上高の説明は36ページで解説した「成り行き」や324ページで解説する「SWOT分析」を踏まえたものである必要があります。

②売上総利益率

売上総利益を売上高で割った**売上総利益率**を銀行員はチェックします。この比率が高いということは、一定の商品力を有し、粗利を確保できていることを意味します。銀行員は売上総利益率についても、売上高と同じように推移を見ます。

③役員報酬

中小企業の決算書では、役員報酬を高くしたり、低くしたりすることで、営業利益以下の利益を調整することができます。役員報酬は、業績

が良いときに引き上げられ、業績が悪いときに引き下げられます。このため、**役員報酬の増減には「社長の本音」が表れます**。

　リスケを申し込むと、銀行が「役員報酬の削減」を要請してくることがあります。例えば、「1500万円の役員報酬を可能な限り下げてください」と努力を求められます。

　なお、勘定科目内訳明細書で会社から社長に地代家賃が支払われていることが確認できる場合、「役員報酬＋地代家賃」が社長の収入とみなされます。

④給料手当

　従業員の人件費（給料）を表します。銀行員は、人件費が大きく変化している場合、その中身について質問してきます。図表11のように給与手当が増えている場合、銀行には「人材に投資して業容拡大を図っている」と説明すれば問題ありません。逆に、**人件費が下がり続けている場合は会社が衰退期にあると思われないような説明が必要**になります。

⑤接待交際費

　接待交際費は、社長の個人的な飲み食いを計上するなど、公私混同になりやすい科目です。業種にもよりますが、銀行が接待交際費の多い会社を評価することはありません。**中小企業の税務上損金になる接待交際費の上限は800万円**であり、それを超えると目立ちます。

⑥減価償却費

　中小企業の決算書では、赤字を黒字に見せるために減価償却費を計上しなかったり、過少に計上することがあります。銀行員は法人税申告書の**別表16で償却不足**（税務上の償却限度額とＰＬに計上した減価償却費の差額）**を確認**します。

⑦営業利益

本業の利益です。営業利益が赤字の場合、銀行には<mark>早期に黒字化する計画を示す必要</mark>があります。

⑧営業外収益

営業外収益には、リベートや値引きで受け取った収入（雑収入）や不動産の賃貸収入が計上されている場合があります。<mark>毎期一定の収入を得ている場合は、「読める数字」として銀行に内訳を伝えておきましょう。</mark>

⑨営業外費用

営業外費用に計上される「支払利息」の水準は、財務格付けに大きく影響します。第3章4項で解説したとおり、<mark>「売上高支払利息率」や「平均借入レート」をチェック</mark>する必要があります。

⑩経常利益

銀行は「経常利益が黒なら融資は検討可能」「赤が続けば融資は不可」と判断します。<mark>売上高経常利益率</mark>（経常利益÷売上高）の目安として、<mark>製造業と建設業は2％、小売業と卸売業は1％を最低でも確保する</mark>必要があります。

⑪特別損益

特別損益（特別利益と特別損失）は、特別な要因で一時的に発生した利益または損失のことです。固定資産売却益（売却損）、投資証券売却益（売却損）などがありますが、あくまでもその期だけの損益であり、通常に活動による損益ではありません。

特別損益の内容について、<mark>銀行から質問を受けたら答えられるようにしておきましょう。</mark>

⑫法人税等

　法人税等は、法人税、法人住民税、法人事業税を計上する科目です。税金の計算は非常に複雑ですが、銀行は実効税率に基づき**税引前利益の35～40%ぐらい**が法人税等の金額になると考えています。

　中小企業では、一定期間、赤字を繰り越して損金算入（繰越控除）することが認められています。法人税等の金額が税引前利益と比べて少額である場合、銀行員は法人税申告書の別表7（1）を見て繰越欠損金の状況を確認します。

⑬当期純利益

　税引き後の最終利益です。銀行目線では経常利益が重要ですが、**当期純利益についても連続して赤字を計上すると、融資が受けられなくなります**。銀行が許容するのは、あくまでも「一時的な赤字」です。

銀行の決算書の読み方②
債務超過が
警戒される理由

- ⊛ 債務超過に陥ると、融資を受けられなくなる
- ⊛ 自己資本比率は30％以上を確保したい

債務超過に陥ると融資を受けられない

　債務超過とは負債が資産を上回り、純資産の部の合計がマイナスになっている状況のことです（**図表13**）。

図表13　債務超過のＢＳの例

資産の部		負債の部	
科目	金額	科目	金額
【流動資産】	100,000	【流動負債】	100,000
……	……	……	……
……	……	……	……
……	……	【固定負債】	200,000
……	……	……	……
【固定資産】	150,000	……	……
……	……	負債の部計	300,000
……	……	純資産の部	
……	……	Ⅰ株主資本	△50,000
……	……	1 資本金	10,000
……	……	2 利益剰余金	△60,000
……	……	(1)　利益準備金	5,000
……	……	(2)　その他利益剰余金	△65,000
……	……	1 別途積立金	1,000
……	……	2 繰越利益剰余金	△66,000
		純資産の部計	△50,000 ← 債務超過
資産の部計	250,000	負債・純資産の部計	250,000

　ＢＳとＰＬは「利益剰余金」でつながっています。債務超過というのは、ＰＬに計上した赤字がＢＳの利益剰余金や資本金を食いつぶした状況です。

債務超過の会社は、以下の3点から金融機関の融資を受けることが難しくなります。

①**儲かっていない**
　会社設立から現在までの間に計上した利益の累計である「利益剰余金」がマイナスということは、設立から現在までのトータルが赤字ということ
②**財務体質が悪い**
　資産＜負債なので、資産を全部売っても負債を払いきることができない
③**資金調達余力がない**
　債務超過の状態では、どの金融機関からも融資を受けることができない

債務超過を避け、自己資本比率を高める方法

自己資本比率が10％程度では、後述する「実態バランスシート」で見た場合、債務超過とみなされる可能性があります。

自己資本比率は**おおむね安全圏といえる30％以上に引き上げていく**必要があります。債務超過を避け、自己資本比率を高める主な手段としては、「利益をあげて剰余金を増やす」「資産を売却してスリム化する」「役員借入金の債務免除を行う」「増資する」等があります。

・利益をあげて剰余金を増やす場合

ＰＬで計上した利益は利益剰余金にストックされるため、ＰＬで黒字を出すと純資産（利益剰余金）が増加し、自己資本比率が向上します（**図表14**）。

この点には、役員報酬をどれくらいに設定するかが関係します。役員報酬が高いと、その分、自己資本比

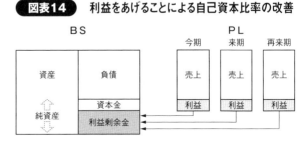

図表14　利益をあげることによる自己資本比率の改善

率の改善に時間がかかります。

・資産をスリム化する場合

　自己資本比率はＢＳ上の無駄な資産を処分して負債を減らすことによっても向上します。**図表15**は、資産に計上された有価証券を帳簿価格で売却処分して借入返済に充てた場合を図示したものです。

　資産のスリム化というと固定資産に目が行きがちですが、実際には、売掛金の回収サイトを早めたり、在庫を積極的に処分したりすることでも実現できます。

図表15 **資産のスリム化による自己資本比率の向上**

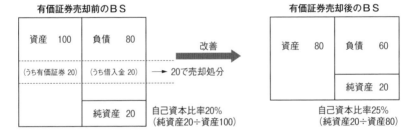

・役員借入金の債務免除を行う場合

　役員個人からの借入金は、返済する必要があまりない場合は債務免除を行って純資産を増加させる手も考えられます。債務免除は債務超過の回避策としても比較的、よく使われているものですが、債務免除益による税負担や株主への贈与税が発生する場合がある点に注意が必要です。

・増資する場合

　増資して資本金を生み出すことができれば、純資産が増加し、自己資本比率が向上します。増資は、前述の役員借入金を資本金に振り替えて行うこともできます。

10

銀行の決算書の読み方③
実態バランスシートでは
ここに気をつける

対応ポイント

- ⚥ 実態ＢＳにより債務超過の有無や純資産の金額が判定される
- ⚥ 勘定科目内訳明細書の記載内容に注意を払う
- ⚥ 含み益のある資産がプラス評価されることもある

債務超過の有無は実態ＢＳで判定される

　銀行は、債務超過
の有無や純資産の金
額を、決算書の貸借
対照表（表面ＢＳ）
ではなく、実態貸借
対照表（実態ＢＳ）
で判定します。

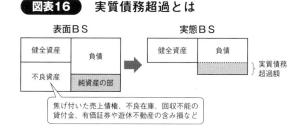

図表16　実質債務超過とは

焦げ付いた売上債権、不良在庫、回収不能の
貸付金、有価証券や遊休不動産の含み損など

　具体的には、決算書で**過大に計上されている不良債権や不良在庫、価値が下落した有価証券や遊休不動産の含み損などを資産から差し引いて、債務超過の有無を判断**します。

　こうすると、総資産の金額が決算書の数値より小さくなるため、「資産−負債＝純資産」の式において、純資産がマイナスになるケースが出てきます。

　この場合の債務超過を実質債務超過と呼びます（**図表16**）。

具体的なチェックポイント

　ＢＳで銀行員がチェックするのは232ページ**図表17**のような点です。

230

　以下では、実態バランスシートに関係する部分を中心に解説しますが、銀行員がチェックするのは、主に法人税申告書に添付される「勘定科目内訳明細書」（以下、勘定科目明細書）です。

　勘定科目明細書を銀行にどう読まれるかについて、あまり注意を払っていない会社が少なくないようです。銀行に悪い印象を持たれないよう、以下の点を参考にチェックするようにしてください。

(1) 現金・預金

　会社の実態と照らし合わせ、現金残高が明らかに多すぎる場合、その現金はないものと考えます。「現金で支払うが、会計処理を行っていない」「架空の現金売上を立てた」等が考えられますが、いずれにしても粉飾であり、その時期が最近である場合は、深刻な問題になるでしょう。

　ちなみに預金に関しては残高証明が必要になるので、粉飾が疑われることはめったにありません。

(2) 売上債権（受取手形・売掛金）

　銀行は、勘定科目明細書から次の点をチェックします。

- 回収不能先や信用状況に問題のある先はないか
- 残高が不変のものはないか
- 関係会社等に対して不自然な売掛金はないか
- 期日が異常に長い手形はないか

　例えば、2〜3期連続で同じ会社名で同じ金額が記載されていたら銀行は不良債権と考えて資産から減額します。

　また、科目明細にこれまで取引のなかった会社や個人名が記載されていると、銀行員が不信感を抱く場合があります。必要に応じてこちらから説明を行うようにしましょう。

　財務指標では、銀行は、売上債権回転期間をチェックします。

図表17 BSのチェックポイント

資産の部	金額
流動資産	406
現金預金	59
売上債権	157
受取手形	57
売掛金	100
棚卸資産	95
商品	95
その他流動資産	95
有価証券	31
未収入金	15
前払費用	10
仮払金	19
立替金	20
固定資産	360
有形固定資産	205
建物	50
工具器具備品	15
車両運搬具	20
土地	120
無形固定資産	5
電話加入権	5
投資等	150
長期貸付金	85
出資金	10
敷金・保証金	25
保険積立金	30
資産合計	766

資金繰りを回せるか
現金残高が多すぎないか

得意先に異変はないか
回転期間が長すぎないか

回転期間に異変はないか
在庫を目視確認できるか

有価証券に含み損はないか

回収が困難なものはないか

費用を資産に計上していないか
代表者に対するものはないか

減価償却を行っているか

不動産の時価評価額は

貸付金の相手先は
回収の見通しはあるか

資産としての実態はあるか

> **売上債権回転期間（日）＝（受取手形＋売掛金）÷ 売上高 × 365**

　この数値が長くなっている場合は、回収サイトの悪化、不良債権の発生、売上の水増しによる粉飾などが疑われます。売上債権の中身を確認し、理由を説明できるようにしておきましょう。

（百万円）

負債の部	金額
流動負債	246
仕入債務	58
支払手形	8
買掛金	50
短期借入金	160
金融機関	160
その他流動負債	28
前受金	5
未払金	8
未払法人税等	2
未払費用	5
預り金	3
仮受金	5
固定負債	388
長期借入金	388
金融機関	338
役員	50
負債合計	634

- 回転期間に異常はないか
- 仕入の計上もれはないか
- 借入金は適正水準か
- 銀行間のシェアに異常はないか
- 前期から内訳が変化しているか
- 見慣れない先が記載されていないか
- 税金や社会保険料の滞納はないか
- 個人やノンバンクからの借入はないか
- 遅延債務、簿外債務はないか
- 借入金は適正水準か
- 銀行間のシェアに異常はないか
- 役員借入金の相手先は誰か
- 返済は行われているか

純資産の部	金額
資本金	32
利益剰余金	100
純資産合計	132

- 繰越利益剰余金はプラスか
- 債務超過ではないか

(3) 棚卸資産

- 科目明細を見て前期から極端に金額が増えたカテゴリーはないか
- 製造業では製品、半製品、仕掛品、原材料、貯蔵品の滞留状況
- 建設業では、未成工事支出金の内訳に完成工事が含まれていないか
- 棚卸資産回転期間が長くなっていないか

棚卸資産（在庫）は、利益粉飾に用いられることが多く、また資金繰りへの影響も大きいことから、銀行員から一番質問を受けやすい科目です。

銀行員は、棚卸資産回転期間の動きをチェックします。

棚卸資産回転期間（日）＝ 棚卸資産 ÷ 売上高 × 365

回転期間が極端に長くなっていると、銀行から粉飾（在庫の水増し）を疑われることになります。

不良在庫を抱えている場合は、在庫を「正常在庫」「滞留在庫」「不良在庫」等に区分した分析表を作成しておきましょう。日頃から在庫分析していれば銀行から説明を求められた際にもスムーズに対応することができます。

不良在庫が発生しているのであれば、できるだけ棚卸資産評価損を計上して処理しておきたいところです。評価損を計上することによって、金融機関は決算書を信用するようになります。

(4) 有価証券

・時価が著しく下落していないか

流動資産に計上された有価証券は、売買目的で購入した有価証券です。

上場企業の有価証券は、現在の株式価格で再評価します。銀行融資の与信判断では、株やゴルフ会員権など、**本業外のことにカネを使う経営者は警戒されます。その一方で、銀行は金融商品を積極的に売り込んできます**。銀行の「二面性」に注意してください。

(5) 仮払金・立替金など

仮払金は、支払いを行った際、該当する勘定科目が確定していない場合に使う科目です。**仮払金には、実質的な費用や外部に知られたくない**

貸付金などが計上されていることが少なくないため、金融機関は内容が不明ならゼロ評価にすることが多いです。決算書では正式な科目に振り替えるようにしましょう。

(6) 短期貸付金・長期貸付金

- 代表者に対する貸付金はないか（役員報酬で不足する収入の補てん、使途不明金など）
- 業績不振の関係会社に対する貸付金はないか

貸付金は、金融機関や信用保証協会が最も警戒する科目です。

中小企業で多い「役員貸付金」を問題視された場合は、**役員報酬から役員貸付金を分割返済していく**必要があります。関係会社や第三者に対する貸付金についても、重要なのは返済予定で、できるだけ返済契約書を作成しておくようにしましょう。返済予定が不明確な貸付金はゼロ評価になります。

(7) 有形固定資産

- 減価償却費が毎期適正に計上されているか
- 時価が著しく下落した遊休不動産はないか（事業に使用していない非事業用試算は時価評価が原則）
- 建設仮勘定の計上は妥当か

償却不足については、法人税申告書の別表16を参照します。また不動産については踏線価などの観点で再評価を行います。

(8) 投資有価証券・出資金・敷金・保険積立金など

以下のような点がチェックされます。

- 子会社の株式を保有する場合、子会社の業績が悪化していないか
- 投資信託の時価評価するといくらになるか
- 出資金の相手先はどんな団体(会社)か

- 保険積立金を解約した場合に受け取れる解約返戻金はいくらか

(9) その他負債科目

　仕入債務については、回転期間などで、支払条件の悪化や滞納の有無がチェクされます。支払手形の決済日をチェックします。

　その他負債についてもポイントになるのは、勘定科目明細書の記載事項です。ノンバンクの存在、リースやクレジットの支払い、社会保険料の滞納の有無など、具体的な記載内容で判断します。

実態バランスシートの例

　以上のような修正を経て、実態バランスシートが作成されます（**図表18**）。

　ＢＳの純資産がプラスでも、実質債務超過であれば、債務者区分は「要注意先」以下となり融資を受けることが困難になります。

　なお、銀行のＢＳ評価は「減点主義」が基本ですが、実際には「加点評価」も行われています。

図表18　実態ＢＳと実質債務超過

科目		前期	修正	実態
	現金預金	59		59
	売上債権	157	−20	137
	棚卸資産	95	−25	70
	その他流動資産	95	−19	76
流動資産		406	−64	342
	有形固定資産	205		205
	無形固定資産	5		5
	投資等	150	−85	65
固定資産		360	−85	275
資産合計		766	−149	617

　例えば、筆者の知るＭ社はＢＳに3000万円の純金を計上していますが、この純金の時価はなんと３億円。つまり２億7000万円の含み益が生じているわけです。

　銀行は当然、この点を押さえており、債務超過の同社に対し積極的に融資を行われています。

　もし**含み益のある資産をＢＳに計上しているなら銀行に伝える**とよいでしょう。例えば、東京の不動産は、この10年で大きく値上がりしています。不動産会社に簡易評価を依頼し、評価額が簿価を大きく上回っている場合は銀行に伝えておきましょう。

　もちろん、これはＢＳの評価を高めるための策であり、銀行融資の担保にするということではありません。

（百万円）

科目		前期	修正	実態
	仕入債務	58		58
	短期借入金	160		160
	その他流動負債	28		28
流動負債		246		246
	長期借入金	388		388
固定負債		388		388
負債計		634		634
資本金		32		32
利益剰余金		100	-149	-49
	純資産	132	-149	-17
負債・純資産合計		766	-149	617

実質債務超過

第 7 章

金融機関の特徴・
複数行取引の考え方

中小企業はどの金融機関と付き合うべきか───、この問いは単純なようで意外と複雑です。メガバンク、地方銀行、信用金庫などは、それぞれ融資スタンスが異なりますし、中小向けの融資では信用保証協会や日本政策金融公庫といった公的機関が大きな役割を果たしています。本章では各金融機関の特徴や複数行取引の考え方を解説します。

01
中小企業のメインバンクは 地域金融機関

対応ポイント

- ¥ 最低でも年商10億円以上はないとメガバンクは厳しい。中小企業は、地域金融機関と親密な関係を作るべき
- ¥ 一口に地域金融機関と言っても、地銀と信金・信組は特徴が異なるので、その違いを理解しておく

最低でも年商10億円以上はないとメガバンクは厳しい

メガバンクを中小企業のメインバンクにすることは得策ではありません。

年商数億円規模の企業では、メガバンクからのプロパー融資を得ることが難しいのが実情です。これには、業種業態や担保不動産の有無なども影響しますが、メガバンクは総じて**年商10億円以上の企業にのみプロパー融資を提供**しています。

保証付きの融資であれば、年商が10億円に届かない企業でもメガバンクから融資を受けることはできますが、それは賢明な選択ではありません。保証付融資は地銀や信金にとって関係強化の材料となり、プロパー融資や融資条件の改善につながります。しかし、メガバンクではそのような発展が期待できないためです。メガバンクから融資の誘いがあった場合は、少額でもプロパー融資を交渉すべきでしょう。

一方、メガバンクは金利が低く、ロットの大きい融資を提供するなどのメリットがあります。また、コンプライアンスもしっかりしています。

ただし、これらのメリットは企業規模が一定以上の場合に適用される

240

ものであり、中小企業にはあまりメリットになりません。

　メガバンクが中小企業向け融資に後ろ向きであることには、次のような背景があります。

> ①2022年3月の都市銀行の平均貸出金利は0.662％と低い。金利が低すぎて儲からない融資より、「手数料ビジネス」に目が向いている（都市銀行とは、メガバンク3行にりそな銀行、埼玉りそな銀行を加えた5行を指します）
> ②融資先として海外にも力を入れており、収益に占める国内融資のウエートは全体の一部にすぎない
> ③国際業務を展開するうえで自己資本比率を意識しなければならず、むやみに融資残高を伸ばせない

　メガバンクが中小企業向け融資に後ろ向きであることは、昨今の急激な店舗廃止（店舗統合）や個人専用店舗化に象徴されています。

地域金融機関と親密な関係を作る

　中小企業が民間金融機関から融資を受ける場合、主に地方銀行、信用金庫、信用組合などの地域金融機関が適切な選択肢となります（243ページ図表1）。地域金融機関との関係構築において、信用保証協会の保証付融資が重要な役割を果たします。

　地域金融機関は、特定の地域を営業基盤とする金融機関であり、地域経済の発展や中小企業の支援に重点を置いています。

　地域金融機関との融資取引では通常、保証付融資がスタート地点となります。保証付融資は信用保証協会が融資の一部（原則80％）を保証するため、金融機関としてはリスクを抑えた取引が可能となります。

そして、**保証付融資を通じて実績を積み上げることで、中小企業は地域金融機関から信用を獲得し、プロパー融資へとつなげていきます。**

　保証付融資は地域金融機関と中小企業の関係構築において重要な第一ステップです。

　地域金融機関は、中小企業に対する保証付融資に取り組んでいく中で中小企業の実態を把握します。融資担当者とのコミュニケーションを深めることにより、中小企業は地域金融機関から信頼を得ていくのです。

　このように、中小企業にとっては、地域金融機関こそが重要なパートナーないし伴走者です。そして、地域金融機関との関係構築においては、保証付き融資が重要なステップとなるので、**中小企業の経営者は信用保証協会の保証付融資について理解を深めておく**ことが重要です。

地方銀行と信用金庫・信用組合にはどんな特徴があるか

　地方銀行はメガバンクとは異なり、地域に密着して中小企業そのものを審査し、手づくりの貸出を行う、いわゆるリレーションシップ・バンキング機能によって、地域に貢献することが求められています。

　地方銀行は経営者の資質や事業内容などの定性要因を重視した信用格付を行っているようです。したがって、**決算書以外の部分もアピールすること**が重要です。

　もっとも、地方銀行と一口に言っても銀行によって融資の対応は異なります。一部の地方銀行は資金繰りが苦しい中小企業に対して厳しい対応を取る場合があります。地域のトップ銀行が必ずしも融資に積極的ではなく、中小企業に冷たい銀行ほど財務内容がよいという現象も見られます。

　一方、信用金庫・信用組合は地域の会員や組合員の出資による協同組織です。営業地域を限定しており、狭い営業エリアを巡回するスタイル

で営業を行っています。

　信用金庫・信用組合は中小企業を支援する文化・思想を持っています。他の金融機関よりも中小企業支援に積極的であり、**関係が良好な場合は財務内容が悪くても融資を受けることができる場合があります**。

　その反面、信用金庫・信用組合の融資は小ロットの融資が多く、会社の規模によっては十分な融資を受けられないこともあります。

　また、金利などの条件も他の金融機関に比べると劣る傾向にあります。日本銀行の公表データによる2022年3月の信用金庫の貸出約定平均金利は1.455％で、地方銀行の0.694％とは大きな開きがあります。

図表1　業態別の金融機関の特性

	メガバンク	地方銀行	信用金庫信用組合
地域展開	全国（実態は首都圏、関西圏偏重）	地元の県内中心	機関ごとに営業できる地域が定められている
主な法人融資先	大企業、中堅企業	中堅企業、中小企業	中小企業、零細企業
財務内容重視か？定性要因も重視されるか？	財務内容重視の傾向が強い	財務内容を重視するが、定性要因もある程度考慮する	他の業態よりも定性要因を考慮する傾向が強い
金利	低い	低い	高い
融資ロット	大企業向けに大ロットで融資を行う	中小企業向けに大ロットから小ロットの融資を行う	中小零細企業向けに小ロットの融資を数多く行う

02

政府系金融機関との
関係づくりも重要

対応ポイント

- ⊛日本政策金融公庫から借入を行っておくことは、イザというときの備えになる
- ⊛商工中金は完全民営化を予定している

政府系金融機関とは

　政府系金融機関は、主に政府からの出資によって運営されている金融機関のことです。中小企業向け融資では、日本政策金融公庫と商工組合中央金庫（商工中金）が存在します。

　政府系金融機関は「民間金融機関の補完」を目的としています。主に**民間金融機関が対応しにくい「返済期間が長期」で「固定金利」の融資に重点**を置いています。

　融資審査では、民間金融機関（メインバンク）の動向がチェックされ、地方銀行等との協調融資が提案される場合もあります。

日本政策金融公庫からは借りておいたほうがよい

　2020年のコロナ融資では、日本政策金融公庫が特に注目されました。「新型コロナウイルス感染症特別貸付」という融資制度を迅速に導入し、多くの中小企業に貸し出したからです。

　既存の貸出先に対しては電話一本で対応し、コロナ融資を実施したケースもあったと聞きます。逆に、融資を断られたのは公庫からの借入履歴のない中小企業が多かったとのことです。

　このことからもわかるとおり、**平常時に日本政策金融公庫から借入を**

行っておくことは、イザというときの備えになります。

　筆者（池田）の顧問先でも、公庫からの借入金が分割返済で減ってきたら、再度、融資を受けて、常に一定額を借りている会社が多いです。日本政策金融公庫は預金業務を行っていないため、決算書を提出するタイミングに融資を依頼することが多いです。

「国民生活事業」と「中小企業事業」の違いは？

　日本政策金融公庫には、「国民生活事業」と「中小企業事業」「農林水産事業」という3つの事業があり、それぞれが別に運営されています。

　国民生活事業は、創業期の会社や小規模企業を主な対象としています。この事業では、「新創業融資制度」や「マル経融資」など、創業企業や小規模事業者が利用しやすい融資制度を提供しています。国民生活事業は、小さな会社にとって非常に頼りになる金融機関です。

　中小企業事業は、国民生活事業よりもやや規模の大きい中小企業を対象としています。明確な区分は存在しませんが、イメージでは年商5億円以上といったところです。

日本政策金融公庫と民間金融機関との棲み分け

　本来、自由主義社会において融資は民間金融機関が行うべきものです。民間金融機関が手の届かないところを補完するのが日本政策金融公庫の役割です。したがって、民間金融機関が及び腰になる「創業融資」に力を入れたり、リスクの高い「コロナ融資」に力を入れたりします。

　それなりに業歴のある会社のメインバンクの代替的な役割は積極的に果たそうとしません。実際、メインに新規融資を断られたという場合、日本政策金融公庫に行ってもやはり断られるでしょう。

　一方、例えば、資金需要が4000万円ある、しかし、メインの民間金融機関は3000万円しか貸してくれず、残りの1000万円を調達する場合に日本政策金融公庫は有効です。これは民間金融機関の補完だからです。

🪙 日本政策金融公庫との面談はこんなふうに行われる

日本政策金融公庫への融資申込みの手順は以下のとおりです。

1　必要書類の提出

　　ホームページから入手できる書式に基づいて必要書類を提出。法人
の新規取引の場合は、「企業概要書」の提出が求められる（融資の制度
や資金使途によって必要な書類は異なる）

2　面談

　　支店を訪れて担当者と面談する。提出した資料を基に質問を受ける

3　審査

　　提出された書類や面談の結果を基に審査が行われる点は民間金融機
関と同じだが、日本政策金融公庫は補完的な役割を果たすため、メイ
ンバンクの動向にも注意が払われる

4　契約

　　審査が通過した場合、融資契約が行われる。具体的な条件や返済ス
ケジュールが合意され、融資が実現する

　筆者の個人的印象としては、日本政策金融公庫の担当者は、民間金融
機関の担当者と比べて、総じて融資審査に関する知識は豊富であり、面
談時における**日本政策金融公庫の担当者からの質問やネガティブな意見**
（過大投資でないか、売上計画に無理があるのでは等）は重要です。

　担当者は審査に回した際にネックとなると予想できるポイントを面談
でヒアリングポイントにします。それに適切に対応できるか否かで審査
結果も違ってきます。

　面談での即答が難しければ即答は避け、持ち帰りましょう。「面談＝
その場のパフォーマンスがすべて」と思う人もいますが、それは違いま
す。就職の面接のように、ふるいにかけることを目的とするものではあ
りません。担当者は融資額の目標をもっており、できれば審査を通して
融資をしたいと考えているはずです。面談は、公庫の担当者が審査資料
を作成するための情報を供給する場と思って臨んでください。

　なお、担当者からの質問やネガティブな意見は、民間金融機関の融資

審査でもネックになるポイントですから、それに対する説得力（裏付け）ある説明を用意し、民間金融機関への説明資料にも盛り込んでおきましょう。

公庫面談の特徴には、一度、指摘を受けた点は、次回も聞かれるという点があります。例えば、面談時に不良在庫を指摘され、融資が下りず、数年後に面談を受けたら、また同じことを聞かれるケースが多いです。

つまり、**面談内容は記録されています**。民間の金融機関でも融資先との面談内容は記録化されていますが、融資に到らず断った先の面談記録はあまり引き継がれていない印象があります。しかし、日本政策金融公庫は、融資に到らず断った先の面談記録も引き継がれているようです。

なお、日本政策金融公庫の既存の借入がある先は、融資残高が減ってくると、公庫の担当者から借入を勧誘する電話を受けることがあります。この場合は、訪問せず電話のみで面談が済むこともあるようです。

立ち位置が微妙になっている商工中金

商工中金は政府と民間団体が共同出資する金融機関で、政府出資比率（2023年4月）は現在約46％です。しかし、2023年3月10日に閣議決定された法案により、2年以内に**完全民営化される予定**です。

商工中金の主な貸付対象は比較的規模の大きい中小企業であり、設備資金、運転資金、手形割引など、幅広い融資を行っています。

最近では、中小企業の財務内容を改善するために、商工中金は地方銀行との協調融資を提案する動きが見られます。

03 中小企業が知っておきたい
信用保証協会の基礎知識

対応ポイント

- ⓨ 利用可能額は信用保証協会の保証審査で決まる
- ⓨ 審査には「資金使途」「売上高の水準」「決算書の評価」などが影響する
- ⓨ 保証協会の情報に敏感な信用金庫等の担当者と仲良くしておくとよい
- ⓨ 100%保証であるかどうか等、保証割合で銀行の動き方が変わる
- ⓨ 保証料率は、決算書の評価（CRD）で決まる

信用保証協会の保証付融資の仕組み

　銀行融資は、**信用保証協会が債務保証する「保証付融資」と銀行が単独で貸し出す「プロパー融資」**に分かれます。

　信用保証協会は、信用保証協会法に基づき、中小企業の円滑な資金調達を支援することを目的に設立された公的機関です。保証付融資は、保証協会が中小企業に対する銀行融資の連帯保証人となり、プロパー融資では対応できない中小企業の資金調達を支援するものです。

　図表２は保証付融資の流れを表したものです。

　信用保証協会に対する保証の申込みは、「銀行経由で申し込む」「保証協会に直接申し込む」の２パターンがあり、どちらも可能です。

　通常は前者になり、その場合はまず銀行が融資審査を行い、保証申込み後に保証協会が保証審査を行います。保証協会が保証を承諾すると正式承認となり、融資が実行されます。

　このように保証付融資では、**銀行と保証協会の双方の審査を受ける**ことになります。

図表2 保証付融資の流れ（保証協会直接申込みの場合）

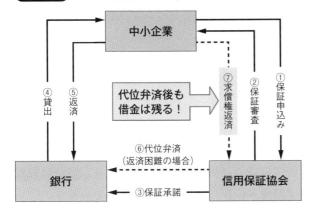

① 中小企業が保証協会に保証を申し込む
② 保証協会の保証審査を受ける
③ 保証承諾（信用保証書を銀行に送付）
④ 銀行が保証付きで貸し出す
⑤ 銀行が返済を受ける
⑥ 返済が困難になると、保証協会が銀行に代位弁済を実施する
⑦ 保証協会が求償権を回収（返済を受ける）

　融資を受けた後は銀行に対して返済を行います。業績の悪化などで返済を延滞し、延滞期間が一定限度を超えると、保証協会が中小企業に代わって銀行に返済する代位弁済（だいいべんさい）が行われます。

　代位弁済が行われるタイミングはケースバイケースですが、延滞発生から3か月後が1つの目安になります。

　保証協会が代位弁済を行うと、以後は、保証協会が求償権（きゅうしょうけん）の債権者になり、中小企業から債権回収します。

　求償権とは「保証人が返済した金額を、債務者本人に請求できる権利」のこと。つまり、**代位弁済が行われても、債権者が銀行から保証協会に変わるだけで、借金はなくならない**わけです。

　代位弁済にいたると、会社の信用力に傷が付き、債務を完済しない限り、新たに信用保証協会の保証を受けることができなくなります。

保証付融資の特徴

⑴ プロパー融資よりも借りやすい

　信用保証協会の保証付融資は、中小企業や小規模企業の資金調達を支援するための制度なので、銀行のプロパー融資よりも審査基準が緩く、

借りやすいです。例えば、創業から日の浅い会社がプロパー融資を借りるのは困難ですが、保証付融資であれば借りられる可能性があります。

(2) プロパー融資を引き出す材料になる

　銀行は実績を重視するので、保証付融資で返済実績を積み上げることが、将来のプロパー融資につながります。銀行にとっては、プロパー融資を貸し出すうえで、保証付融資を併用できる点が安心材料になります。

　実際、年商数億円規模の中小企業は、プロパーと保証付きを併用しています。最近、保証協会は銀行に連携を求めるようになり、保証付融資とプロパー融資の折半で融資が行われることも多くなっています。

(3) 返済期間が長い

　保証付融資のメリットは、なんといっても返済期間が長いことでしょう。例えば、プロパーでは運転資金を3〜5年でしか借りられないところを保証付きなら7〜10年で借りることが可能です。銀行の長期融資の多くは、「借入金額÷返済月数」を毎月返済する元金均等返済です。元金均等返済の返済期間が長いということは毎月の返済額が少ないということであり、資金繰り上、大きなメリットになります。

(4) 借換え融資を使うことで返済をラクにできる

　融資には、普通に融資を受ける場合と借換えで融資を受ける場合があります。借換えには、既存の融資の返済負担を軽減する効果があり、新たな融資を上乗せした「増額借換え」で借りると、普通に追加融資を受けるよりも返済負担が軽くなります（184ページで解説）。

　最近の保証付融資は、一部、制限はあるものの、借換え融資を使えるケースが多くなっています。複数の借入を一本にまとめることもできるので、このメリットは大きいといえるでしょう。

(5) 金利とは別に保証料がかかる

　保証付融資では、銀行に支払う金利とは別に「信用保証料」がかかります。計算方法については後述しますが、借入残高に対し年率0.5～2.2％程度の保証料がかかり、しかも原則前払いなので、実質的な金利はプロパー融資より高くなることが多いです。

利用可能額は保証協会の保証審査で決まる

　保証付融資には保証限度額（保証枠）が定められています。基本になるのは、一般保証の無担保保証8000万円と有担保保証２億円の計２億8000万円です。コロナ禍のような有事が起きると、これにセーフティネット保証や危機関連保証といった別枠が追加されます。

　保証限度額は保証制度の上限額を定めたものにすぎません。個々の中小企業が実際に利用できる金額は、保証協会の審査で決まります。

　このため、「別枠の××保証が新たに追加！」といったニュースが流れても、すでに一定額の保証を受けている会社は、その恩恵にあずかれないことが多いです。

　保証付融資では、地銀や信金の担当者が地元の保証協会に事前相談を行い、借入できる金額や諸条件を伝達してくれます。保証協会の情報に敏感な信用金庫等の担当者と仲良くしておくとよいと思います。

信用保証協会の保証審査では何が重視されるか？

　信用保証協会の審査基準について詳しい内容は非公開ですが、特に次のような点が重視されていると考えられます。

(1) 保証資格

　信用保証協会は公的機関なので、形式的な基準を満たしていることが何より重要になります。とはいえ、金融業や風俗業などを除く、普通の中小企業はほとんどの会社が利用できます。会社の規模や業種について

は、信用保証協会のホームページに詳しく記載されています。

(2) 資金使途

　融資を申し込む際に伝えた資金使途とは別のことに融資金を使うことを「資金使途違反」といいます。**信用保証協会は資金使途違反に対し非常に厳しく、一度でも違反した会社は保証審査が通らなくなります。**

　特に「設備資金」は要注意で、予定した設備を購入せず、運転資金等に使っていれば重大な資金使途違反とみなされます。設備資金は細かなチェックが行われ「融資実行前に購入していた」「設備が変更になった」等でも資金使途違反になります。

　また「運転資金」として借りた資金を、金融商品の購入に使っていたり、社長や関係会社に又貸ししている場合も、資金使途違反になるので注意が必要です。

　資金使途違反は主に決算書で判明します。チェックが入りやすいのは、保証付融資の流用を意味する「貸付金の増加」です。貸付金を計上している会社は、回収計画を立てて減少させていくことが重要です。

　なお、保証付きで借りた資金について、それを貸し出した銀行の既存のプロパー融資の返済に充てる「旧債振替」も資金使途違反として禁止されています。旧債振替が判明すると、保証協会の保証が外れる「保証免責」となり、銀行としては大失態となります。

(3) 売上高の水準

　前述のとおり、無担保保証8000万円等の保証限度額は必ずしも全額使えるわけではありません。売上規模によって、「だいたいこれくらい保証が受けられる」というラインが決まっています。

　このラインは、保証付融資以外の融資を含む「総借入額」のことです。例えば、無担保保証の限度額は月商3～4か月分、年商1億円の会社な

ら2000万〜3000万円までといったイメージです。

　以前から保証付融資を使っている会社は、過去に保証を受けられた上限額が参考になるでしょう。

(4) 決算内容

　信用保証協会も決算数値を重視しており、**決算期から６か月以上経過している場合は試算表の提出も必要になります**。

　保証協会は保証料率区分の決定に、中小企業信用リスク情報データベース（CRD）を用いていることから、保証審査にもCRDの評価を参考にしていると思われます。

　第３章で解説した中小企業経営診断システム（McSS）は上記の保証料率区分決定に利用される「CRDモデル３」を用いて財務状況を評価するツールです。よって、詳細は不明ですが、**McSSを使うことにより信用保証協会の評価をある程度推定できる**と思われます。

　なお、Web上に公開されている経営分析ツール「経営自己診断システム」もCRDのデータを用いたものですが、同システムから出力される「倒産リスク分析結果」は簡易な計算によるものであり、McSSとは評価結果が異なります。

　銀行や信用保証協会の決算書の評価を推定するには、有料になりますが、経営自己診断システムではなくMcSSを使ったほうがよいと考えます。

(5) 納税状況

　保証付融資を初めて利用する際には、納税証明書の提出が必要になります。**基本的に、税金を滞納している会社が保証を受けるのは難しい**ので、いったん滞納を解消してから申し込む必要があります。２回目以降で納税証明書を提出しないで済む場合、滞納があっても保証を受けられるかもしれませんが、原則、納税は必須と考えたほうがよいでしょう。

⑹ 経営者の個人信用情報

信用保証協会は、主に初回利用時に経営者の個人信用情報について右の3社に信用照会を行います。

全国銀行個人信用情報センター
日本信用情報機構（JICC）
シー・アイ・シー（CIC）

いわゆるブラックリストの確認です。信用照会の結果、ノンバンクからの借入やクレジットの遅延履歴などがあれば、保証は厳しくなるでしょう。なお、保証付融資の借入が2回目以降の場合は、信用照会は省略されることが多いようです。

保証割合は銀行の姿勢にどう影響するか

以前は、信用保証協会が保証付融資の100％を保証していましたが、現在は、80％保証（責任共有制度）が主流で、100％保証はセーフティネット保証など一部の融資に限定されています。

80％保証の融資が回収不能に陥ると、銀行は融資額の20％が不良債権になります。

一方、100％保証の場合は、銀行は貸倒リスクを負わずに金利収入を得ることができます。銀行には融資を断る積極的な理由はなく、逆に収益を確保するチャンスになります。

このため、**100％保証融資の可否は、保証協会の「保証承諾」を得られるかどうか**で決まります。先般のコロナ融資が、かなり緩い審査で貸し出されたのも、その大半が100％保証の付いた融資だったからです。

コロナ融資をめぐっては、名古屋の信用金庫で、企業の売上を改ざんして申請する不正行為が問題になりましたが、これはある面、100％保証の性質を表す事件といえるでしょう。銀行がリスクを負わない100％保証の融資案件を獲得することは、銀行員の営業成績になるのです。

ある社長は、金融機関の担当者から、「コロナ融資で投資信託を買っている社長もいる」と遠巻きに融資を勧められ、困惑したとのこと。こ

ういう銀行員の話を本気にしてはいけません。過去の不祥事が示すとおり、後で必ず痛い目にあうことになります。

保証料の計算例

長期融資で最も多い「元金均等返済」の場合、保証料は次式で計算されます。

> ①貸付金額×②信用保証料率×③保証月数/12か月×④分割係数

＜計算例＞

①**貸付金額**：1500万円

②**信用保証料率**：1.15％。1年分の保証料は1500万円×1.15％＝17.25万円。

③**保証月数**：60か月。年に換算すると60か月÷12か月で5年。5年分の保証料は17.25万円×5年＝86.25万円。

④**分割係数**：0.55。分割係数は分割返済による返済進捗を考慮した掛目（**図表3**）。

保証協会に支払う保証料は、分割係数を掛けた86.25万円×0.55＝47.44万円。

図表3 分割係数の意味

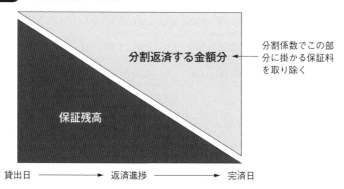

分割返済する金額分 ← 分割係数でこの部分に掛かる保証料を取り除く

保証残高

貸出日 ——→ 返済進捗 ——→ 完済日

このように、保証料は「貸付金額×保証料率」を保証期間などで調整したものであり、**負担の重さは主に「信用保証料率」で決まります**。

信用保証料率は、保証協会によって９段階の料率区分が定められています。**図表４**は一般保証のテーブル（2023年４月現在）です。

　料率区分は一律適用ではなく、ＣＲＤの信用リスクデータベースを用いた「決算書の評価」で決まります。

　保証料率の区分（１〜９）は、左の１が最も高く、右の９が最も低くなります。つまり、貸倒れのリスクを考慮して、**決算内容の評価が低い会社には高い保証料率を適用、決算内容の評価が高い会社は低い保証料率を適用**するわけです。

　自社の決算書を信用保証協会がどう評価しているかは、保証付融資の明細資料に記載されている保証料率で推定することができます。

図表4　**信用保証料率表（一般保証）**

CRDによる決算書の評点
低い ──────────────────→ 高い

保証付融資の合計額		料率区分（%）								
	担保の有無	1	2	3	4	5	6	7	8	9
責任共有制度 500万円以下		1.27	1.16	1.03	0.90	0.77	0.66	0.53	0.40	0.30
500万円超1000万円以下		1.55	1.43	1.27	1.10	0.94	0.82	0.65	0.49	0.35
1000万円超	有担保	1.80	1.65	1.45	1.25	1.05	0.90	0.70	0.50	0.35
	無担保	1.90	1.75	1.55	1.35	1.15	1.00	0.80	0.60	0.45
責任共有制度外 500万円以下		1.47	1.33	1.20	1.07	0.90	0.73	0.60	0.47	0.33
500万円超1000万円以下		1.79	1.63	1.47	1.30	1.10	0.90	0.73	0.57	0.40
1000万円超	有担保	2.10	1.90	1.70	1.50	1.25	1.00	0.80	0.60	0.40
	無担保	2.20	2.00	1.80	1.60	1.35	1.10	0.90	0.70	0.50

出所：東京信用保証協会のホームページより作成

04

いくつの金融機関と
付き合うべきか

対応ポイント

⊛ 最大資金需要額が3000万円以下であれば2行、5000万円程度であれば3行程度、1億円を超える場合は4行以上。ただし、6行以上となると、資金調達に苦労をしている会社と金融機関から見られてしまう

取引金融機関の数はどのくらいが適正か？

取引金融機関数は、どれくらいが適正でしょうか。

金融庁が2020年10月に公表した「金融仲介機能の発揮に向けたプログレスレポート」によると、金融庁が行った企業アンケートの回答による取引金融機関数は2行が26.3%で一番多く、次いで3行の22.8%とのことです。

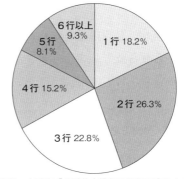

取引金融機関数の分布（n＝8,148）

- 6行以上 9.3%
- 1行 18.2%
- 5行 8.1%
- 2行 26.3%
- 4行 15.2%
- 3行 22.8%

出所：金融庁「金融仲介機能の発揮に向けたプログレスレポート」

つまり、<u>約半数の企業が2行～3行</u>ということになります。

取引金融機関の数は「資金需要」で検討する

適切な取引金融機関数は、借入必要額（資金需要）により異なります。そして、資金需要はビジネス形態により異なることになります。

例えば、一口に不動産業と言っても、仲介ビジネスを中心にしている場合、資金需要は数か月分の従業員の給与や本社の家賃等に限られ、そ

う多額にならないはずです。資金需要が3000万円を超えることがないようなビジネスモデルであれば、取引金融機関数は2行でよいでしょう。

　一方で物件を仕入れて自己所有にしたうえで転売をするビジネスであれば、取引金融機関は多いに越したことはありません。

　しかし、あまりに取引金融機関が多いと、資金調達に苦労をしているイメージを持たれてしまいます。

　私見（池田）では、取引金融機関数は現在の借入残高ではなく、この先2～3年を見通した最大資金需要額（最大借入見込額）により判断するのがよいと思います。

　最大資金需要額が3000万円以下であれば2行、5000万円程度であれば3行程度、1億円を超える場合は4行以上といったイメージです。

　ただし、6行以上となると、資金調達に苦労をしている会社と金融機関から見られてしまうリスクがあります。前掲の金融庁のアンケートでも6行以上は9.3％に過ぎません。

➡ さらに詳しく解説すると…

銀行数が多くなるのは少額の融資しか受けられないから

　次ページ表は実在する年商3億円の中小企業（Eランク）の銀行別借入残高です。年商3億円で借入が2.5億円ですから、財務内容が悪いのは明らかです。

　政府系機関を含めて7つの金融機関から借入を行っていますが、A地銀の借入残高が多いのに対して、その他はあまり多くありません。

　メインから融資を受けられず、複数の金融機関から資金をかき集めた会社は、だいたいこういったいびつな残高構成になります。メイン以外の金融機関は少ない金額の融資にしか応じられないからです。

（百万円）

	2017年	2018年	2019年
A地方銀行	125	122	120	← A地銀のみ微減
B地方銀行	10	10	10
C地方銀行	4	4	4
A信用金庫	18	18	18	残高が動かないのはリスケしているから
B信用金庫	11	11	11
メガバンク	20	20	20
政府系機関	23	23	23
社長	40	30	20	← 社長の背後に債権者がいる可能性が高い
合計	250	237	225

　借入残高の動きを見ると、A地銀を除いて残高が変化していません。これはB地銀以下の返済をリスケしているからです。

　その一方で、社長の借入残高が急減少しています。社長の背後に債権者がいて、その返済のために社長借入を返済しているのかもしれません。いずれにせよ、社長は切羽詰まっているのです。

　この会社の決算書を見ると、売上の入金口座が借入のない銀行になっていました。普通ならA地銀の口座を使うはずですが、なぜそんな面倒なことをしているのでしょう？

　理由は、A地銀に預金と借入金を相殺されることを恐れているからです。こういった状況でも収益力を高めていけば、事業再生は可能です。しかし現段階では「同社とA地銀との間に信頼関係はない」と見る必要があります。

複数行取引にして
準メイン行を持つ

複数行取引が望ましい

複数行取引のメリット・デメリットは以下のとおりです。

メリット	1つの金融機関の動向に左右されず、安定した資金調達が可能になる
	金融機関同士で金利や返済条件を競わせることができる
	銀行は、「他行からの資金調達余力」を重視するため、融資を受けやすくなる
デメリット	交渉や手続きに手間がかかる
	安易に借入を増やし、過剰債務に陥る場合がある

一般に、中小企業でも複数の金融機関と取引をしたほうがよいといわれています。その理由を以下に説明します。

1 1つの金融機関の動向に左右されず、安定した資金調達が可能になる

1行取引の場合、一定の融資額を超えると金融機関にとっても荷が重くなり、融資を受けにくくなります。

金融機関の担当者はなかなか本音を言いませんが、リスク分散は金融の基本です。**複数行取引は、金融機関にとっても単独でリスクを背負わされることから解放されるメリットがある**のです。

会社側から見ると、複数行取引は、メイン銀行が何らかの事情で融資をストップしたときに、他の銀行からの借入で急場をしのぐ、というリスク回避策になります。

金融機関は、取引実績を重視します。これまで取引のなかった会社が突然やってきて「借入したい」と言っても、なかなか融資を受けることはできません。

2 金融機関同士で金利や返済条件を競わせることができる

借入金額、金利、借入期間などの条件交渉を、いわゆる「他行の影をちらつかせる」ことで有利に進めることができます。これは仕入業者から相見積もりをとるのとまったく同じ理屈です。

特に金利は、交渉によって差がつきます。なぜなら金利は交渉事であり、銀行の基本スタンスは「できるだけ高い金利を取る」というものだからです。

他に頼れる銀行がない場合、提示された条件を受け入れるしかありません。複数行と取引していれば、他の銀行の条件を引き合いに出して交渉することで、より有利な条件を引き出せる可能性があります。

3 融資を受けやすくなる

複数行取引には、A銀行が出せばB銀行も安心して出せる、という増幅効果があります。銀行は借入余力を評価するからです。

他行が融資をしているという事実は、当行も融資をして大丈夫であろうとの判断材料になります。つまり、**他行が融資残高を伸ばしたという事実は、当行も融資を伸ばそうとするインセンティブになります。**

気をつけなければいけないのは、逆に銀行数を減らす場合です。

ある建設業の会社では、財務内容はあまりよくない状態で、Ａ、Ｂ、Ｃの３つの信用金庫から借入を行っていました。そのうちＣ信金が、支店長が替わったことをきっかけに急に貸し渋るようになりました。

　それに腹を立てた社長が、Ｃ信金の借入を全額繰り上げ返済してしまいました。

　その後、社長はＡ信金の支店長から「なぜ勝手に返してしまったんです。金融機関が減ったら、こちらが融資しにくくなるということが、わからないのですか」と叱られました。

　繰り上げ返済はその銀行との関係が切れてしまうので、できるだけ避けるべきです。財務内容が悪い状態でそれをやると、全金融機関の貸し渋りにつながりかねません。

借りる目的で取引銀行が増えた「複数行取引」には注意

　ここで述べている複数行取引は、資金調達に困った会社が銀行数を増やしていくという話とは異なるので注意してください。

　借りる目的で取引銀行を増やそうとしているのであれば、その状況には注意が必要ということです。一時的に助かっても後で必ず追い込まれるので"禁じ手"と考えてください。

　また、金融機関の数が多すぎると、リスケになったときの金融機関交渉が難航しやすくなります。借入残高の少ない金融機関が、リスケの要請を無視して債権回収に走ることがあるからです。

複数行取引においては銀行に序列をつける

1　メインバンクは必要か
　複数行取引において「メインバンク」とは、そのうち、最も借入と預

金が多く、情報提供や経営指導などの面でも関係の深い金融機関のことをいいます。

　かつてのメインバンクには中小企業を積極的に支援してくれるイメージがありました。

　しかし、1990年代に銀行の不良債権問題が表面化して以降、メインバンクが中小企業を助けるような姿勢はほとんど見られなくなりました。**業績が厳しいときに他の金融機関への返済をメインバンクが融資で肩代わりするような対応は、ほとんど期待できません**。返済に行き詰まった場合は、メインバンクも他の金融機関と同じ条件でリスケジュールを行うことになります。

　したがって、中小企業はメインバンクに頼り切るのではなく、複数行取引を行うことでリスクを分散させ、柔軟な資金調達や支援を受けることが重要です。

2　準メイン行と下位行がポイント

　メインバンクが助けてくれるという幻想を抱いてはいけませんが、「**特定の金融機関に借入残高を寄せる**」ことには依然として一定の意味があります。

　なぜなら、メインバンクと預金を含む濃密な取引を積み重ねることにより、①借入手続きがスムーズになる、②借入条件が有利になりやすい、③メインバンクの存在自体が外部への信用になる、といったメリットがあるからです。

　ただし、複数行取引においては、各銀行からの借入比率も重要です。次ページ**図表5**をご覧ください。

図表5 借入残高のバランス

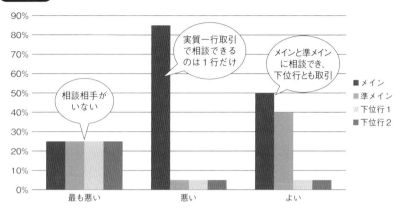

　「最も悪い例」は、複数の金融機関から少額ずつ借り入れている状態で、各金融機関の借入残高がほぼ同じ平均的な状態です。

　この場合、金融機関はいつでも手を引くことができるため、追加融資やリスケジュールの相談に対して拒絶される可能性が高くなります。各金融機関の借入残高が均等になることで、信頼関係や優位性を築くことができず、金融機関からの支援を十分に受けられなくなる恐れがあります。

　また、次に「悪い例」として挙げられるのは、メイン行の残高が他の金融機関と比べて突出している状態です。この状況では、実質的に一行取引と同じ状態となり、万一にメイン行が支援を取りやめた場合、企業にとっては非常に困難な状況となります。

　一方、「よい例」として挙げられるのは、メイン行に加えて、準メインと下位行の複数の金融機関との関係を持つ状態です。この場合、メインと準メインの間にバランスが取れた借入残高があることで、メインの影響力が相対的に抑えられ、準メインがメインに対して牽制や交渉を行

264

うことができます。また、下位行が存在することで、緊急時や困難な状況においても他の金融機関からのサポートを受けやすくなります。

　このように、複数行取引においてはバランスとリスク分散が重要であり、適切な金融機関との関係構築が、企業の安定性と資金調達の柔軟性に影響を与えることを理解しておく必要があります。

メインと準メインにはそれぞれどんなメリットを持たせるか

　前術した"よい例"にもっていくためには、上手にメインと準メインとの関係性を構築する必要があります。

　そのため、企業側から見れば、金融機関にとっての"飴"をどのようにメインと準メインに振り分けるかの戦略が重要です。

　ここでいう"飴"の代表例は、融資に関するものとして、「担保不動産」「売上の入金口座」「保証付融資」等が、また融資以外の金融機関の収益貢献に関するものとして、「投資信託等の購入」「オーナーの遺言信託」「従業員の給料の振込口座指定」「住宅ローンの推進」等があります。

　基本的なスタンスは、メインに多くの飴を与えるものの、準メインにも一定の配慮をして飴を与え、下位行には基本的に飴は与えません。

　例えば、担保不動産についてメインに根抵当権を設定させて抱え込ませる場合、保証付融資は準メインで借りるようにします。

　また、何が"飴"かは金融機関によって異なります。投資信託の購入やオーナーの遺言信託はメガバンクや地銀にとっては"飴"のことが多いですが、信用金庫では、そもそも取り扱っていないことがよくあります。

　メインが信用金庫、準メインが地銀の場合は、従業員の給与振込口座はメインの信用金庫とするか、オーナーの遺言信託は準メインの地銀にするなどして、準メインの地銀の顔を立てる工夫をしている例もありま

す。

売上の入金口座をメイン行にする

　複数行取引の場合、「売上金の入金口座をどこの銀行にするか？」という問題があります。売上金の入金口座をメイン行に集中するのか、複数行に分散するのかという問題です。

　この点、ある程度の規模の会社で、かつ資金調達に困っていない場合であれば、売上の入金先は複数の銀行に分散するのがよいでしょう。各銀行は自分の銀行に売上金の入金を集中させてほしいと言ってきますが、融資シェアで割り振れば、銀行も無茶な要求はしてきません。

　しかし、売上金の入金口座が複数になると、会社側で管理をするのも大変です。零細な会社では、それを管理するのも負担ですし、また売上金自体も多くはありません。

　その場合は、売上の入金口座はメインに集中させるべきでしょう。メイン以外の銀行に売上の入金口座を集中させた場合、メインとの関係構築ではマイナス材料となります。

　売上の入金口座については352ページも参照ください。

COLUMN
金利引下げの鍵は財務の改善と他行との競争

融資金利決定の考慮要素

212ページでも述べたように、銀行が融資金利を決定する際の考慮要素の代表的なものは以下のとおりです。

①銀行の収益

> 貸出金利と銀行の調達金利の差を利ざやといいます。銀行は実際の貸出金利よりも、利ざやを重視します。

②貸出先の健全性

> 財務内容、収益力、将来性などを総合的に判断し、融資が安全に回収できるか、すなわち貸倒リスクを判断します。銀行は融資先企業に対して、その財務状況に応じた「格付」で貸倒リスクを判断します。

③貸出期間

> 貸出期間が長いほど金利は一般に高くなります。なぜなら、固定金利の場合、期間が長いほど銀行の調達金利が高くなり（①との関係）、また期間が長いほど融資先企業の経営がどうなるのか予測が難しいからです（②との関係）。

④保全状況

> 担保の状況です。有力な担保があれば、貸倒リスクが低くなるので、金利は低くなります。

⑤他行との競合状態

> 地元金融機関の金利相場、当該融資先に対する他行の取引スタンス及び適用金利、新規取引の場合の営業政策的な配慮などです。銀行からみれば金利は高いほど好ましいものの、高い金利を提示した結果、他行との競合に負けたら商売にならないからです。

融資金利の目安となる基準金利表（例）

行内格付	担保	短期	長期変動	長期固定			
				2年	3年	4年	5年
A	有り	1.00	1.50	1.25	1.50	1.75	2.00
	無し	2.00	2.50	2.25	2.50	2.75	3.00
B	有り	1.25	1.75	1.50	1.75	2.00	2.25
	無し	2.25	2.75	2.50	2.75	3.00	3.25
C	有り	1.50	2.00	1.75	2.00	2.25	2.50
	無し	2.50	3.00	2.75	3.00	3.25	3.50
D	有り	2.00	2.50	2.25	2.50	2.75	3.00
	無し	3.00	3.50	3.25	3.50	3.75	4.00
E	有り	2.50	3.00	2.75	3.00	3.25	3.50
	無し	3.50	4.00	3.75	4.00	4.25	4.50
F	有り	3.00	3.50	3.25	3.50	3.75	4.00
	無し	4.00	4.50	4.25	4.50	4.75	5.00

　融資金利は、上記①～⑤などの要素の総合判断で決まるといっても、銀行内部では、ある程度の判断基準が必要なので、銀行は内部で基準を作っています。上記①～④の要素を基に上表のようなイメージの基準金利の表があると思ってください。

　このように、行内格付で金利の基準が変わるので、**財務状況を改善し、行内格付をUPさせることが、金利交渉のスタートライン**を引き下げることになります。

　銀行内部では、融資による収益の源泉を"利ざや"といいます。融資における"利ざや"とは、貸出金利と調達金利の差です。

　例えば、貸出金利が1.5％で、調達金利が0.3％であれば、利ざやは1.2％となります。なお、調達金利とは銀行が他の銀行からお金を借りる際の金利と思ってください。

　しかし、この利ざやが、まるまる銀行の儲けになるわけではありません。

　融資は貸倒リスクを抱えているからです。融資において銀行は貸倒リスク

7年	10年
3.00	4.00
4.00	5.00
3.25	4.25
4.25	5.25
3.50	4.50
4.50	5.50
4.00	5.00
5.00	6.00
4.50	5.50
5.50	6.50
5.00	6.00
6.00	7.00

を負うので、利ざやが小さいと貸倒（予想）コストを勘案すると赤字になってしまいます。

　そこで、銀行は、取引先の信用状況と担保の状況を総合的に勘案し、最低何パーセントの利ざやをとらないと商売にならないかを常に考えています。

　財務状況が優れており、利ざやが0.5％以上あれば赤字にならない先にライバル行が、調達金利＋1.0％の融資を提案してきた場合、金利競争に勝つために銀行は調達金利＋0.9％の融資を提案します。

　一方で、貸倒コストを勘案すると1.5％の利ざやがないと赤字になると判断している業況不振の取引先には、調達金利＋1.0％では絶対に融資をしません。利ざやが1.0％では、貸倒コストを勘案すると赤字になってしまうからです。

金利交渉と注意点

　融資の申込みを受けたとき、銀行の担当者としては基準金利表の金利をそのまま提示したいところです。

　しかし、表には「⑤他行との競合状態」が反映されていません。そこが銀行員の悩みどころであり、企業側から見れば交渉材料となります。

　　銀行員：今度の融資は、期間6か月の手形貸付で担保はありませんので、2.5％でお願いします。

と言ってきた場合に、

　　社　長：2.5％は高いよ。

と言っても

　　銀行員：そうは言っても、当行の基準では2.5％となります。

で会話は終わってしまいます。

　これに対し、社長が

　　社　長：2.5％は高いよ。こないだ、X銀行が2.0％で貸してくれたよ。

と具体的に競合相手の数字を言えば、

銀行員：担保はありましたか？

社　長：無担保だよ。

銀行員：手形貸付ですか？

社　長：いや、手形貸付だと印紙がもったいないので、当座貸越にしてもらったよ。

銀行員：そうですか。では、2.5％よりも、もう少し下げられないか、内部で検討してみます。

と会話が続きます。

　このように、**過去の他行からの借入金利を示し、"この水準よりも安くしてくれ"と要請することは極めて大事**です。

　もっとも、借入を行う際に、常に複数行で競わせ、その中で一番金利が低い銀行からしか借りないという方法は、金利を引き下げるには有効ですが、よほど財務内容に自信がない限りは避けるべきでしょう。

　資本主義社会は自由競争が原則ですから、相見積もりのように複数行に金利を出せさて一番金利が低い銀行から借りることは、法的にも、倫理的にも、何も悪いことではありません。

　しかし、そのような企業に対し、銀行は"ドライな会社"と評価をします。そのような会社に対しては、銀行側からもドライな付き合いしかしてくれず、企業の業況が悪くなった時に、真っ先に回収に走られてしまいます。

　また、ここで厳禁なのは嘘を言うことです。金利を引き下げたいがばかりに、「○○銀行が□％で貸してくれた」といった嘘を言ってはいけません。**銀行はライバル行が金利何％で貸しているかは、決算資料で検証をしているので、嘘はバレてしまいます。**

第 8 章

資金使途を理解して
銀行交渉を有利に進める

貸したお金が何に使われるか（資金使途）は、銀行にとっては極めて重要な問題です。銀行に対しては「運転資金を貸してください」ではなく、「○○の資金を貸してください」と具体的に資金使途を伝えたいところです。そのように融資を申し込むと、融資審査は確実に通りやすくなります。

01

資金使途には
どんなものがあるか

- ¥ 運転資金は、前向きなものと後ろ向きなものがある
- ¥ できるだけ資金使途を具体的に伝え、適合する返済財源を説明する

資金使途は「運転資金」「設備資金」に大別される

借入金の資金使途には、大きく「運転資金」と「設備資金」がありま
す（**図表1**）。

運転資金は企業が日々のビジネス活動を行うために必要な資金を指し
ます。商品や原材料の仕入、給料、家賃、広告費、保険、税金の支払い
など、企業が日々運営するために必要なあらゆる費用が含まれます。

運転資金は銀行が前向きと判断するものから後ろ向きと判断するもの
まで、かなり範囲は広く、それぞれで返済財源、返済計画が異なります。

設備資金は設備投資に使うお金です。ＢＳ上は、土地、建物、機械装
置、車両、ソフトウェアなどの固定資産に投資した資金を指します。

資金使途と返済財源は、やや難解なテーマなので、図表1で資金使途
の種類をざっと押さえておき、実際に借入交渉を行う際、次項以降で説
明する資金使途別の攻略法を参考にしてほしいと思います。

具体的な資金使途を伝えることが大切

銀行に対しては、「運転資金を貸してください」ではなく、「○○の資
金を貸してください」と具体的に資金使途を伝えましょう。そして、資
金使途に適合する返済財源を確保できるということを説明すれば、借入
交渉は高い確率で成功します。

図表1　資金使途の種類と返済財源

種別	資金使途	内容	返済財源
運転資金 (＊前向き)	経常運転資金	・営業プロセスにおける収支ズレにより恒常的に必要になる資金で、ＢＳの「売上債権（受取手形・売掛金）＋棚卸資産－買入債務（支払手形・買掛金）」の式で表される	売上債権＋棚卸資産（ただし、継続借入前提）
	増加運転資金	・売上の増加によって増える経常運転資金	
運転資金 (＊ふつう)	季節資金 （ＰＬ資金）	・決算資金 決算時の納税、配当、役員賞与	償却前利益
		・賞与資金 従業員に対する夏冬ボーナス	
		・季節資金（売上減少の補てん） 季節要因で売上がアップダウンする業種（スキー場など）で、売上が下がるシーズンの補てん資金	
	立替え資金 （ＢＳ資金）	・つなぎ資金（売上債権増加） 大口で回収サイトの長い売上など、入金予定が確定しており、入金までの不足資金を補てんするために貸し出される資金	売上債権の回収
		・つなぎ資金（在庫増加） 一時的に大量の在庫を保有しなければならなくなった場合の資金、または、季節要因で毎期一定時期に発生する仕入資金（夏物衣料の仕入資金など）	棚卸資産の販売代金
運転資金 (＊後ろ向き)	長期運転資金 （経常運転資金を除く）	・赤字運転資金 ＰＬに計上した赤字（仕入資金や経費の支払い）を補てんする資金	償却前利益
		・設備資金の借入不足 設備投資の資金調達が不足した部分（設備資金を借り入れた後に発生する返済資金不足も含む）	
		・不良売上債権資金 回収が困難になった売上債権（売掛金・受取手形）を補てんする資金	不良債権の回収可能額＋償却前利益
		・不良在庫資金 デッドストックや著しく商品回転率の低い不良在庫を補てんする資金	不良在庫の処分可能額＋償却前利益
		・無形固定資産取得資金 保証金、敷金、営業権、特許権など、無形固定資産や繰延資産の取得にかかった資金	償却前利益
		・社外への投融資資金 出資金、投資有価証券、役員や関係会社への貸付金など、社外への投融資資金	資産売却・債権回収＋償却前利益
		・使途不明資金 資金使途が不明朗な仮払金等に回った資金	償却前利益
設備資金 (＊ふつう)	設備資金	・設備資金（直接部門） 工場新設、店舗拡張、既存設備の更新、機械購入など直接部門に係る設備資金	償却前利益
		・設備資金（間接部門） 本社ビル、福利厚生施設など、主に間接部門に係る設備資金	

＊　（前向き）（ふつう）（後ろ向き）…銀行の取り組み姿勢

02 「経常運転資金・増加運転資金」の借入交渉

対応ポイント

- ⊛ 銀行は運転資金の貸出を「経常運転資金」の範囲で行うが、手元流動性が考慮される
- ⊛ 経常運転資金を短期で借りるか、長期で借りるかはケースバイケース
- ⊛ 増加運転資金は、回収条件等の悪化によるものもあるので注意

運転資金として借りられるのは「経常運転資金＋手元流動性」まで

経常運転資金は、商品や原材料などの仕入の支払いが、売上の回収に先行することによって恒常的に不足する資金です。図表2のように、BS上は、「売上債権＋棚卸資産－仕入債務」で表されます（経常運転資金は、正常運転資金と呼ばれたり、所要運転資金と呼ばれたりしますが、この章では経常運転資金に統一します）。

図表2　　経常運転資金

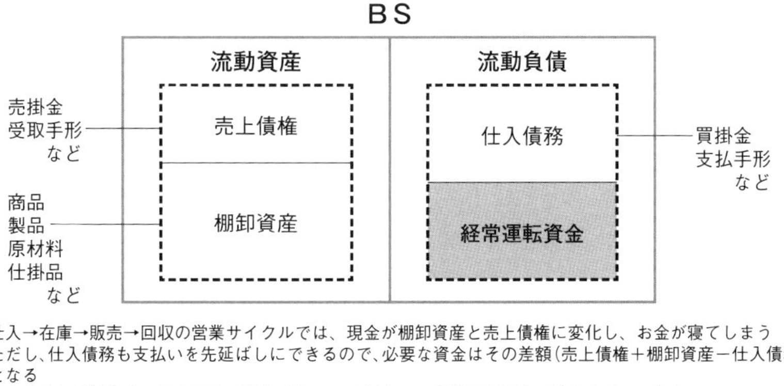

- ・仕入→在庫→販売→回収の営業サイクルでは、現金が棚卸資産と売上債権に変化し、お金が寝てしまう
- ・ただし、仕入債務も支払いを先延ばしにできるので、必要な資金はその差額（売上債権＋棚卸資産－仕入債務）となる
- ・売上債権と棚卸資産に不良資産が計上されている場合は、経常運転資金は減少するので注意

274

　銀行は**運転資金の貸出を「経常運転資金」の範囲で行います**。融資申込みを受けると、銀行は経常運転資金の枠に対して、既存の運転資金貸出がいくらあるかを確認し、あといくら貸し出せるかを考えます。

　例えば、**図表3**の左図のように、経常運転資金110百万円に対し、既存の運転資金借入が140百万円あれば、30百万円超過しているので、これ以上、運転資金を貸し出すのは困難ということになります。

　しかし、実際には経常運転資金の貸出は、手元流動性を確保するために現預金をセットにして貸し出されています。そこで、現預金を潤沢に保有する場合は、図表3の右図のように「経常運転資金＋手元流動性」を運転資金の貸出上限とし、あと60百万円は貸し出せると判断します。

図表3 経常運転資金と銀行の運転資金貸出の上限額

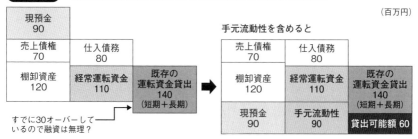

　もし、既存の運転資金貸出が「経常運転資金＋手元流動性」の合計を上回っていたら、その資金は、赤字運転資金や社外の投融資資金など、銀行にとって後ろ向きな資金使途（273ページ**図表1**の長期運転資金）に使われている可能性が高いです。

経常運転資金を短期で借りるか？　長期で借りるか

　経常運転資金の運転資金融資を短期で借りるか、それとも長期で借りるのがよいか、についてはケースバイケースで判断します。

　経営運転資金を対象に手形貸付の書き替えなどで資金をつないでいく

短期融資のことを「短期継続融資」と呼びます。

　短期継続融資は、銀行にとって、契約更新の手間がかかる一方、定期的に融資先の状況をモニタリングできるというメリットがあります。

　会社にとっても、短期継続融資を導入することで、長期借入金に付随する毎月返済の負担を軽減できるというメリットがあります。

　しかし、短期継続融資には、業績悪化や正常運転資金の減少を理由に、銀行から融資の継続を拒絶されたり、融資額を減額されたりするリスクがあります。

　したがって、基本は長期の借入とし、毎月返済の負担が重い場合は、短期継続融資を銀行に相談するといった対応でよいと思います。

　銀行の意向もあるので、銀行に相談して決めることが大事です。現在すでに短期継続融資を受けているのであれば、無理に長期に切り替える必要はないと思います。

経常運転資金の借入交渉

　経常運転資金を長期で借りる場合は、「手元資金を厚くしておきたい」といった説明で構いません。「新商品の仕入で資金が必要になる」といった説明でも大丈夫です。ただし、「既存の借入金の返済負担が重いから助けてほしい」という説明は避けるべきです。銀行には、他行の返済に回す資金を貸し出すという発想がないからです。

　できれば黒字のＰＬ計画と資金繰り予定表を提出し、融資を受けると手元資金が増え、ビジネスに取り組みやすくなることを伝えましょう。

増加運転資金の借入交渉

　増加運転資金については160ページ、182ページでも解説しました。

　売上アップに伴う運転資金については、銀行は前向きに対応してくれますが、運転資金は、回収サイトや在庫期間の長期化、支払サイトの短縮化によっても増加します。

銀行は**図表4**のように回転月数（売掛金等を平均月商で割って、回収に要する月数を計算）で経常運転資金を分析し、推移をチェックします。銀行が前向き評価するのは、**図表4**上段の売上アップによる増加運転資金です。下段は在庫（棚卸資産）増加で資金繰り体質が悪化しており、逆に警戒されます。

図表4 **銀行が行う経常運転資金の分析**

よい増加運転資金　　　　　　　　　　　　　　　　　　　（百万円、月）

	2022年		2023年	
	金額	回転月数	金額	回転月数
年間売上高	600	売上アップ →	1,200	
平均月商	50		100	
受取手形	20	0.4	40	0.4
売掛金	80	1.6	160	1.6
棚卸資産	150	3.0	300	3.0
計①	250	5.0	500	5.0
支払手形	0	0.0	0	0.0
買掛金	40	0.8	80	0.8
計②	40	0.8	80	0.8
経常運転資金（①－②）	210	4.2	420	4.2

（回転月数に変化なし）

売上アップで運転資金が増加

悪い増加運転資金　　　　　　　　　　　　　　　　　　　（百万円、月）

	2022年		2023年	
	金額	回転月数	金額	回転月数
年間売上高	600	売上不変 →	600	
平均月商	50		50	
受取手形	20	0.4	20	0.4
売掛金	80	1.6	80	1.6
棚卸資産	150	3.0	360	7.2
計①	250	5.0	460	9.2
支払手形	0	0.0	0	0.0
買掛金	40	0.8	40	0.8
計②	40	0.8	40	0.8
経常運転資金（①－②）	210	4.2	420	8.4

在庫の増加で運転資金が増加　　　　資金繰り体質の悪化

03 「季節資金」の借入交渉

対応ポイント
- ☺当期の黒字見通しが融資の前提となる。「去年はいくら出した、今年はいくら出せる」という審査になりやすい
- ☺当期の予想損益と資金繰りを丁寧に説明することが重要

季節資金は単月の資金不足を補うもの

　季節資金は、決算資金、賞与資金、オフシーズンの売上減少を補てんする資金など、季節要因で一時的に発生する資金不足を補う資金です。

当期が黒字見込みでないと借りられない

　決算資金や賞与資金は、資金使途がわかりやすく、返済期間も短いので、銀行としては取り組みやすい資金です。特に決算資金は、前期の利益を前提に発生する納税の不足資金であるため、積極的に対応する銀行が多いようです。返済方法としては、期間3か月〜6か月の分割返済が用いられます。

　ポイントは、ＰＬ上の償却前利益が返済財源であり、当期利益の裏付けが必要になるという点です。

　黒字の会社が一時的な資金不足を銀行から借りるものであり、赤字が続く会社が季節資金を申し込んでも審査は通りません。なぜなら、赤字の会社が「季節資金」と称して融資を受けても、結局は赤字の穴埋めに資金が使われてしまうからです。

　また、季節資金が、既存借入の返済や設備資金の補てんに流用されるケースもあります。

　本来は比較的、借りやすい資金ですが、会社の認識が間違っていると、「返済日に返済できない」ということにもなりかねないので、注意する必要があります。

前期、前々期との比較が行われる

　季節資金では、前期決算、前々期決算から現在に至る経緯も分析され、減収減益が続いているような企業について、銀行側では「去年と同じ額を融資してよいか」といった議論になります。「去年はいくら出した、今年はいくら出せる」という審査です。

　過去の融資金が申告どおりに季節資金に使われているかどうかも銀行のチェックポイントになります。

資金繰り予定表の収支は黒字

　季節資金を返済できるか否かは今後1年程度の業績で決まるため、借入交渉の際には、1年間の損益と資金繰り予定を丁寧に説明することが重要です。

　用意すべき資料は、当期の損益予想と資金繰り予定表（それぞれ月次のものを1年分）です。PLの経常利益と資金繰り予定表の経常収支は年間合計が黒字で、かつ、期中の資金繰りに支障のない姿になっている必要があります（図表5）。

図表5　季節資金の借入交渉と資金繰り予定表

（百万円）

	4月	5月		3月	年間合計
月初現預金	50	58		57	＊＊＊
Ⅰ 経常収支	13	-20		8	20 ←黒字
Ⅱ 経常外収支	0	0		0	0
Ⅲ 財務収支	-5	30		-5	-10
当月収支（Ⅰ＋Ⅱ＋Ⅲ）	8	10		3	10
月末現預金	58	68		60	＊＊＊

279

04 「立替資金」の借入交渉

返済財源を強く意識した説明が必要

　立替資金とは、工事など売上代金入金までの間、先行して仕入代金や経費を支払うための資金をいいます。**つなぎ資金**ともいいます。

　立替資金は、商売において支出が先行し売上入金が遅れるため、その間に必要となる資金という意味では経常運転資金と共通ですが、経常運転資金が会社の資金繰り全体をみて収支ズレから必要な資金なのに対し、立替資金は特定のプロジェクトを個別に見て支払時期と入金時期の差異から必要となる資金です。

　銀行にとって最大のポイントは、「返済財源の確実性」です。
　例えば、工事代金の立替資金なら、工事請負契約書の原本を確認し、さらに売上金の受取口座を自行に限定する、といった保全策がとられます。返済期限は売上代金の回収日になります。
　一方で、この保全策をきっちりとり、かつ売上金の回収が確実であれば、比較的審査は通りやすいです。
　特に、例えば工務店が、自行が住宅ローンを実行する予定の住宅建築

を請け負った際の下請業者への支払資金のように、売上入金を確実に確保できる場合は、経常運転資金の審査が通らなくても立替資金の審査が通ることはあります。

　交渉にあたっては、いかに確実に売上金が入るかを、エビデンスを提出して、返済財源を強く意識した説明を行います。

　立替資金を借り入れる場合は、プロジェクトごとに細かく入出金管理を行うべきです。振り込まれた売上金を他の支払いに充てるなどの流用があると、確実にトラブルに発展するからです。

　借入後に銀行から状況報告を求められることもよくありますから、**プロジェクトの進捗状況や支払明細等を資料化しておくことも大事**です。

季節資金や立替資金の留意点

　季節資金や立替資金は、金融機関が比較的取り組みやすい融資です。ただし、**季節資金や立替資金を借りている会社は、金融機関から融資を受けられなかった場合の経営リスクが普通の会社より高い**ということを認識しておくべきです。

　例えば、金融機関から、工事期間中の立替資金を借りることが常態化した建設会社では、融資なしでは工事を受注できません。金融機関に新規融資を断られてしまうと、仕事そのものが続けられなくなってしまうのです。

　その状況をリスケジュールで乗り越えようとしても、金融機関は新規融資に応じないばかりか、既存の立替資金のリスケジュールにも応じてくれず、仕事を続けられるだけの手元資金を確保できないという最悪のパターンに陥ります。

　こうした会社では、**長期借入金を多めに借りて手元資金を厚くしておく**ことが極めて重要です。

05 「赤字運転資金」の借入交渉

赤字運転資金は銀行にとって後ろ向きな資金

「赤字運転資金」は文字どおりPLで赤字を計上した会社の不足資金に充当される資金です。基本的に赤字は黒字で穴埋めするしかありませんから、返済財源は償却前利益で長期の返済になります。

つまり、返済できるかどうかは今後の業績次第です。

赤字運転資金の融資は、業績不振先に対する貸出になるので、銀行にとってリスクのある融資です。

このため、**プロパー融資を受けるにはしばしば経営改善計画書の提出が必要**になり、プロパーが難しい場合は、信用保証協会の保証が付いた「保証付融資」が用いられます。

赤字運転資金の典型は、コロナの影響で赤字になった会社に、信用保証協会の100％保証が付いた融資を実行したコロナ融資（通称：ゼロゼロ融資）です。

債務超過の有無や黒字化の可能性などが審査される

　赤字運転資金の借入申込みに対し、銀行はＢＳを洗い直し、事業計画のチェックを行います。ポイントは、

①実態ベースで債務超過であるか否か
②債務超過の場合、解消する見通しはあるか
③損益が黒字化する見直しはあるか
④債務償還年数を10年程度に改善できるか
⑤窮境原因が明確になっているか

になります。

経営改善計画が必要になる

　赤字運転資金の借入交渉では、事前に経営改善の計画案を準備しておくことが重要です。

　資金繰り予定表では、毎月の約定返済を除いて資金繰りが維持されている必要があります。

　すなわち、銀行から見て「返済資金だけ面倒を見れば、資金繰りが回る状態」になっていなければなりません。

　さらにできるだけ3〜5年程度の損益予想を作成し、各年間の返済財源の見通しを示すようにします。

06 「設備資金」の借入交渉

設備投資は重大な意思決定

　設備資金とは、いわゆる設備投資に使われる資金です。企業の設備投資には、工場新設、生産設備の導入、店舗の出店、本社ビルの取得などさまざまなものがあります。

　設備投資は、企業経営上、重大な意思決定です。会社としては、まず、設備の耐用年数と減価償却費を確認し、**減価償却費がＰＬの利益にどのくらいの影響を与えるかをチェックする**必要があります。新たに発生する減価償却費でＰＬが赤字になりそうなら、その投資は見送るべきです。

　さらに回収期間を確認します。回収期間とは、設備投資に使った資金を何年で回収できるかを見る指標で、**「投資額÷年間キャッシュフロー」で計算**できます。

　回収期間が耐用年数を超えるのは問題です。そのことは、投資額を回収

<計算例>

```
投資額：6,000万円
法定耐用年数：5年
減価償却費：1,200万円（6,000万円÷5年）
投資によって得られる利益：800万円
　年間ＣＦ：投資利益＋減価償却費
　　　　　＝800万円＋1,200万円＝2,000万円
　回収期間：投資額÷年間ＣＦ
　　　　　＝6,000万円÷2,000万円＝3年
```

する前に設備が使えなくなることを意味するからです。

前ページ下の計算例は、耐用年数よりも短い3年で投資額を回収できるので問題はありません。

ただし、法定耐用年数は税金計算のために国が定めた年数であり、実際の耐用年数を表しているとは限らない点に注意が必要です。

設備投資が財務体質に与える影響もチェックする必要があります。投資額が大きいと自己資本比率が下がり、借入金依存度が高くなります。

そういう場合は、念のため、第3章で解説した**McSSのシミュレーション機能で「設備投資後のCRDランク」を確認する**とよいでしょう。

借入交渉の行い方

銀行には設備投資の内容をまとめた資料を提出します。資料には、最低限、以下の点が記載されている必要があります。

- 設備投資の目的
- 取得する設備の内容と必要資金（見積書等を添付）
- 期待される効果（売上アップ等）
- 自己資金と借入希望額

銀行が最も知りたい点は「返済力」です。つまり、**「設備投資によって生じる利益で返済することは可能か」**、それが無理なら**「従来の事業利益等で返済資金を捻出できるか」**という見方です。

このため、設備投資単独の収支見込みについての説明を求められます。

そこで次ページ**図表6**のように従来の利益計画に設備投資（投資効果）を併記した表を提出し、説明を行います。

銀行には、このように投資後の利益やキャッシュフローがいくらになるかを具体的に示すことが重要です。

図表6 設備投資計画の見せ方

> 1年目の売上がゼロの場合は経費だけ入れる

(百万円)

	前期実績	1年目			2年目		
		利益計画	投資効果	合計	利益計画	投資効果	合計
売上高	540	500	0	500	500	50	550
売上原価	400	370	0	370	370	30	400
売上総利益	140	130	0	130	130	20	150
人件費	75	65	6	71	65	6	71
① 減価償却費	5	5	5	10	5	5	10
その他経費	35	30	3	33	30	3	33
販売管理費	115	100	14	114	100	14	114
営業利益	25	30	-14	16	30	6	36
営業外収益	5	5	0	5	5	0	5
営業外費用	5	5	1	6	5	1	6
② 経常利益	25	30	-15	15	30	5	35
特別利益	0	10	0	10	0	0	0
特別損失	0	5	0	5	0	0	0
税引前当期利益	25	35	-15	20	30	5	35
③ 法人税等	8	14	-6	8	12	1	13
当期純利益	17	21	-9	12	18	4	22
④ 簡易CF (②+①-③)	22	21	-4	17	23	9	32
⑤ 返済額	15	15	5	20	15	5	20
返済余力 (④-⑤)	7	6	-9	-3	8	4	12

> 黒字化
> 増収増益
> 税効果を考慮する
> 設備資金借入の返済額
> 返済力が見込まれる

💰 資金使途違反に注意

設備資金は、資金使途どおりに融資金が使われたかが厳しくチェックされます（このチェックのことを「資金トレース」と呼びます）。当初予定した金額よりも安く購入していたり、融資が実行される前に業者への支払いが行われていたりすると大問題になるので注意してください。

このように設備資金は管理が面倒ですが、**設備投資に運転資金の借入が充当されると、運転資金の借入枠が狭まります**。銀行は、運転資金と設備資金を分けて管理しているからです（**図表7**）。よって、設備資金は設備資金として融資を受けることが重要です。

図表7 銀行は貸付金を運転資金と設備資金に分けている

(百万円)

科目	金額	科目	金額
現預金	100	借入金	250
その他資産	300	その他負債	100
		負債合計	350
		純資産合計	50
資産合計	400	負債・純資産合計	400

> 運転資金 140
> 設備資金 110

第 9 章

COMPLETE MANUAL OF BANK NEGOTIATIONS
AND CASH MANAGEMENT
FOR SMALL AND MEDIUM ENTERPRISES

銀行員が納得する
「情報提供」と「提出資料」

銀行との信頼関係を築くためには、コミュニケーションの取り方が非常に重要になります。この章では「銀行員が知りたい情報は何か?」「社長はどういう説明を行うべきか?」「提出資料はどんなものが必要か?」といった点を元銀行員の視点で解説します。

銀行員が重視する情報は
ズバリ「取引先概況表」

対応ポイント

- ⚥取引先概況表とは、銀行が知りたい情報を一覧にしたもの
- ⚥銀行がどんなことを警戒するかをあらかじめ理解して対応する

「取引先概況表」とは何か

銀行は、融資先企業の全体像をつかむため、「取引先概況表」（名称は銀行により異なる）を作成しています。

取引先概況表は、銀行が融資判断にあたり、融資先企業に関する知り

図表1 取引先概況表の例

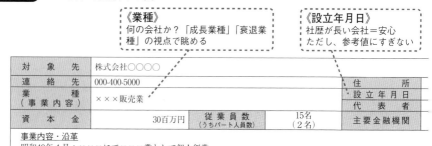

《業種》
何の会社か？「成長業種」「衰退業種」の視点で眺める

《設立年月日》
社歴が長い会社＝安心
ただし、参考値にすぎない

対　象　先	株式会社○○○○			
連　絡　先	000-400-5000			住　　　　所
業　　　種 （事業内容）	×××販売業			設 立 年 月 日
				代　表　者
資　本　金	30百万円	従 業 員 数 （うちパート人員数）	15名 （2名）	主要金融機関

事業内容・沿革
昭和49年4月：×××にて×××業として個人創業
昭和54年6月：×××の取扱開始
昭和58年4月：×××、×××、×××の取扱開始
平成7年4月：×××代理店となる。
平成11年4月：法人成り　○○○○が代表取締役に就任
平成11年7月：×××に土地・建物を取得し、△△店オープン
平成24年4月：現社長○○○○ 代取就任

《沿革》
会社発展の歴史をみる
経営者のタイプをイメージする

たい情報を簡潔にまとめたものです。支店長が貸出稟議を決裁するときや審査部が融資審査を行うときなどに参考資料としてチェックされます。

よって、**取引先概況表の項目こそが、銀行が融資判断において知りたい情報**ということができます。

以下、取引先概況表を題材に、銀行が各項目をどう判断するかを解説します。「銀行がネガティブに判断する要素があるな」と思ったら、会社側から積極的に説明することが大事です。

銀行は基本情報を重視する

取引先概況表の冒頭には**図表1**のような情報が載っています。このような書類が稟議書等にセットで回覧される、またはデータベース上で参照されるとイメージしてください。

《債務者区分》
取引方針（積極・慎重・回収）、帝国データバンクの評点なども記載される

			債 務 者 区 分	正常先・格付B				
××市××町5-9								
平成11年7月3日			年 商		500 百万円			
○○○○			年 齢		50 歳			
① A銀行	②	B銀行	③ C信用金庫		④ 日本公庫	⑤		
		名前	株数	関係		名前		役職
株主構成		○○○○	150	代表者	役員構成	○○○○		代表取締役
		○○○○	50	役員		○○○○		会長
		○○○○	10	役員		○○○○		専務取締役
		⋮	⋮			⋮		
		計	300					

《株主構成》
代表者と大株主が異なる場合は要注意。
誰が真の実権者か？

《役員構成》
役員間の職務分担は？
各役員の学歴、職歴も記載

※中小企業庁ホームページ「経営改善計画策定支援」
経営改善計画書 事例サンプルA【原則版】「債務者概況表」を参考に作成

銀行が特に重視するのは以下の点です。

1. 設立年月日と沿革

設立年月日と沿革で、銀行は会社の歴史を判断します。一般に社歴が長いほうが安心ですが、古ければよいというものではありません。

沿革欄を見るとき、銀行員はターニングポイントを意識します。例えば、「創業社長から二代目に社長交代したことにより何が変わったか」などです。銀行は後継社長の力量に強い関心を持っています。

2　株主構成

銀行は株主構成を見て、「真の実権者が誰なのか」を探ります。さま

図表2　　取引先概況表の例（商品・商流）の例

品目別売上構成	品目 （部門）	2022年3月期		2023年3月期	
		金額	構成比	金額	構成比
	A商品				
	B商品				
	C商品				
	計				

＜事業の特色＞
- 何を「強み」とするか？
- どういう実績があるか？

《売上構成》
- 何を売っているか？
- 売上は安定しているか？
- 将来性はあるか？
- 最近の変化は？

ざまな理由で、真の実権者が代表取締役以外にいて、操り人形の代表取締役を立てているケースが相応にあるからです。

経営の安定のためには、**経営陣が少なくとも過半数の株式を有している必要**があります。経営陣の持株比率が50％を下回る場合、経営権を巡る内紛リスクを警戒します。

一方、**現社長が100％株主であっても高齢の場合は相続により株式が次の経営者に引き継がれないリスクを警戒**します。この点は、遺言書や生前贈与等で対策していることを説明すれば、銀行は安心するでしょう。

社名		2022年3月期		2023年3月期	
		金額	構成比	金額	構成比
主要仕入先	a社				
	b社				
	c社				
主要販売先	x社				
	y社				
	z社				

《**主要仕入先・主要販売先**》
・どんな会社と付き合っている？
・大口仕入先、大口販売先（シェア20％以上）に変化はないか？
・大口仕入先、大口販売先の信用状況は？
・大口先への過度な依存はないか？

3．役員構成

　銀行は、役員間の職務分担、職歴から、その会社の実態や経営能力を探ろうとします。<mark>取引先出身の役員がいる場合、特にその出身企業との関係に関心</mark>を持ちます。

4．商流

　銀行は、借り手のビジネスを、単に何を販売しているかだけではなく、仕入から販売までの「商流」としてとらえようとします（290ページ図表２）。<mark>商流が健全であればあるほど、企業は安定した収入を得られ、返済能力を維持できる</mark>からです。

　例えば、優良の大口仕入先のシェアが大きく落ちている場合、大口仕入先の融資先に対する与信枠が小さくなった（融資先の信用に懸念があるのではないか）などと考えます。

　また、販売先が大手企業１社に過度に依存している場合は、仕入価格が上昇しても、販売価格への転嫁が難しいうえ、当該大口販売先から取引を切られた場合のリスクを警戒します。

図表3　銀行取引状況表の例

金融機関名	2021年3月期	シェア	2022年3月期	シェア
A銀行	160,000	56.9%	150,000	58.7%
B銀行	60,000	21.4%	50,000	19.6%
C銀行	21,000	7.5%	20,500	8.0%
N公庫	40,000	14.2%	35,000	13.7%
		0.0%		0.0%
		0.0%		0.0%
合計	281,000	100.0%	255,500	100.0%

銀行取引状況

取引先概況表には**図表3**のような銀行取引に関する表が付いています。

銀行員は、まず自行がどのような位置付け（メイン、準メイン、その他）にあるのかを確認します。

また、シェアを大きく上げている銀行、下げている銀行がないかを確認します。シェアを大きく上げている他行がある場合、なぜその他行に融資取引をとられたのかを確認します。

逆に、シェアを大きく下げている他行がある場合、当該他行は融資先に対する取り組み方針を「回収」に変更したのでは？　と警戒します。

さらに、銀行は債権保全のため、担保の徴求や、預金の積み上げがシェアと比べて他行に負けていないかを確認します。

銀行員と接するときは、相手が常に他行の残高や動きを気にしていることを踏まえて、対応を考えるようにしましょう。

2023年3月期	シェア	保全額
165,000	57.5%	
60,000	20.9%	
20,000	7.0%	
42,000	14.6%	
	0.0%	
	0.0%	
287,000	100.0%	0

02
銀行説明における
社長の役割

日頃のコミュニケーションや情報開示が大切

　普段から、定期的に銀行を訪問し、数値で自社の状況を説明している会社は、そうでない会社に比べると迅速に融資を受けることができます。

　最も効果があるのは、**毎月、試算表や月次損益、資金繰り表等の資料を提出する**ことです。

　銀行は、積極的に情報を開示する会社を評価します。情報を隠さずに提供することで、銀行は会社の状況を正確に把握できるのはもちろん、会社が利益と資金を適切に管理していることを確認できるからです。

　ただし、会社ごとに必要な度合いは異なる場合もあります。借入予定がない会社であれば、年１回の決算説明などで十分かもしれません。

　このあたりについては、自社に適した接触頻度や情報開示の方法について、金融機関の担当者から意見を聞いてみるのがよいでしょう。

経理財務担当者の役割と社長の役割

　社長は忙しいので、財務管理にそれほど時間をかけるわけにはいきません。小規模な会社では、財務管理を会計事務所や税理士に委ねている会社も多いですが、外部の人間が会社の実態を把握するには限界があり

ます。銀行からすれば、やはり**社内に経理財務担当者がいたほうが安心感があります**。

　経営者である社長が財務を理解していることは極めて重要です。財務を理解していない社長は、危険な方向に突き進むことが多いからです。**銀行員の質問に社長が的確に回答**できると、銀行は「あの社長は信頼できる」と評価をし、借入交渉に大きなプラスになります。

社長は具体的に何を語るべきか

　銀行説明において、社長は何を語るべきか？
　社長が積極的に語らないといけないのは「ビジョン」のみです。ビジョンを語る社長と語らない社長では、印象が大きく異なります。

　実際、社長に具体的なビジョンがなければ会社は歳月の経過とともに衰退するでしょう。社長に、"この会社はこういう会社にしたい"という強い思いがなければ会社は発展しません。この部分は経理担当者が語っても意味がないのです。

　一方、業績数値等についても社長が積極的に説明すべきか、というと、必ずしもそうではありません。元銀行支店長である筆者の経験では、

> ①まず経理担当者が業績数値等の説明を一通り行う
> ↓
> ②銀行員からの質問に、経理ではなく、社長が答える

という流れがよいと思います。この流れで説明すると、**社長が数字を押さえていることがさりげなく伝わり、会話も弾む**からです。

　例えば、以下のような質問に社長が答えると、評価がぐんとあがるで

しょう。

「売掛金の増加」について

> 銀行員：売上高が前期と変わらないのに売掛金が増えているのはなぜですか？（銀行員は架空売上による粉飾を疑っている）。
> 社　長：期末近くに、○○様から○○円の大型注文をいただき、納品をしましたが、その代金支払いは翌々月だからです。

「在庫の増加」について

> 銀行員：在庫が業界平均より多いようにお見受けしますが、もう少し減らせませんか？（銀行員は資産価値がない不良在庫を抱えているのではないかと疑っている）
> 社　長：当社の販売先は百貨店がメインです。百貨店は消化仕入で、当社の商品が百貨店の店頭に置かれていても、お客様に買っていただけるまでは当社の在庫となってしまうので、どうしても在庫として抱える期間が長くなり、同業平均より在庫が多いように見えてしまいます。

「減価償却費の変化」について

> 銀行員：前期に比べて、だいぶ減価償却費が小さくなりましたが、どうしてですか？（銀行員は黒字決算にするため減価償却費で調整したのではないかと疑っている）
> 社　長：○年前に買った○の減価償却が去年の○月で終わったからです。

「今期の借入予定」について

> 銀行員：今期にいくらの借入を予定していますか？
> 社　長：１年間で返済が合計5000万円あります。キャッシュフローとして3000万円くらいプラスの予定ですので、2000万円を借りれば何とかなりますが、資金的に余裕のある状態にしたいので、返済と同額の5000万円を借り入れたいと思っております。

03 銀行員が納得する「決算報告資料」の作り方

対応ポイント

⦿ 銀行に決算説明を行う際には、業績や今後の見通し等をまとめた「決算報告資料」を提出し、説明を行うと効果的

決算報告資料を提出する意義

　銀行の評価を高めるうえで、日頃のコミュニケーションよりさらに重要な場面といえるのが「決算説明」です。財務内容が悪化している会社でも、業績や経営改善への取り組みを上手に伝えることができれば、追加支援の融資を受ける可能性が高まります。

　決算説明では、業績や今後の見通し等をまとめた「決算報告資料」を提出して、説明を行うと効果的です。

　この資料は、「金融機関にアピールしたい点を伝えるための資料」です。社長が銀行員（支店長など）の前で決算説明を行っている場面をイメージしながら、ポイントを箇条書きにするのが作成のコツです。

　ボリュームはA4で３枚程度。銀行員は忙しいので「分厚い資料」は逆効果です。文章も形式張ったものにする必要はありません。299ページ図表４は決算報告資料の例です

決算報告資料には直近３期分の要約ＰＬを記載

1　直近３期分の要約ＰＬを記載

　299ページ図表４では３期分の損益計算書（ＰＬ）の要約を載せ、その下に業績に関するコメントを書いています。

ＰＬ等の図表を載せた資料で説明を行うと、銀行員の理解が促進され、コミュニケーションをとりやすくなります。

　銀行員はＰＬの「推移」を重視するので、直近期を含む３〜５期分の要約ＰＬを載せることで、より意味のある資料になります。

2　コメントで触れるべき点

　コメントを書き込む際に気をつけたいのは、「売上高は前期比103.5％でした」というような、数字をなぞっただけの文章にしないことです。

　銀行が求めているのは、「××によって、この数字になった」という ××（原因）の部分です。

　例えば、「コロナ禍の外出自粛で個人客の利用頻度が増えたことによって、売上高が伸びた」というように、原因を書くことで、銀行の担当者は貸出稟議などの書類を作成しやすくなります。

①売上高

　売上の内訳は、業績説明に欠かすことができない重要情報です。

　図表４では、売上をＡ〜Ｃの３つのカテゴリーに分けていますが、銀行には、**せいぜい５つ程度が妥当で、あまり細かくしないことが大事**です。製品、取引先、店舗など、説明を行いやすい区分で集計し、金額と構成比を記載します。

②売上総利益率

　売上総利益を売上高で割った売上総利益率（粗利率）は、銀行も必ずチェックします。

　図表４では要約ＰＬに売上総利益率を記載し、文章で改善理由を述べています。銀行は、売上総利益率（粗利率）の変動要因をとても重視しますので、**大きく変動した場合は必ずその理由をコメント**してください。

図表4 決算報告資料（損益状況）の例

1. 第30期（2023年3月期）の業績

(百万円)

	R3/3期 (28期)	R4/3期 (29期)	R5/3期 (30期)	
売上高	654	574	594	← 前期比や増収率を記載すると状況が伝わりやすくなる
（前期比）	(103.5%)	(87.8%)	(103.5%)	
（前々期比）	(ー %)	(ー %)	(90.8%)	
売上原価	404	348	356	
売上総利益	250	226	238	← 銀行員は売上総利益率の推移を気にする
（売上総利益率）	(38.2%)	(39.4%)	(40.1%)	
販売管理費	241	243	239	
営業利益	9	-17	-1	
営業外収益	2	6	4	
営業外費用	6	7	5	
経常利益	5	-18	-2	
特別損益	0	0	-1	
税引前利益	5	-18	-3	
法人税等	3	0	0	
当期純利益	2	-18	-3	

＜売上の内訳＞　　　　　　　　　(百万円)

	28期		29期		30期		
	金額	構成比	金額	構成比	金額	構成比	
売上A	393	60.1%	388	67.6%	404	68.0%	← 売上の内訳は重要情報なので必ず記載する
売上B	202	30.9%	142	24.7%	150	25.3%	
売上C	59	9.0%	44	7.7%	40	6.7%	
合計	654	100.0%	574	100.0%	594	100.0%	

- 30期の売上高は「××によってAの売上が伸びたこと」「××によって、×月からBの売上が回復したこと」により、前期より3.5%増収しました。
- 売上総利益率の改善は××によるものです。今後も改善が期待できます
- ××費の見直し等により、販売管理費が約4百万円、減りました。
- 以上の結果、経常利益と当期純利益の赤字幅が縮小しました。

← 銀行員は「赤字が減ったこと」を評価する

③販売管理費

　前期と比べて大きく増減した勘定科目があれば、その点に触れるようにします。**図表4**では販売管理費の減少理由を書いていますが、逆に**増加している場合は「将来に向けた投資」として説明することが大事**です。

銀行目線では、多くの場合、販管費＝経費であり、投資的な意味合いがよく見えないからです。

例えば、採用活動で広告宣伝費が増加した場合は、「○○による需要増加に備えて、採用を強化した」などと、前向きなニュアンスで伝えると印象がよくなります。

④経常利益と当期純利益

銀行員は、本業の利益である「営業利益」と"ほぼ本業の利益"である「経常利益」、最終利益の「当期純利益」をチェックします。

前ページ図表4では、経常利益と当期純利益について「赤字幅が縮小した」と短いコメントで済ませています。このPLから銀行にアピールすべきは「売上回復」と「赤字幅縮小」の2点であり、それが伝わればよいからです。

これらのコメントを加えることで、数字だけでなく業績の背景や改善策が伝わり、銀行の担当者はより具体的な情報を得ることができます。銀行へのアピールには、**数字だけでなく、その背景を明確にする**ことが重要です。

図表5 決算報告資料（財政状況）の例

2．貸借対照表と借入金の内訳

| | | R3/3期（28期） | | |
		金額	構成比	増減
	現預金	98	18.7%	60
	売掛金	32	6.1%	−10
	棚卸資産	93	17.7%	3
	その他	40	7.6%	0
流動資産		263	50.1%	53
	有形固定資産	174	33.1%	−11
	無形固定資産	48	9.1%	0
	投資等	40	7.6%	0
固定資産		262	49.9%	−11
資産合計		525	100.0%	42
	買掛金	60	11.4%	−3
	短期借入金	30	5.7%	0
	その他	30	5.7%	0
流動負債		120	22.9%	−11
	長期借入金	317	60.4%	71
固定負債		317	60.4%	71
負債合計		437	83.2%	60
純資産合計		88	16.8%	−18

＜借入金の内訳＞

| | R3/3期 | | |
	借入残高	シェア	増減
T銀行	30	8.6%	0
短期　計	30	8.6%	0
T銀行	158	45.5%	40
S信用金庫	77	22.2%	−12
N公庫	82	23.6%	43
長期　計	317	91.4%	71
合計	347	100.0%	71

・長期借入金の返済が進んだことにより、現金が減
・×月に××との取引を開始したことにより、売掛
・投資等に関係会社への貸付金20百万円を計上して

BSでは何を伝えるべきか

　決算説明はPL（業績）を中心に行いますが、BSについても伝えるべき点を伝えておかないと、必要以上に悪い評価を受ける場合があります。

　中小企業では「質問にのみ答える」という会社が少なくありませんが、

（百万円）

	R4/3期（29期）			R5/3期（30期）			
	金額	構成比	増減	金額	構成比	増減	
	93	18.5%	−5	48	10.3%	−45	現金が大幅に減少
	30	6.0%	−2	52	11.1%	22	売掛金が増加
	93	18.5%	0	94	20.1%	1	
	40	7.9%	0	40	8.5%	0	
	256	50.8%	−7	234	50.0%	−22	
	165	32.7%	−9	156	33.3%	−9	
	48	9.5%	0	48	10.3%	0	
	35	6.9%	−5	30	6.4%	−5	貸付金を回収
	248	49.2%	−14	234	50.0%	−14	
	504	100.0%	−21	468	100.0%	−36	
	62	12.3%	2	65	13.9%	3	
	30	6.0%	0	30	6.4%	0	
	30	6.0%	0	34	7.3%	4	
	122	24.2%	2	129	27.6%	7	
	327	64.9%	10	287	61.3%	−40	長期借入金の返済が進んだ
	327	64.9%	10	287	61.3%	−40	
	449	89.1%	12	416	88.9%	−33	
	55	10.9%	−33	52	11.1%	−3	

（百万円）

R4/3期			R5/3期			
借入残高	シェア	増減	借入残高	シェア	増減	
30	8.4%	0	30	9.5%	0	
30	8.4%	0	30	9.5%	0	
188	52.7%	30	168	53.0%	−20	金融機関は他行の動きを注視する
65	18.2%	−12	53	16.7%	−12	
74	20.7%	−8	66	20.8%	−8	
327	91.6%	10	287	90.5%	−40	
357	100.0%	10	317	100.0%	−40	

少しました。
金が増加しました。このことも現金減少の要因です。
いましたが、5百万円を回収しました。この貸付金は今後3年間で完済を受ける予定です。

できれば**提出資料にポイントを記載し、情報開示の姿勢をアピール**したいところです。

銀行に対するＢＳ説明で重要になるのは、主に以下の点です。

①現預金の状況

300ページ**図表５**では、Ｒ４期の現預金93百万円がＲ５期では48百万円になっており、45百万円減少しています。

この会社の平均月商は約50百万円。月商を割り込む水準まで現金が減っているので、**現金が減少した原因を銀行に説明**する必要があります。

なお、銀行は企業が必要な現預金を月商の１か月と見ています。

②借入金の状況

Ｒ５期は、長期借入金が40百万円も減少しています。現金が減った主な原因は、約定返済により長期借入金の返済が進んだことにあるので、資料にもそのことをコメントします。

このケースでは、折り返し融資（これまで返済した分を借り直す融資）を受けることによって、現金を正常水準に戻す必要があります。

なお、銀行は他行の貸出状況を見て融資を判断するので、資料には**金融機関別の借入残高（借入金の内訳）**を載せています。

③資産が増加した理由

Ｒ５期において売掛金が22百万円増加しているのも重要ポイントです。売掛金が多くなると、金融機関は「取引条件の悪化」や「不良債権の発生」を疑ってくるため、300ページ**図表５**では増加した理由をコメントしています。

棚卸資産や有形固定資産などについても**金額が大きく増加した場合は理由を明確にする**ことが重要です。

なお、資産の増加は、売掛金回転日数などの「回転期間」を見ないと、

良し悪しが判断できない点に注意してください。銀行は、**売掛金、棚卸資産、仕入債務の増減を必ず回転期間の推移でチェック**します。

④貸付金、仮払金などの内容

　金融機関は、社外に資金が流出する「貸付金」や、内容がはっきりしない「仮払金」を嫌います。

　貸付金や仮払金が発生した場合は、その内容や回収予定などを伝えるようにします。貸付金や仮払金の詳細情報を銀行に提供し、明確な説明を行うことは、銀行との信頼関係強化につながり、融資が下りやすくなります。

「経営課題」や「対応策」を記入する

　決算説明では、数字だけでなく「経営課題」や「対応策」などについてもできるだけ資料に記入することが重要です（次ページ**図表6**）。

　例えば、社長が今期中に着手したいと考えている施策を3つ程度、資料に明記しておくだけでも、銀行員との会話がスムーズに進む可能性があります。

　この部分は、**社長自身が書くべき**です。社長の人柄や熱量を伝えることが重要だからです。その意味では、高尚な文章である必要はなく、社長自身の言葉で書けばよいと思います。

　なお、すでに事業計画を提出している場合は、「アクションプランの進捗報告」という形で課題と対応策を説明することになります。

業績予想の注意点

　決算報告資料には、実績だけではなく、今期の業績予想数値も記載します（305ページ**図表7**）。業績予想の注意点は、以下のとおりです。

> ３．課題と対応策
>
> ①強みである「×××の品揃え」を強化
> 中期経営計画に記載したとおり、「×××の品揃え」を核として、競争力を一層高めていきます。集客イベント開催時にお客様アンケートをとり、チラシやブログでの商品紹介に活用しています。今期は、より詳細な商品ポジショニング分析を行い、アイテム数を20％増やします。
>
> ②新入社員及びアルバイトスタッフの商品知識の習得
> 前期からベテランスタッフによる商品カタログを使った座学研修を実施しています。「新商品導入時の10分間ミーティング」「見本市への同行」が成果をあげています。今期は、これらの取り組みを計画的かつ頻繁に実施します。
>
> ③採用難に対応するための処遇改善
> 前期より、働きやすさを向上させるために、従業員の希望を取り入れたシフト作成に取り組んでいます。また、現在、社労士に相談して、新しい賃金規程の作成に取り組んでいます。一定の成果給、家賃補助、食事補助を導入し、従業員満足度を高める予定です。

①売上を高く見積もり過ぎない

　銀行に対しては、**「売上は低く計画、高く達成」**が基本です。予想売上を大幅に下回った場合、銀行員に「この社長の話はあてにならない」と思われてしまうからです。

②営業利益と経常利益は原則黒字

　営業利益と経常利益の予想は、**やむを得ない場合を除き、黒字で予想する必要があります**。ただし、黒字ならなんでもいいわけではありません。

　例えば、経常利益が数十万円など、ぎりぎりで黒字の金額になっていると、銀行員は赤字と判断します。つまり、計画に余裕がなさすぎるわ

図表7 決算説明資料（今期の業績予想）の例

4.31期（令和6年3月期）の見通し

（百万円）

	R4/3期 （29期）	R5/3期 （30期）	R6/3期 （31期予想）	
売上高	574	594	615	売上高は保守 的に見積もる
（前期比）	（87.8%）	（103.5%）	（103.5%）	
売上原価	348	356	369	
売上総利益	226	238	246	
（売上総利益率）	（39.4%）	（40.1%）	（40.0%）	
人件費	127	130	130	
減価償却費	11	9	9	
その他	105	100	100	
販売管理費	243	239	239	営業利益は原 則として黒字
営業利益	-17	-1	7	
営業外収益	6	4	3	経常利益は原 則として黒字
営業外費用	7	5	5	
経常利益	-18	-2	5	
特別損益	0	-1	0	
税引前利益	-18	-3	5	
法人税等	0	0	0	
当期純利益	-18	-3	5	

××という厳しい環境は継続するものの、××により売上高3.5%増を計画しています。これにより、営業利益、経常利益とも黒字化を予定しています。

けです。会社の規模にもよりますが、最低でも数百万円の利益を計画する必要があります。

最後に借入希望について記載する

決算報告において銀行員の一番の関心事は、業況のよい会社であれば「今期いくら借りてくれるか」、業況が悪い会社であれば「当行の融資をどの程度あてにされているのか」です。

融資判断の一番の基礎は「財務数値」ですから、**決算報告の際に、今**

期の融資方針について銀行と認識をすり合わせておくことが重要です。

そこで、決算報告資料の最後に借入希望額を記入します。

なお、複数行取引を行っている場合、複数行から追加借入を行うことになる可能性がありますが、銀行間の割り振りは、通常、書面でコミットしません。トータルでいくらの融資を受ける予定であるかを記入すれば十分です。

図表8 　決算報告資料（借入希望額）

5．資金調達について

長期借入金の返済と売掛金の増加により、手元資金が減少しています。
新たに運転資金50百万円の借入を希望します。

04

「過剰な対応」に要注意！
銀行提出資料の考え方

対応ポイント

- ⓨ 銀行員が「なぜ資料提出を求めているか」を理解したうえで対応する
- ⓨ 経理財務担当者等は「資料の出しすぎ」に注意する
- ⓨ 虚偽記載は厳禁。後日、エビデンスの提出を求められる

資料の重要性

　融資を申し込むと銀行の担当者からさまざまな資料の提出を求められることがあります。これは、銀行の担当者としては、融資を出したいが、稟議を通すためにはそれなりの行内説明が必要であると考え、資料の提出を求めるものです。

　この場合、融資の決裁が下りるかは、その提出資料如何にかかってくるわけなので、しっかり対応するようにしましょう。

　一方で、銀行提出資料は、なんでもかんでも言われたとおりに対応していると、「次はアレを出せ」「次はコレを出せ」と要求がエスカレートしてくる場合があるので、過剰にならないよう注意すべきです。

　大事なことは、**銀行員のニーズをよく聞いて、「本当に必要なものだけをきちんと提出すること」**です。余計なものは出さない。特に真面目な経理の方は「資料の出しすぎ」に注意してください。

　なお、提出した資料のエビデンスを求められることもありますので、**資料に嘘を書くことは厳禁**です。エビデンスの提出を求められたのに、それを提出できないと、銀行に"信用できない企業"との烙印を押され、今後一切融資を実行してもらえないことになりかねません。

今後の融資スタンスに影響する資料 「損益計画・損益着地予想」

対応ポイント

- ⊛ 損益計画には、「今期計画」「月次計画」「中長期計画」があるが、今期計画（1年計画）を大きく外さないことが重要
- ⊛ 銀行は損益着地予想で業績状況を見極め、今後の融資スタンスを決定する

損益計画の種類

　損益計画には、「①今期の計画を示したもの」、「②今期の計画を月次展開したもの」、「③数年間の損益計画を示したもの」があるので、銀行が求めているものはこのうちのどれか、担当者に確認をすべきです。

> ①今期の計画を示したもの（今期計画・当期計画）
> 　銀行が単に「事業計画の概要を知りたい」ときに求められるものであり、会社の動向を見極めるために求められます（図表9）。
> ②今期の計画を月次展開したもの（月次計画）
> 　月次計画は「年間計画の根拠」としての意味を持ちます。また、経常運転資金、季節資金、立替資金の融資において、返済原資と資金繰りを見極めるために求められる場合もあります（図表10）。
> ③数年間の損益計画を示したもの（中長期計画）
> 　主に、設備資金または長期運転資金の融資において、返済原資の有無を見極めるために求められるものです（図表11）。

①今期計画（当期計画）

　1年計画なので、大きく外すことのないようにすべきです。

308

予想値を検討する際には、
・売上高はできるだけ保守的に見積もる
・商品仕入高や材料費等の変動費は、売上に対する割合で求める
・金額の大きい経費は内訳まで調べ、その他の経費は、前年値や最近の
　平均値を用いる
・決算整理まで予想する
といった点に注意しましょう。
　図表9のように「算出根拠」の欄を設けると、説得力が高まります。

図表9 今期計画（当期計画）の例

損益計画書 (単位：千円)

| | 前期実績 | | 今期計画 | | |
	実績	構成比	計画	構成比	算出根拠
売上A	300,000	50.0%	280,000	44.4%	○○分の売上が減少
売上B	200,000	33.3%	220,000	34.9%	前期○○台＋○○台
売上C	100,000	16.7%	130,000	20.6%	○○による伸び
売上高	600,000	100.0%	630,000	100.0%	
材料費	240,000	40.0%	252,000	40.0%	材料費率40%
労務費	60,000	10.0%	58,000	9.2%	1名減、パート社員の残業削減
製造経費	50,000	8.3%	48,000	7.6%	○○社への手数料見直し
（うち減価償却費）	(5,000)	(0.8%)	(5,000)	(0.8%)	
売上原価	350,000	58.3%	358,000	56.8%	
売上総利益	250,000	41.7%	272,000	43.2%	
役員報酬	15,000	2.5%	13,000	2.1%	社長1,000千円→830千円
給料手当・賞与	120,000	20.0%	110,000	17.5%	事務1名退社、賞与削減
法定福利・厚生費	18,000	3.0%	17,000	2.7%	
その他人件費	7,000	1.2%	10,000	1.6%	退職金（退職者2名）
人件費 計	160,000	26.7%	150,000	23.8%	
広告宣伝費	10,000	1.7%	8,000	1.3%	カタログ、チラシの見直し
荷造運賃発送費	15,000	2.5%	16,000	2.5%	売上増加により微増
地代家賃	20,000	3.3%	18,000	2.9%	○○営業所の移転による削減
その他販管費	68,000	11.3%	66,000	10.5%	募集費△800千円、通信費△200千円
（うち減価償却費）	(10,000)	(1.7%)	(10,000)	(1.6%)	
販売管理費	273,000	45.5%	258,000	41.0%	
営業利益	-23,000	-3.8%	14,000	2.2%	
受取利息・配当金	0	0.0%	0	0.0%	
雑収入	3,000	0.5%	0	0.0%	
営業外収益	3,000	0.5%	0	0.0%	
支払利息・割引料	8,000	1.3%	7,000	1.1%	
雑損失	10,000	1.7%	0	0.0%	
営業外費用	18,000	3.0%	7,000	1.1%	
経常利益	-38,000	-6.3%	7,000	1.1%	
特別利益	0	0.0%	0	0.0%	
特別損失	0	0.0%	1,000	0.2%	固定資産除去損
税引前当期利益	-38,000	-6.3%	6,000	1.0%	
法人税等	180	0.0%	180	0.0%	
当期純利益	-38,180	-6.4%	5,820	0.9%	

②月次計画

今期計画を月次展開したものです（**図表10**）。

毎月同じ金額が並ぶと、「何も具体的に計画できていない」と評価をさ

図表10 月次計画の例

月次損益計画書

(単位：千円)

	2023年4月	2023年5月	·····	2024年2月	2024年3月	合計
売上A						
売上B						
売上C						
売上高						
売上原価						
売上総利益						
（売上総利益率）						
役員報酬						
給料手当						
法定福利費						
福利厚生費						
人件費						
広告宣伝費						
通信費						
車両費						
運賃						
交際費						
旅費交通費						
水道光熱費						
会議費						
事務用品費						
消耗品費						
新聞図書費						
地代家賃						
保険料						
租税公課						
諸会費						
支払手数料						
管理費						
雑費						
その他販管費						
減価償却費						
販売費・一般管理費						
営業利益						
受取利息・配当金						
雑収入						
営業外収益						
支払利息・割引料						
雑損失						
営業外費用						
経常利益						
特別利益						
特別損失						
税引前当期利益						
法人税等						
当期純利益						

１年分を月別に記載する

図表11 中長期計画の例

損益計画書

	前期	2024/3期
売上A	300,000	350,000
売上B	200,000	200,000
売上C	100,000	95,000
売上高	600,000	645,000
売上A	150,000	157,500
売上B	100,000	100,000
売上C	60,000	57,000
売上原価	310,000	314,500
売上総利益	290,000	330,500
人件費 計	60,000	60,000
広告宣伝費	120,000	120,000
地代家賃	18,000	18,000
その他販管費	78,000	80,500
（うち減価償却費）	(10,000)	(12,500)
販売管理費	276,000	278,500
営業利益	14,000	52,000
受取利息・配当金	0	0
雑収入	3,000	3,000
営業外収益	3,000	3,000
支払利息・割引料	8,000	13,000
雑損失	5,000	5,000
営業外費用	13,000	18,000
経常利益	4,000	37,000
特別利益	0	
特別損失	0	20,000
税引前当期利益	4,000	17,000
法人税等	1,000	5,950
当期純利益	3,000	11,050

れてしまいます。実際の事業においては月別に変動があるはずなので、それをできるだけ忠実に織り込み「この会社はよく数字を見ているな」と銀行に思わせることがプラスになります。

　販売する商品によっては、月別の売上に凸凹があって当然ですので、それを忠実に織り込むべきですし、賞与や納税等、特定月に発生するものは、それを正確に記載する必要があります。

③中長期計画

　中長期計画の核になるのは、やはり売上計画です（**図表11**）。過去の

（単位：千円）

2025/3期	2026/3期	2027/3期	算出根拠
400,000	400,000	400,000	新工場稼働により増加
200,000	200,000	200,000	前期並み
90,250	85,738	81,451	毎期5％減
690,250	685,738	681,451	
160,000	160,000	160,000	現状は原価率50％であるが新設備により40％に改善
100,000	100,000	100,000	原価率50％
54,150	51,443	48,870	原価率60％
314,150	311,443	308,870	
376,100	374,295	372,580	
60,000	60,000	52,000	2026年3月に○○会長退任予定
120,000	120,000	120,000	前期並み
18,000	18,000	18,000	前期並み
83,000	83,000	83,000	
(15,000)	(15,000)	(15,000)	新工場の減価償却費により増加
281,000	281,000	273,000	
95,100	93,295	99,580	
0	0	0	
3,000	3,000	3,000	
3,000	3,000	3,000	
18,000	18,000	18,000	今次借入分により増加
5,000	5,000	5,000	
23,000	23,000	23,000	
75,100	73,295	79,580	
			2024/3期は固定資産除去損
75,100	73,295	79,580	
26,285	25,653	27,853	税引前当期利益の35％
48,815	47,642	51,727	

トレンドを十分に踏まえたものになっているか、安易な右肩上がりでは
ないかを銀行はチェックします。

　販管費の内訳は、大まかで大丈夫です。資金使途が設備資金であれば、

図表12　損益着地予想の例

予実管理表

	経過月の合計					未経過月の合計			
	2023年4月～2023年6月（3か月経過）					2023年7月～2024年3月（残り9か月）			
	①計画	②実績	③前期	②-①	②-③	④計画	⑤見込	⑥前期	⑤-④
売上A									
売上B									
売上C									
売上高									
売上原価									
売上総利益									
（同上利益率）									
役員報酬									
給料手当									
法定福利費									
福利厚生費									
人件費									
広告宣伝費									
通信費									
車両費									
運賃									
交際費									
旅費交通費									
水道光熱費									
会議費									
事務用品費									
消耗品費									
新聞図書費									
地代家賃									
保険料									
租税公課									
諸会費									
支払手数料									
管理費									
雑費									
その他販管費									
減価償却費									
販売費・一般管理費									
営業利益									
受取利息・配当金									
雑収入									
営業外収益									
支払利息・割引料									
雑損失									
営業外費用									
経常利益									
特別利益									
特別損失									
税引前当期利益									
法人税等									
当期純利益									

312

それによる経費増（減価償却費、支払利息）と売上増がどのように見込まれているかを銀行はチェックします。

損益着地予想

銀行から、損益計画に対する実績状況をモニタリングされることはよくあります。

特に、月次展開をした損益計画書を提出した場合、融資実行後に実績をモニタリングされます。**銀行から求められなくても企業側から提出**すれば、銀行としては好印象を受けます。

形式は、**図表12**のとおり、「経過月」と「未経過月」で括る作り方と、12か月を月別に展開する方法があります。

いずれの方法でも年間合計欄を作ってください。

月ズレは致し方ないので、銀行員はまず、年間合計で評価をしようとします。そして年間合計の計画値と実績見込値に乖離がある場合、月別展開をみてその要因を確認することになります。

銀行は、年間合計欄から今期のＰＬを見極め、今後の融資スタンスを検討します。

（単位：千円）

	年間合計 2023年4月～2024年3月（12か月）					
⑤−⑥	⑦計画	⑧実績見込	⑨前期	⑧−⑦	⑧−⑨

銀行員は「着地の見通し」を知りたい

06
横並び主義の銀行が気にする
「借入金一覧表・担保不動産一覧表」

対応ポイント

- ⍟他行の融資条件がわかる「借入金一覧表」は、横並び主義の銀行にとって重要な資料。毎月の試算表と一緒に提出している会社が多い
- ⍟担保不動産一覧表は社内資料としても整備しておきたい

借入金一覧表

借入金一覧表とは、文字どおり、企業の借入金に関する情報を一覧にした書類です（**図表13**）。借入金の額は決算書や法人税申告書の勘定科目明細から把握することができます。しかし、銀行が借入金一覧表の提出を求めるのは、それだけでは把握できない情報を知りたいからです。

図表13 借入金一覧表の例

金融機関名	種別	保証区分	借入日	返済期限	借入金額	借入残高	適用金利
A銀行	手形貸付	プロパー	○○.○.○	○○.○.○	100,000,000	100,000,000	1.00%
	当座貸越	県保証	○○.○.○	○○.○.○	50,000,000	50,000,000	1.50%
		プロパー	○○.○.○	○○.○.○	200,000,000	200,000,000	1.20%
	証書貸付	県保証	○○.○.○	○○.○.○	90,000,000	25,000,000	1.50%
		プロパー	○○.○.○	○○.○.○	75,000,000	30,000,000	1.50%
計					515,000,000	405,000,000	1.23%
B銀行	証書貸付	市保証	○○.○.○	○○.○.○	25,000,000	17,261,905	1.38%
		プロパー	○○.○.○	○○.○.○	60,000,000	14,000,000	1.50%
		プロパー	○○.○.○	○○.○.○	20,000,000	18,333,333	1.20%
計					105,000,000	49,595,238	1.35%
C信金	証書貸付	プロパー	○○.○.○	○○.○.○	20,000,000	16,666,667	1.20%
		プロパー	○○.○.○	○○.○.○	15,000,000	10,000,000	1.50%
計					35,000,000	26,666,667	1.31%
合計					655,000,000	481,261,905	1.25%

　具体的には、プロパー・保証の別、借入期間、利率、担保などの情報が必要です。中小企業では、定期的に提出する試算表とセットで最新の借入金一覧表を提出するケースが多いようです。

　銀行は他行との比較を意識します。特に他行より条件が劣後すると、審査部がなかなかOKと言ってくれません。銀行は借入金一覧表を見て、他行に「負けていないか」をチェックし、負けている点があれば条件の引き上げ（企業側からみれば条件の悪化）を求めてきます。

　そこで、借入金一覧表の提出を求められた場合、**優等生的に完璧なものを作るよりも、銀行が融資を決裁してくれるための最低限の情報を記したものを提出すべき**です。

　なお、記載内容は必ず法人税申告書（勘定科目明細）及び決算書と突合されるので虚偽記載は禁物です。決算書に金利の記載がなくても、勘定科目明細に記載されている支払利息と借入金残高から逆算して、借入金一覧表記載の金利が正しいかをチェックします。

作成日　年　月　日　　　　　　　　　　　　　　（単位：円）

期間	約定返済額	担保
6か月	0	本社ビル根抵当権第1順位・極度額3億円
1年	0	なし
1年	0	本社ビル根抵当権第1順位・極度額3億円
10年	750,000	なし
5年	1,250,000	本社ビル根抵当権第1順位・極度額3億円
	2,000,000	
7年	297,619	なし
5年	1,000,000	本社ビル根抵当権第2順位・極度額1億円
5年	333,333	本社ビル根抵当権第2順位・極度額1億円
	1,630,952	
3年	555,556	社長自宅普通抵当権
5年	250,000	社長自宅普通抵当権
	805,556	
	4,436,508	

担保不動産の一覧表

　銀行から担保不動産の一覧表の提出を求められることがあります（次ページ**図表14**）。求められた以上、企業としては正確なものを提出せざるを得ません。

　銀行が担保不動産の一覧表の提出を求めるのは、借入金一覧表と同様

に他行に「債権保全面で負けて
いないか」をチェックするため
です。

　ただ、借入金一覧表ほどナー
バスになる必要はありません。
　本来、不動産担保は「不動産
登記簿謄本」と「法人税申告書
及び決算書」から銀行は把握で
きるはずだからです。「銀行員
が楽をするために、銀行員でも
作れる資料の作成を企業側に求
めてきた」との理解で作成・提
出をすればよいです。
　担保不動産一覧表は、**社内資
料としても作っておく必要があ
ります。**

図表14　担保不動産一覧表の例

物件名	所在地（家屋番号）	地目・種類	構造
本社ビル	○○市○○町○○1500－10	宅地	
	○○市○○町○○1500－10（1500番10）	店舗	鉄筋コンクリート造陸屋根5階建
	○○市○○町○○1500－10（1500番10の2）	事務所	鉄骨造陸屋根2階建
	合計		
社長自宅	○○市○○町10	宅地	
	○○市○○町10	居宅	木造瓦葺2階建
	合計		
○○町土地	○○市○○町450	雑種地	
	○○市○○町450－2	雑種地	
	合計		

316

作成日　年　月　日 （単位：千円）

面積		所有者	取得日	固定資産評価額	担保権				備考
地積	床面積				順位	金額	債権者	債務者	
450 ㎡	㎡	○○○○	○○.○.○	94,000	1　根	500,000	○○銀行	○○○○	
㎡	㎡				2　根	30,000	○○銀行	○○○○	
㎡	㎡				3　根	150,000	○○銀行	○○○○	
計 450 ㎡	計 ㎡								
㎡	1F 130.2 ㎡	○○○○	○○.○.○	16,000					
㎡	2F 150.4 ㎡								
㎡	3F 150.5 ㎡								
㎡	4F 160.3 ㎡								
㎡	5F 10.2 ㎡								
計 ㎡	計 601.6 ㎡								
㎡	1F 65.1 ㎡	○○○○	○○.○.○	3,500					
㎡	2F 56.2 ㎡								
㎡	㎡								
計 ㎡	計 121.3 ㎡								
450 ㎡	722.9 ㎡			113,500					
250 ㎡	㎡	○○○○	○○.○.○	25,000	1　抵	20,000	○○銀行	○○○○	
㎡	㎡								
㎡	㎡								
計 250 ㎡	㎡								
㎡	90 ㎡	○○○○	○○.○.○	3,000					
㎡	80 ㎡								
㎡	㎡								
計 ㎡	170 ㎡								
250 ㎡	170 ㎡			28,000					
1,500 ㎡	㎡	○○○○	○○.○.○	20,000	1　根	30,000	○○公庫	○○○○	
㎡	㎡				2　根	10,000	○○信用金庫	○○○○	
㎡	㎡				3　抵	8,000	○○○○	○○○○	
㎡	㎡				4　抵	5,000	○○○○	○○○○	
計 1,500 ㎡	計 ㎡								
900 ㎡	㎡	○○○○	○○.○.○	9,000					
㎡	㎡								
㎡	㎡								
㎡	㎡								
計 900 ㎡	計 ㎡								
2,400 ㎡	㎡			29,000					

モニタリング時にチェックする「行動計画・アクションプラン」

- ¥ 銀行のモニタリングでは数値計画だけではなく、**行動計画の実施状況**もあわせてチェックされる
- ¥ 経営計画に基づき、「いつ、何を実施する」を整理する

図表15　行動計画の例

<table>
<tr><th colspan="2">改善項目</th><th>経営課題・問題点</th><th>具体的改善策</th><th>実施時期</th></tr>
<tr><td rowspan="8">PL改善</td><td rowspan="3">売上高
に関する事項</td><td>(1)既存ユーザーの売上確保
売上の安定確保、採算改善の重要ポイントであるが今期の落ち込みが著しい</td><td>(1)新規中心の営業活動を見直す
ユーザー・提案内容の明確化→アポイントの流れを重点管理</td><td>(1)実施中</td></tr>
<tr><td>(2)効率的な新規ユーザーの獲得
広告は一定の成果が見込めるものの、コストに見合う売上確保は難しい（営業データの分析が不十分）</td><td>(2)アプローチ先の見直し
成績優秀な営業担当だけを残し、より確率の高い先に集中的にアプローチしていく</td><td>(2)2023/2～</td></tr>
<tr><td>(3)Webサイト
成約の障害は「信用力」にあり、現サイトでは不十分
また、ＳＥＯ面についても見直しの余地がある</td><td>(3)Webサイトのリニューアル
ユーザーが懸念すると思われる「技術力」「成果」に力点を置いたサイトを再構築</td><td>(3)2023/4</td></tr>
<tr><td>売上原価
に関する項目</td><td>(4)原価率の改善
価格の低下圧力、既存ユーザー売上の低迷により、原価率が悪化傾向（2022期23.0%→2023期28.3%）</td><td>(4)採算管理の徹底
×××、×××、×××を基準に案件単位で細かく管理していく
また外注は使わない</td><td>(4)2023/2～</td></tr>
<tr><td rowspan="3">販管費
に関する項目</td><td>(1)人件費
①役員報酬の変更
②余剰人員の削減
③その他（賞与、新規採用）</td><td>①役員報酬　月×××千円→×××千円
（▲××千円）
②下記削減について決定済み
××担当　　5名→2名
××担当　10名→8名
××担当　　3名→2名
③売上が回復するまで、賞与カット、採用ゼロ</td><td>2023/2～</td></tr>
<tr><td>(2)地代家賃
①××事務所の集約
②駐車場の解約</td><td>①××事務所を解約し××に統合
②営業車を処分し、駐車場1台分解約</td><td>①2023/5
②2022/2</td></tr>
<tr><td>(3)その他営業経費
①通信費・電話料
②広告宣伝費</td><td>①通信費・電話料：集客方法の変更で削減可能
②広告宣伝費：Webサイトのリニューアルに着手</td><td>①2023/2～
②2023/4</td></tr>
<tr><td rowspan="4">BS改善</td><td rowspan="2">資産
に関する事項</td><td>(1)短期貸付金　～　不健全資産</td><td>(1)毎月80千円を回収</td><td>(1)2023/2～2028</td></tr>
<tr><td>(2)差入保証金</td><td>(2)事務所の戻り×××千円（償却××千円）</td><td>(2)2023/5</td></tr>
<tr><td>負債
に関する事項</td><td>(3)長期借入金～　売上、利益に比べ過大</td><td>(3)2025/3期（2024/4～）を目処に収益弁済開始</td><td>(3)2024/2～2028</td></tr>
<tr><td>純資産
に関する事項</td><td>(4)純資産　～　債務超過の解消</td><td>(4)収益拡大により計画4年目で解消</td><td>(4)2023/2～2027</td></tr>
</table>

モニタリングでは行動計画の実施状況がチェックされる

「中小企業を伴走支援して、経営改革と自走化を促していく」といった国の方針を受け、最近の銀行は中小企業が提出した経営改善計画書のモニタリングを強化する傾向にあります。

モニタリングとは、銀行が定期的に試算表等の提出を受け、計画と実績を比較検討するものですが、その際、行動計画の実施状況もチェックされます。

行動計画についてはさまざまなフォーマットがありますが、いずれも、経営計画に基づき、「いつ何を実施するか」という点を整理する必要があります。

図表15の行動計画は、改善実施前と実施後のPL、BSの数値を記載するもので、比較的、銀行目線を踏まえたものと考えますので、参考にしてください。

具体的効果	
改善策実施前	改善策実施後
2023期（見込） 売上×××千円（構成比××%） 客数××社、客単価×××千円	2024期（計画） 売上×××千円（構成比××%） 客数××社、客単価×××千円
2023期（見込） 売上×××千円（構成比××%） 客数××社、客単価×××千円	2024期（計画） 売上×××千円（構成比××%） 客数××社、客単価×××千円
信用力が不十分 サイトをきっかけとする売上は少ない	成約率のアップ 問い合わせ件数の増加 2024期の下期に一定の成果
2023期（見込） 売上高原価率 ××%	2024期 売上高原価率 ××%
(5)人件費総額（役員報酬、給与、賞与、法定福利、福利厚生、通勤費、募集費） 2021期（実績）×××千円 2022期（実績）×××千円 2023期（見込）×××千円	2024期（計画）×××千円
(6)地代家賃 2023期（見込）×××千円	2024期（計画）×××千円 2025期（計画）×××千円
(7)その他営業経費 ①2023期（見込）×××千円 ②2023期（見込）×××千円	①2024期（計画）×××千円 ②2024期（計画）×××千円
(1)短期貸付金の残高 2023期（見込）×××千円 (2)差入保証金の残高 2023期（見込）×××千円	2024期（計画）×××千円 2025期（計画）×××千円 2024期（計画）×××千円
(3)長期借入金の残高 2023期（見込）×××千円	2028期（計画5年目）×××千円 ※債務償還年数は約5年
(4)純資産 2023期（見込）×××千円	2027期 ×××千円

収益構造を伝えるときに役立つ
「ビジネスモデル俯瞰図」

08

対応ポイント

- ㊛ 銀行員とのコミュニケーションツールとして有効
- ㊛ コツは「組織図をイメージする」「数字を入れる」「強みを表現する」

新規の取引で特に重要になるビジネスモデル俯瞰図

　ビジネスモデル俯瞰図を作成し、お金とモノがどのように流れ、どこに利益の源泉があるのかを銀行に理解してもらうことは非常に大事です。

　銀行員は、数字には強くても、融資先企業のビジネスは素人ですので、商流や利益構造を言葉で説明をしても、なかなかイメージできないからです。

　以下は、銀行員に対してアピールできるビジネスモデル俯瞰図を作成する際のコツです。

1　組織図をイメージする

　ビジネスの組織構造や関係性を視覚的に表現しましょう。組織の階層や部門間のつながり、パートナーや顧客との関係などを明確に示します。

2　数字を入れる

　ビジネスモデル俯瞰図には**数字を組み込みましょう**。売上高や仕入高などの主要数値を明示することで、ビジネスの規模や関係性を示します。

3　強みを表現する

　企業の強みや競争優位性の源泉をビジネスモデル俯瞰図に反映させる

321

銀行の懸念を払拭するための「グループ関連図」

対応ポイント

- ¥ 経営者やグループ会社同士の取引が複雑な場合、銀行にとっては融資金がどこに流れているかが問題となる
- ¥ 銀行の懸念を払拭するにはグループ関連図の提出が有効である

グループ間の関係が複雑な企業ほど銀行は目を光らせる

グループ関連図とは、経営者との取引やグループ会社同士の取引を図にしたものです。

グループ間の関係が複雑で相互に資金を融通し合っている場合、金融機関に警戒されるリスクが高くなります。基本的に、金融機関は経営者やグループ会社との「連結」で与信を判断するからです。

例えばグループ会社への貸付があるとすると、「その貸付金を回収できるか」ということが重要なチェックポイントになります。

そこで、**図表17**のようなグループ関連図を作成します。実際に作成するには少々骨が折れますが、銀行としても、どこにお金が流れていて、そのお金が返ってくるのかといったことは、こうした図で見ないとよくわからないからです。

グループ関連図に定型のフォームはありません。

筆者（池田）の場合は、最新の決算書から数値を拾い出し、ＢＳの数値とＰＬの数値の罫線や矢印の形を変えて記入するようにしています。また、図の中には必ず金融機関を記載します。

図表17 グループ関連図の例

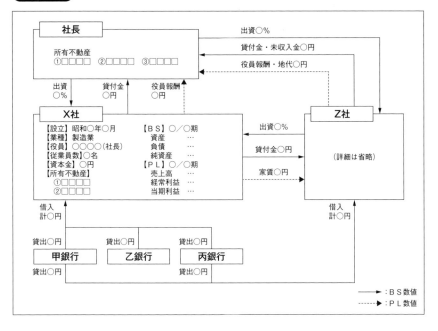

強みを活かす戦略を！
SWOT分析のまとめ方

対応ポイント

> ⑭ 銀行には、「機会に対して強みを活かす積極戦略」の形でSWOT分析の成果を伝える

銀行交渉ではSO戦略（積極戦略）が有効

　SWOTは、Strength（強み）、Weakness（弱み）、Opportunity（機会）、Threat（脅威）の頭文字で、SWOT分析は、これらの枠に社内外の情報を整理するものです。**「情報を整理するハコ」** と考えればよいでしょう。「とりあえず4つのハコを埋めれば、正確に現状認識できる」というのがSWOT分析の基本精神です（**図表18**）。

　SWOT分析は奥の深いテーマですが、本書は銀行交渉の本なので、SWOT分析を銀行説明にどう活かすかに絞って解説します。

図表18　SWOT分析の例

	内部環境	外部環境
良い	**Strength（強み）** ① 商品企画の経験・ノウハウを有する ② オリジナル商品が評価されている ③ コアな顧客・愛好家が固定客化している	**Opportunity（機会）** ① 高価格帯の商品が売れている ② こだわりのある顧客が増加傾向にある ③ ネットでの購買が広がってきている
悪い	**Weakness（弱み）** ① 商品企画への取り組みが場当たり的である ② ホームページからの受注がほとんどない ③ 既存商品の利益率が低下している	**Threat（脅威）** ① 業界全体の市場規模は頭打ちの状態 ② 既存商品の価格競争が激化している ③ 将来的に代替品が用いられる恐れがある

実績主義の銀行は「これから
やること」よりも、その会社が
「すでに持っているもの」を評
価します。よって、銀行には、
**強み（S）を明確にし、その強
みを活かす機会（O）が存在す
ることを伝える**ことが重要です。

具体的には、社内でSWOT
検討会議を開きます（部門が複
数ある社は、必ず部門ごとに開

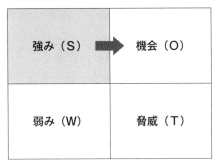

図表19　戦略の導き方

強み（S） ➡	機会（O）
弱み（W）	脅威（T）

「機会に対して強みを活かす」と考える

催する必要があります）。ブレーンストーミングの方法でSWOTが出
そろったら、会議メンバーにこう言います。

**「S→O（機会に対して強みを活かす）という考え方で、今後の方針
や対策を議論してください」**（図表19）

これによって、多くの場合、何らかの前向きな方針が出てきます。こ
れをブラッシュアップして、会社の戦略とするのです。

ちなみに、「機会に対して強みを活かす」という考え方は、クロスS
WOT分析のSO戦略（積極戦略）に該当します。とりあえずここでは、
「**銀行には積極戦略を伝える**」ということを覚えておいてください。

📚 SWOT分析で導いた戦略・戦術のまとめ方

次のような点に注意して、SWOT分析の成果（戦略）をまとめます。

⑴ 二層構造で書く

戦略とは方針であり、戦術は方針を実現するための手段です。事業計
画書でも、この**戦略と戦術の二層構造を意識**します。

具体的には次ページ**図表20**のように、「×××などのオリジナル商品
を軸に事業拡大を図る」という基本方針（戦略）を示し、それを達成す

る手段として課題と対応策（戦術）を記述します。**基本方針から先に書く**ようにすれば対応策の意味がはっきりし、伝わりやすくなります。

⑵ 基本方針は「強み」で書く

　基本方針は、「機会に対して強みを活かす」の観点から記述します。特に「強み」が大事です。「強み」には**実績**（例：一部のユーザーから非常に高い評価をいただいています）**も付け加えます**。強みと機会を明確にすれば計画全体に説得力が出てきます。

⑶ 数値目標に触れる

　金融機関が注目するのは、やはり数字です。基本方針の中にも、**具体的な数値目標を盛り込んでおくと**、事業計画の印象がよくなります。

図表20　SWOT分析で導いた戦略・戦術の記述例

基本方針

　当社の強みは、商品企画力にあります。顧客の要望を受けて開発した商品×××は、高価格設定ながら、一部のユーザーから非常に高い評価をいただいています。
　また、最近では、こだわりのあるユーザーを中心に市場が盛り上がりつつあります。
　そこで、「△△△」などのオリジナル商品を軸に事業拡大を図ることを基本方針とします。
　年商○億円、オリジナル企画品の取扱比率○％、経常利益率○％以上を目標とします。

・強みと機会を明確にする

・強みには実績を付け加える

・数値目標に触れる

課題と対応策

①**商品企画に取り組む体制の整備**
　商品企画への取り組みが場当たり的なので、×年×月より、専門家の指導を受け、体制を整備します。これにより、オリジナル商品を毎期、継続的に投入できるようにします。

②**ホームページのリニューアル**
　特徴のある商品を扱っているのに、ホームページからの受注がほとんどありません。そこで、ホームページをリニューアルすることで、販路開拓を進めます。

③**既存商品の取扱い見直し**
　競争激化で既存商品の利益率が低下しているため、利益率の低い商品の取扱いを見直すことで、改善を図ります。

・ＳＷＯＴの弱み（チャンスを活かせない理由）の改善策をここに書く

・ＰＬにインパクトのある内容が望ましい

第10章

COMPLETE MANUAL OF BANK NEGOTIATIONS
AND CASH MANAGEMENT
FOR SMALL AND MEDIUM ENTERPRISES

知らないと後悔する
保証の基本と
経営者保証ガイドライン

2023年4月から金融機関による経営者保証の説明義務が
課され、個人保証なしで融資を受けるケースが増えています。
一方、社長の保証が残っている会社も少なくありません。
本章では、経営者保証ガイドライン、社長の自己破産を
回避するポイント等について解説します。

01

連帯保証人を
要求される理由

経営者保証の目的は大きく2つある

伝統的に中小企業向け融資では、必ず代表取締役に保証人になってもらっていました。その目的は下記の2つです。

　1　経営者への規律づけ
　2　融資を受ける会社の信用力の補完

1　経営者への規律づけ

銀行は経営者保証を取ることで、経営者に会社を倒産させないように最善の努力をしてもらい、事業継続や責任の共有を図ることを期待しています。具体的には次のとおりです。

⑴ 経営者の自己責任意識の促進

経営者が、自分が保証することにより、**会社を倒産させてはいけないという自覚を強く持つ**ことが期待されます。

⑵ 不正や計画倒産の防止

経営者保証がない場合、経営者が会社の資産を不正に移転したり、計画倒産を企てるリスクがあります（**図表1**）。しかし、代表取締役を保

証人とすることで、会社を倒産させた場合に代表取締役も私財を失うことになり、**計画倒産や不正行為を抑制する**ことができます。

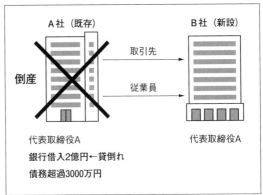

図表1　計画倒産の例

A社（既存）　　取引先　→　B社（新設）

倒産　　従業員　→

代表取締役A
銀行借入2億円←貸倒れ
債務超過3000万円

代表取締役A

(3) 責任の共有と事業継続の促進

経営者保証により、経営者は**会社の財務状況や経営戦略に責任を持ち、経営困難なときにも最善の努力をする**ことが期待されます。

また、資金繰りや再建に必要な資金を捻出するために、役員報酬の削減などの対策を取ることも求められます。

以前は、融資残高が10億円を超えるような会社の社長にも、経営者保証を銀行が求めることが多くありました。

いくら中堅企業の社長がお金持ちといっても、10億円を弁済する資力は通常はありません。にもかかわらず社長に保証を求めていたのは、経営者の自己責任意識の促進、不正や計画倒産の防止、責任の共有と事業継続の促進のためです。

現在でも零細企業への融資では、それほど裕福ではない経営者に保証を求めることが少なくないのですが、同様の理由によるものです。

2　融資を受ける会社の信用力の補完

零細企業においては、会社にはほとんど資産はないが、オーナー兼代表取締役は裕福であるケースがありますが、そのような場合、会社から

の返済が滞ったときに、オーナー兼代表取締役に私財で返済する義務を
負わせることを目的とするものです。

　また、零細企業においては、会計がきちんとしておらず、会社の資産
と経営者の資産が分別管理できていないケースがよくあります。
　零細企業の決算書を見ると、会社から代表者への貸付金が多額にある
ケースがあります。
　この多くは、会社のお金を代表者が私的に使ったものの、それは当然
ながら税務申告において会社の損金として計上できないので、決算の際
に税理士の判断で会社から代表者への貸付として処理したものです。

　このような会社については、**銀行からすれば、会社が返済不能となっ
た場合に、代表者の資産から返済を受けられないと困ると考える**わけで
す。

経営者保証の弊害

　代表取締役が会社の銀行借入を保証するとすれば、会社が倒産した場
合、代表取締役は自宅を含めたすべての資産を失い、場合によっては破
産せざるを得ない状況になりかねません。
　そうなることを懸念し、代表取締役になりたがらない人が多くいます。
これが中小企業の事業承継の大きなハードルとなっています。
　さらに、経営者保証は、スタートアップの創業や経営者による思い切
った事業展開を躊躇させたり、早期の事業再生を阻害する要因となって
いるなど、さまざまな弊害が指摘されています。
　そこで金融庁は2022年11月１日、経営者保証に係る徴求理由や解除方
法について金融機関による説明事項とすることや取り組み方針の情報開
示などで工夫を求める監督指針等の改正案を公表しました（334ページ）。

02

経営者保証について
社長が知っておくべき点

対応ポイント

- ¥ 保証は書面が要件
- ¥ 根保証は民法の規制が厳しい
- ¥ 保証債務を返済できなくても、すぐに「破産」というわけではない
- ¥ 配偶者や子供名義の資産は原則無関係
- ¥ 経営者保証ガイドラインを知っておこう

法律上の基礎知識

　保証は民法で規定された制度です。保証に関する条文は複雑ですが、以下、経営者が知っておくべき法律知識を簡単に解説します。

1　書面が必要

　保証契約は**書面でしなければ効力は生じません**。

　書面の交わし方としては、金銭消費貸借契約書の「保証人」欄に署名・押印をする方法と、金銭消費貸借契約書とは別に保証契約書等保証に関する記載のある書面を交わす方法があります。

2　根保証と極度額

　かなり昔は、銀行取引約定書で、経営者から包括的に根保証をとることが行われていました。根保証とは、根抵当権の保証版とイメージするとわかりやすいと思います。一定の取引関係から生ずる現在および未来の一切の債務を保証することを指します。

　以前は経営者が銀行取引約定書とは別に、根保証契約書に署名・押印

を求められることも多くありました。

　そして以前は、これに極度額を定めないのが一般でした。そうすると、保証人は、無限に保証債務を負担することになってしまいます。

　そこで、保証人保護の目的から、現在の民法では保証人が個人の場合、極度額を定めないと保証の効力が生じないとされています。

　このため、現在は根保証は少なくなっています。

3　根保証と元本確定期日

　主債務が貸金債務の場合の根保証契約では期限を定めないと3年後が期限となります。期限を定める場合は最長で契約日から5年です。この期限を「元本確定期日」といいます。

　元本確定期日が到来すると、その時点で発生している主債務は引き続き保証の対象となりますが、以後、主債務者（会社）がいくら借入を行っても、その借入は保証人（経営者）の保証対象外となります。

4　連帯保証

　金融機関に対する保証は必ず「連帯」保証ですが、社長が「連帯」の2文字を気にする必要はありません。

　連帯保証は、法的には保証に「連帯」の特約が付いたものです。通常の保証人が有する「催告の抗弁権」と「検索の抗弁権」がないのが連帯保証の特徴ですが、この点は多少難しい話であり、また、実務上も重要ではありません。

5　会社が融資を返済できないと保証人である社長はどうなるか
⑴ プロパー融資の場合

　会社が融資を返済できないと、銀行は保証人である社長に対して返済を求めることができます。しかし、銀行は社長に対して訴訟を提起しな

いと、社長の財産を差し押さえることはできません。

　ただし、社長は訴訟では通常勝てないので、銀行にバレている資産を銀行に差し出さざるを得ません。

　一方、銀行としても、訴訟をするのは時間と費用がかかるうえ、勝訴判決を得たとしても、把握できていない社長の財産を差し押さえることは困難です。

　そこで、銀行はプロパー融資の場合、社長に対する債権をサービサー（債権回収会社）に債権譲渡します。銀行から債権譲渡を受けたサービサーは社長に返済を求めてくるので交渉となります。

　多くの場合、サービサーは安く銀行から債権を買っているので、交渉の末、一定金額を支払えば残債は免除してくれることがあります。

図表2　**保証債務をサービサーに債権譲渡する流れ**

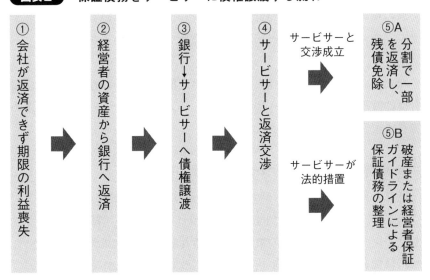

① 会社が返済できず期限の利益喪失

② 経営者の資産から銀行へ返済

③ 銀行→サービサーへ債権譲渡

④ サービサーと返済交渉

サービサーと交渉成立

⑤A 分割で一部を返済し、残債免除

サービサーが法的措置

⑤B 破産または経営者保証ガイドラインによる保証債務の整理

(2) 保証協会の保証付融資の場合

　信用保証協会の保証付融資の場合は、会社の債務のうち保証協会が保証している部分を保証協会が銀行に弁済します。これを**代位弁済**といいます。その結果、保証人である社長に対する債権者も銀行から保証協会に代わります。

　保証協会は、社長に対して返済を求めてくるので交渉になります。保証協会が把握している資産がない場合は、「毎月○万円を支払う」ことを求めてきます。

　なお、**保証協会は公的機関なので、サービサーのように一定金額を支払えば残債を免除するようなことはしてくれません。**

6　配偶者名義の資産はどうか

　仮に保証人が夫である場合、銀行は妻に支払いを求める権利はありません。なぜなら、日本の民法は**夫婦別産制**をとっているからです。

　ただし、財産隠しで保証人名義の財産を配偶者や子に移した場合、銀行は**詐害行為取消権**という権利を主張して、配偶者や子に支払いを求めてきます。

経営者保証ガイドラインとは何か

　経営者保証には330ページで述べたとおり、多くの弊害があります。
　そこで、経営者保証に関するガイドライン（以下、「経営者保証ガイドライン」といいます）の策定と経営者保証改革プログラムの実施により、経営者保証に関するルールや慣行の改善が進められています。

　経営者保証ガイドラインは、全国銀行協会と日本商工会議所が策定し、

金融庁も銀行に対してこれに従うよう指導しています。

　ガイドラインは法的な強制力はありませんが、金融機関はこれを無視することができず、経営者保証に関する対応においてはガイドラインを参考にすることが求められます。

　さらに、政府は経営者保証に依存しない融資慣行の確立を推進するために、経営者保証改革プログラムを策定しました。

　このプログラムでは、スタートアップ・創業支援や民間金融機関による融資の促進、信用保証付融資の拡充、中小企業のガバナンス強化など4つの分野に重点が置かれています。

　金融庁は経営者保証に関する徴求理由や解除方法について、金融機関による説明事項の明示や取り組み方針の情報開示など、指導を行っています。これにより、経営者保証に関する適切な対応と情報開示が促進されることを目指しています。

　経営者保証改革プログラムは、個人保証がない融資の時代に向けた取り組みです。次の項で詳しく解説します。

03

原則は
「経営者保証なし」

対応ポイント

- ⊛「経営者保証改革プログラム」により、経営者保証はないのが原則の時代に
- ⊛経営者保証を不要とするポイントは、イ）会社と経営者個人の資産・経理の分離、ロ）会社・経営者間の資金のやりとりが適切な範囲を超えない、ハ）会社のみの資産・収益力で借入返済が可能、ニ）適時適切な財務情報等の提供、ホ）十分な物的担保の提供

従前の実務は「経営者保証あり」が原則

　従前から、経営者保証ガイドラインでは、「主たる債務者（会社）においてイ）～ホ）のような要件が将来に亘って充足すると見込まれるときは、主たる債務者の経営状況、資金使途、回収可能性等を総合的に判断する中で、**経営者保証を求めない可能性、イ）～ホ）のような代替的な融資手法を活用する可能性について、主たる債務者の意向も踏まえた上で、検討**する」と記載されていました。

イ）法人と経営者個人の資産・経理が明確に分離されている
ロ）法人と経営者の間の資金のやりとりが、社会通念上適切な範囲を超えない
ハ）法人のみの資産・収益力で借入返済が可能と判断し得る
ニ）法人から適時適切に財務情報等が提供されている
ホ）経営者等から十分な物的担保の提供がある

　しかしながら、上記イ）からホ）のすべての要件を満たしている会社であっても、コンプライアンスに厳格なメガバンクでさえ経営者保証を

求める対応が多くありました。

　つまり、経営者保証ガイドラインの存在にもかかわらず、運用上は経営者保証があるのが原則でした。

今後は「経営者保証なし」が原則に！

　しかし、「経営者保証改革プログラム」により改正された金融庁の監督指針では、銀行に保証契約の必要性に関する説明を求めています。かつ、その説明を書面で残すことが求められています。

　具体的には、経営者保証ガイドラインのイ）からホ）のポイントに関連して、

> a．どの部分が十分ではないために保証契約が必要となるのか、個別具体の内容
> b．どのような改善を図れば保証契約の変更・解除の可能性が高まるか、個別具体の内容
> c．原則として、保証履行時の履行請求は、一律に保証金額全額に対して行うものではなく、保証履行時の保証人の資産状況等を勘案したうえで、履行の範囲が定められること

を単に説明するだけではなく、その説明内容と結果等を書面で残すことが銀行に求められています。

　ポイントは「**説明を書面に残す**」です。書面に残す以上、金融庁の検査でチェックされることになります。

　したがって、銀行としては、融資の稟議の際に、保証人を必要とするのであれば、その理由を明記しなければなりません。銀行員は金融庁を意識して仕事をするので、合理的な理由を書けない限り、保証人を必要とする稟議を書けない（決裁できない）ことになります。

　つまり、**銀行としては、経営者保証を必要とする理由について、金融庁に怒られないような合理的な理由を立てて決裁しないといけません**。

経営者保証を必要とする合理的な理由が存在する会社も世の中には相応にありますが、銀行に「理由の明記」が求められる以上、経営者保証はないのが原則となるはずです。

経営者保証を不要とするポイント

経営者保証ガイドラインに記載されている、イ）からホ）のポイントを確認しておきましょう。

イ）法人と経営者個人の資産・経理が明確に分離されている

ロ）法人と経営者の間の資金のやりとりが、社会通念上適切な範囲を超えない

イとロが意味するのは**公私混同があると経営者保証は外れない**ということです。

一番問題になるのは、会社から経営者への貸付金や仮払金です。保証を外すには、少なくとも**会社から経営者への貸付金の回収予定が必要**です。

経営者からの借入金（役員借入金）についても、金額が大きい場合は問題になります。会社で融資を受ける等で役員借入金を返済する必要があります。

経営者が所有する不動産を会社に貸していると不利になる可能性もあります。**会社が不動産を買い取るのがベスト**で、それが無理なら、適切な賃料で賃貸借契約を締結する必要があります。

さらに**役員報酬が適正な金額**であることが求められます。

ハ）法人のみの資産・収益力で借入返済が可能と判断し得る

明確な基準はありませんが、「**債務超過ではない**」「**債務償還年数10年以内**」「**連続赤字ではない**」など、正常先の条件クリアが必要になると思われます。

2022年11月30日の日本経済新聞の記事「経営者保証を促す　中小企業庁　数値基準を導入」では、「EBITDA有利子負債倍率（企業の負債返済能力を評価する指標。「有利子負債－現預金」を「営業利益＋減価償却費」で除して計算する）が15倍以内」「減価償却前の経常利益が２期連続赤字でない」との目安が例として挙げられていました。

ニ）法人から適時適切に財務情報等が提供されている

決算書はもちろん、試算表や資金繰り表等を銀行に提出することが必要になります。少なくとも**試算表を提出**できないと、この条件は満たせません。

ホ）経営者等から十分な物的担保の提供がある

不動産担保や預金担保で銀行の債権が保全されている場合、経営者保証を外すことができます。

なお、イ）からホ）のすべてが満たされないと経営者保証が必要というわけではありません。銀行に求められているのは総合判断です。

しかし、銀行は経営者保証がほしいので、金融庁に怒られない範囲で、イ）からホ）が充足しているか否かを厳しめに判断をし、保証の必要性を正当化してくるでしょう。

今後の運用は金融庁の手綱さばきにかかっています。

04
「社長の個人破産ゼロ」の時代が到来

対応ポイント

- ⓨ「経営者保証ガイドライン」によれば「保証人の破産」の必要はない
- ⓨ会社は倒産をする場合、経営者は経営者保証ガイドラインの債務整理手続きを活用すべき
- ⓨただし、経営者保証ガイドラインでは「社長本人名義の借入」は救われない

保証人の破産の必要はない

経営者保証ガイドラインに則って保証債務を処理すれば、会社を倒産させても、経営者保証をしている経営者が破産をする必要はありません。

経営者保証ガイドラインの解説本やネット記事を読むと、その利用についてさまざまな要件が書いてあり、一見難しそうに思えるかもしれません。

確かに、実際に利用する場合は、事前に詳細な検討をする必要はありますが、それは弁護士等の専門家に確認してもらえばよいことです。

経営者保証ガイドラインによる保証債務の整理を利用する要件として、経営者が唯一頭に入れておかなければならないことは、

会社債務を何らかのちゃんとしたスキームにより処理すること

です。これは専門的な言い方をすると以下のようになります。

会社の債務を「法的整理」か「準則型私的整理」の手続きで処理すること

　法的整理とは、「破産」や「民事再生」など、法律に則って、裁判所を通して会社を整理する手続きです。

　一方、**私的整理**とは、法律で定められた手続きではなく、債権者との交渉によって債務整理を行う方法です。そのうち、第三者機関の関与の下、一定の準則・ルールに基づいて実施されるものを**準則型私的整理**といいます。つまり、私的整理の中でも厳格な手続きということです。

　準則型私的整理の代表例は以下のとおりです。

> • 事業再生実務家協会による事業再生ADR
> • 中小企業活性化協議会による再生支援手続き
> • 特定調停スキーム

　すなわち、会社を事実上廃業して放置した状態では、経営者保証ガイドラインによる保証債務整理手続きは利用できず、**何らかのちゃんとしたスキームで会社の債務を処理する**ことが必要です。

経営者保証ガイドラインによる保証債務整理手続きのメリット

　経営者保証ガイドラインによる保証債務整理手続きを利用すれば、会社が倒産しても保証人は破産しなくて済むといっても、保証人である以上、私財を投げうって保証債務を弁済しなければなりません。この点は破産と同じです。

　しかし、破産と比べて以下のメリットがあります。

> Ⓐ「破産者」の烙印を押されないこと
> Ⓑブラックリストに載らないこと
> Ⓒ自由財産（99万円以下の現金等）を超えて資産を残せる可能性があること

どれも重要ですが、このうち、ⒶとⒷは必ず実現できます。

©は「自由財産（99万円以下の現金等）を超えて資産を残せる可能性がある」のであり、実際に99万円の現金以上の財産を残せるかは、ケースによります。これは次項で説明します。

会社の資金繰りのために社長本人が借入を行ってはいけない

経営者保証ガイドラインにより整理できるのは「保証債務」です。経営者個人のカードローンやクレジットカード債務は、この手続きでは整理できないのが原則です。

　最悪なのは、会社の資金繰りのために、経営者が個人でカードローンを借りたり、クレジットカードのキャッシングを利用することです。これは絶対に避けるべきです。

　なぜなら、それらの債務は経営者保証ガイドラインでは処理できないからです。経営者が会社の資金繰りのために借りたカードローンが返済できず、破産せざるを得なかったケースを筆者（池田）は多数、見ています。

　カードローン等を利用しないと資金繰りがつかないような状況になったら、経営者個人のカードローンを利用して会社の資金繰りをするよりも、会社を倒産させ、別の事業（会社）で再起を図ることを考えてください。

05

経営者保証ガイドラインによる
保証債務整理で何が残せるか

対応ポイント

- 💴 経営者保証ガイドラインによる保証債務整理では、早期に清算に踏み切ったことによる返済可能額の増加額の一部をインセンティブ資産として残せる
- 💴 実際に残せるインセンティブ資産は「月33万円×雇用保険の給付期間」をベースに判断される

経営者保証ガイドラインによる保証債務整理で何が残せるか

破産でも以下の自由財産は残すことができます。

1 将来清算した場合の回収見込額との差額を上限として残せる

99万円以下の現金	差押禁止財産 （経営者に関係が あるもの）	各種年金受給権
		小規模企業共済
		中小企業退職金共済

破産でさえ残せるのですから、当然、経営者保証ガイドラインによる保証債務整理手続きでも残すことができます。また、経営者保証ガイドラインによる保証債務整理手続きでは、自由財産を超えた財産も一定の範囲内で残すことができます。これを**インセンティブ資産**と呼びます。

インセンティブ資産には上限があり、その額は以下のとおりです。

インセンティブ資産の上限

現時点で会社を清算した場合の 会社からの返済見込額 **＋** 現時点での保証人からの 返済見込額	**－**	将来に会社を清算した場合の 会社からの返済見込額 **＋** 将来の会社清算時点での 保証人からの返済見込額

つまり、この手続きを利用することにより、**早期に清算に踏み切ったことによる返済可能額**（金融機関から見れば回収可能額）**の増加額をインセンティブ資産の上限とする考え方**です。将来とは３年後を想定します（**図表3**）。

図表3　インセンティブ資産は残すことができる

現在

しかし、１で説明したインセンティブ資産の上限額全額を残せるわけではありません（あくまで１の計算は"上限"です）。実際には、以下の範囲を目安としてインセンティブ資産を残すことができます。

2　実際にインセンティブ資産として残せる金額の目安

⑴　一定期間の生計費に相当する現預金

一定期間の生計費の目安は「**月額33万円（日額１万1000円）×雇用保険の給付期間**」（**図表4**）です。

給付期間は幅がありますが、諸々の事情を総合的に判断して決めることになります。実務的には上限に近い金額となることが多いようです。

なお、月額33万円（日額１万1000円）とは、民

図表4　雇用保険の給付期間

保証人の年齢	給付期間
30歳未満	90日〜180日
30歳以上35歳未満	90日〜240日
35歳以上45歳未満	90日〜270日
45歳以上60歳未満	90日〜330日
60歳以上65歳未満	90日〜240日

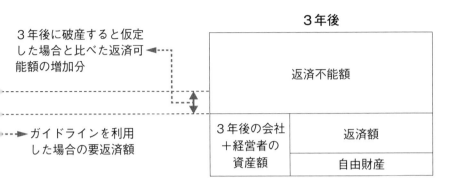

事執行法施行令という政令で、差押えが禁止される継続的給付に係る債権等の額として定められている金額を拠り所としています。

(2) 華美でない自宅

次項「自宅を残せるか」を参照ください。

(3) その他

高齢者の医療費など、生活に必要な資金は別途、個別事情により考慮されます。

自宅を残せるか

経営者にとって自宅を残せるか否かは重要な問題ですが、これは**自宅が担保に入っているかという点と、インセンティブ資産の有無により決まります**。

(1) 住宅ローンがオーバーローンの場合

オーバーローンとは、自宅を売却しようとした場合の売却見込額より

も、**住宅ローンの残高が大きい場合**をいいます。

　例えば、自宅の売却見込価格が3000万円なのに住宅ローンが3500万円残っている場合、自宅を売却しても、売却金は住宅ローン債権者への弁済に回るだけで、会社へ融資した金融機関（＝保証債務の債権者）への弁済には１円も回らないので、**インセンティブ資産の有無にかかわらず自宅を残すことができます**（もちろん住宅ローンの返済は継続することが前提です）。

住宅ローンの返済を継続可能であれば
インセンティブ資産がなくても残せる
可能性が高い

　ただし、会社の借入を行った銀行と経営者が住宅ローンを借りた銀行が同一の場合、銀行が住宅ローンの期限の利益を喪失させ、競売にかけてくることがあります。経営者は**会社の借入を行う銀行とは別の銀行で住宅ローンを組むべき**です。

⑵ 住宅ローン残高よりも高く自宅を処分できる場合

　「住宅ローン残高＜自宅の処分価格」の場合です。この場合、「**自宅の処分価格−住宅ローン残高**」**がインセンティブ資産の上限額より小さく、かつ自宅が華美でなければ**自宅を残すことができます。

ココの金額がインセンティブ資産より
小さければ自宅を残せる可能性がある

(3) 自宅に担保権が設定されていない場合

自宅に担保権が設定されていない場合、自宅の処分価格が**インセンティブ資産の上限額より小さく、かつ自宅が華美でなければ**自宅を残すことができます。

(4) 自宅が会社の借入の担保となっている場合

自宅が会社の借入の担保となっている場合、担保権者である金融機関から売却をするように言われます（それを拒否したら競売となります）。

したがって、**原則、自宅は残せません**。

以上をまとめると**図表5**のようになります。

図表5　まとめ

担保（被担保債権）		インセンティブ資産なし	インセンティブ資産＞0	
	売却見込価格とローン残高の関係		華美でない	華美
なし		残せない	「売却見込価格≦インセンティブ資産」であれば残せる	残せない
住宅ローン	売却見込価格≦ローン残高	残せる	残せる（注1）	（注2）
	売却見込価格＞ローン残高	残せない	「（売却見込価格－ローン残高）≦インセンティブ資産」であれば残せる	残せない
会社の借入		残せない	残せない	残せない

（注1）会社の借入を行った銀行と経営者が住宅ローンを借りた銀行が同一の場合、残せない可能性がある。
（注2）華美でかつオーバーローンの場合、保証債権者との関係では残せても、実際には住宅ローンを払えないので残せない。

社長が気をつけるべき点は大きく2つある

経営者は、会社をわが子のように思い、苦しくても何とか耐え凌ごう

とされる方が多いですが、経営者自身の今後の再出発や、家族の生活を守るためには、破産は避けるべきで、そのためには、経営者保証ガイドラインによる保証債務整理手続きを早期に有効活用すべきです。

1 経営者の個人資産がなければインセンティブ資産はない

経営者保証ガイドラインによる保証債務整理では**インセンティブ資産を残せるといっても、それは経営者が資産を持っている場合**です。

経営者保証ガイドラインによる保証債務整理でも、経営者に残念ながら自由財産の範囲内の資産しかなく、経営者保証ガイドラインによる債務整理を利用するメリット（341ページ）の④と⑧は享受できても、**⑥は享受できない例が多い**ようです。

会社を倒産させないように頑張ることは立派なことですが、そのために経営者の全個人資産を会社の資金繰りに投入してしまうと経営者保証ガイドラインを利用しても無一文になってしまいます。

2 早期に返済に踏み切らないとインセンティブ資産はない

インセンティブ資産の上限額は343ページで述べたとおり、早期に清算に踏み切ったことによる返済可能額（金融機関から見れば回収可能額）の増加額です。"早期の清算"に踏み切らないとインセンティブ資産はないことになります。

"早期の清算"といっても抽象的ですが、事業を譲渡するとか、設備を譲渡するなどして、何らかの換価価値がある状態での清算と理解してください。

逆にいえば、**お金に替えられるものはすべて換価した（または担保に入れた）後で清算に踏み切っても、インセンティブ資産として資産を残すことはできません。**

第11章

COMPLETE MANUAL OF BANK NEGOTIATIONS
AND CASH MANAGEMENT
FOR SMALL AND MEDIUM ENTERPRISES

銀行交渉でよくある悩みと
その解決法

経営者の目の前には、銀行が関連する多種多様な課題が
あるものです。この章では実践的な銀行との交渉を事例
を交えて紹介します。銀行の対応や要求の理由に注目す
れば、今後、自社が同様の状況となった場合の交渉にも
応用できるでしょう。"自分事"として参考にしてください。

01

定期預金の中途解約に
応じてくれない

資金繰りについて悩む日々が続いています。資金を少しでも早く確保
するため、銀行に定期預金の中途解約を申し出たところ、「定期預金
は満期が来ないと解約できない」と言われました。これまで銀行への
返済が遅れたことは一度もありません。

対応ポイント

- ⓧ 定期預金規定では、銀行がやむを得ないと認めない限り中途解約でき
  ないとされている
- ⓧ しかし、定期預金は中途解約できるのが商慣習
- ⓧ 債権保全上、問題がないのに銀行が解約に応じないのは、独占禁止法
  上問題

金融機関の判断基準

　定期預金の解約を断る銀行の狙いは「保全」にあります。担保ではな
いものの、実質、融資見合い担保と考えている場合も少なくありません。
　もっとも、銀行としては、保全の必要性を強く感じている取引先と、
「万が一に備えて保全をしておこう」程度の取引先があります。どちら
かにより、銀行の定期預金解約拒否の強硬さ加減は異なります。
　後者の場合、銀行としては、「定期預金を解約するくらいであれば、
借り増してほしい」と考えることもあります。

企業の対応と留意ポイント

　定期預金の中途解約を、債権保全の必要性がない状況で、銀行が断る

ことは独占禁止法違反です。定期預金規定には「この預金は、当行がやむを得ないと認める場合を除き、満期日前に解約または書替継続することはできません」という規定が入っています。

しかし、定期預金は、満期日前であっても中途解約ができることが商慣習といえます。

この点、2006年6月に公正取引委員会から公表された「金融機関と企業との取引慣行に関する調査報告書」によれば、「債権保全に必要な限度を超えて、融資に当たり定期預金等の創設・増額を受け入れさせ、又は預金が担保として提供される合意がないにもかかわらず、その解約払出しに応じないこと」は独占禁止法上問題となる行為とされています。

解約に応じないのは独占禁止法上問題となることを指摘し、粘り強く交渉すれば、銀行は定期預金の中途解約に応じるのが一般的です。

もっとも、銀行から、「資金が必要でしたら追加で融資しますよ。だから定期は解約しないでください」と言われるかもしれません。

その場合は、「追加融資は金利がもったいない」と言って断れば、それ以上は銀行としては解約を拒めません。

独占禁止法違反の点を指摘しても応じない場合は、銀行として債権保全上、定期預金解約に応じない合理的理由があると考えている場合です。真に会社の経営状況が悪い場合（例えば、実質的に債務超過の場合など）は中途解約に応じてくれなくても仕方がありません。

したがって、真に資金繰りが厳しくなるよりも前に、融資元銀行の定期預金は解約しておきましょう。

なお、以上は、定期預金に担保権が設定されていない場合、かつ中途解約の話です。

02 「売上の入金口座を 移してほしい」と言われた

> メインバンクの地銀Aから「売上の入金口座を大手銀行Bから当行に
> 移してほしい」と言われました。地銀Aからは、この移行による手数
> 料の優遇や融資条件の見直しにも応じるとのことです。
> 地銀Aとの関係は良好です。大手銀行Bとは保証協会付融資が一部残
> っているだけで、冷めた関係にあります。

対応ポイント

- ⍟ 売上金の入金指定は、銀行から見れば債権保全策の1つである
- ⍟ 入金口座を集中した銀行とは、生死をともにすることになる
- ⍟ 零細企業は、生死をともにしてよいと思えるような信頼できる銀行に
  入金口座を集中すべき

金融機関の判断基準

　銀行がなぜ入金口座を自分の銀行に指定したがるかというと、以下の
2つのメリットがあるからです。

①売上金をすべて当行の預金口座に入金させることにより、融資先の資
　金繰りをリアルに把握できる

②いざというとき、入金された売上金と融資金を相殺することにより回
　収できる

企業の対応と留意ポイント

　上記、入金口座を自分の銀行に指定する銀行のメリットからすれば、
ある銀行に入金口座を集中すると、その銀行と生死をともにすることに

なります。

　銀行から資金繰りがよく見えるようになるので、業況に問題がなければ銀行は融資をしやすくなります。

　一方で、業況が悪くなれば保全を求められやすくなりますし、最悪の場合は、銀行は、保全を優先して、貸出先を潰す覚悟で、売上金が入った預金口座を凍結してくるかもしれません。

　そこで、ある程度の規模の会社で、かつ資金調達に困っていない場合であれば、売上の入金先は複数の銀行に分散するのがよいでしょう。

　しかし、零細な会社ではそうはいきません。どうせ、いずれかの銀行に入金を集中するのであれば、**生死をともにしてよいと思えるような信頼できる銀行に入金口座を集中**しましょう。

　設例であれば、プロパー融資を期待できないB行から、良好な関係にあるA行に入金口座を移すのがよいでしょう。

　なお、お願いベースではなく、「融資の条件として売上金の入金口座を当行に移してくれ」と言ってくることもあります。

　これは、銀行の審査の決裁時に、「条件」として「入金口座指定」が付されているからです。

　本部から見れば、「営業店はその融資を実行してもよいが、必ず決裁条件を充足しないといけない（入金口座を移さなければならない）」とするものです。

　この場合は、融資を受けるためには、入金口座をその銀行に必ず移さなければなりません。

「預金取引のバランスを取りたい」と言われた

準メインの銀行の担当から、次のような相談を受けました。なぜこんなことを言ってくるのでしょうか?

「当行は、預金取引において3番手B行に少し後れを取ってしまっており、バランスが悪くなっています。もしよろしければ、預金を500万円、当行の口座に移していただけないでしょうか? もちろん、その分の利息などは検討させていただきます」

対応ポイント

- ⑨ 銀行は融資シェアと預金シェアのバランスを見ている
- ⑨ 実効金利は「(融資利息−預金利息)÷(融資残高−預金残高)」で求められる
- ⑨ 銀行のスタンスを確認し、預金をどこに置くか戦略を立てる

金融機関の判断基準

銀行は、各行でフォーマットは異なりますが、おおむね**図表1**のよう

図表1　預貸バランス表の例

(千円)

	融資		預金残高		
	残高	比率	預金残高	比率	うち融資行
当　行	100,000	30.3%	5,000	10.0%	12.5%
A銀行	150,000	45.5%	30,000	60.0%	75.0%
B銀行	50,000	15.2%	5,000	10.0%	12.5%
C銀行	30,000	9.1%	0	0.0%	0.0%
その他	0	0.0%	10,000	20.0%	
合計	330,000	100.0%	50,000	100.0%	100.0%

※うち融資行＝自行の預金残高÷融資行の預金残高合計

な表を作り、ライバル行と自行のシェアを比較しています。

この表を「融資バランス」もしくは「預金バランス」といいます。以下、本書では**預貸バランス**と表記します。

図表1のような状態であった場合、当行渉外課の課長と担当者との間では、次のような会話が想像できます。

> 課　長：○○君、何でウチはこんなに預金が負けているんだ！
> 担当者：決済をすべてメインのA行の預金口座に固めているので、どうしても……。
> 課　長：じゃあ、何で3番手のB行と同額の預金しかないんだ？
> 担当者：いや、そう言われても……。わが社は、当行、A銀行、B銀行の3行にそれぞれ500万円の定期預金を置いています。
> 課　長：B銀行に500万円預金を積んでいるなら、当行には1000万円積むように、すぐ社長に電話をしてお願いしなさい。

銀行は、一般に融資のシェア以上の預金のシェアを求めます。現在の低金利では、預金単体では銀行にほとんど利益はありませんが、銀行には実効金利という考え方があります。

実効金利は以下のように求めます。

> **実効金利 ＝（融資利息 － 預金利息）÷（融資残高 － 預金残高）**

すなわち、実効金利の計算においては、融資と預金を相殺して、預金分は融資残高にカウントしないように擬制します。

表内で、当行、A行、B行とも、仮に融資金利1％、預金金利0％としましょう。その場合、実効金利は次のようになります。

当行：1,000千円÷（100,000千円－500万円）＝1.05％
A行：1,500千円÷（150,000千円－3,000万円）＝1.25％
B行：500千円÷（50,000千円－500万円）＝1.11％

このように当行は実効金利で負けていることになるため、担当者は課長に怒られたのです。

企業側としては、預貸バランスに関する銀行のスタンスを確認しましょう。

銀行は、貸倒リスクをとって融資をしています。したがって、金利は貸倒リスクに見合ったものでなければなりません。

一方、融資先が倒産した場合、銀行は融資金と預金を相殺できます。

そこで、融資残高から預金残高を差し引いた金額を実質融資残高と捉え、それに見合った金利収入がとれているのかを重視する考え方の銀行では、預貸バランスを重視します。

ただし、預貸バランスの重視度は銀行によって異なるようです。いくら融資時に預金がたくさんあっても、それを担保にとっていない限り、銀行としては、その流出を止めることはできないので、預貸バランスは重視をしないというのも1つの考え方です。

したがって、**預金は預貸バランスを重視する銀行に集めたほうが得策**です。

預貸バランスを重視する銀行は、実効金利を判断要素の1つにしているわけですから、その銀行に預金を集めると実効金利が下がり、ついては借入金利の交渉でもプラス要素となるからです。

では、どの銀行が預貸バランスを重視する銀行なのかといえば、それは、度々「預金を増やしてください」とお願いにくる銀行です。

04

他行の動向を
どう説明すればよいか

C銀行に融資の打診をしたところ、「最近、メインのA銀行も、サブのB銀行も残高が減っているようですね。何か理由があるのですか」と言われ、答えに窮してしまいました。

対応ポイント
- Ⓨ 銀行は他行の融資残高を注視している
- Ⓨ 他行の動向を正直に伝えることはリスクがある

金融機関の判断基準

銀行は取引先概況表の中で、融資残高と推移を表にしています（**図表**

図表2 取引先概況表の例

	2020年	2021年	2022年	2023年	
メイン［地銀］	1,010	920	1,020	910	
サブ［地銀］	610	550	580	430	2023年から消極的対応
サブ［地銀］	520	470	510	340	
メガバンク	370	210	190	120	2020年から新規貸出なし
地方銀行	210	350	350	260	
地方銀行	120	170	350	290	2023年から消極的対応
地方銀行	200	280	290	220	
地方銀行	210	250	280	210	
地方銀行	0	50	60	100	
信用金庫	170	290	320	390	2023年の資金繰りを支援
信用金庫	50	180	200	220	
信用金庫	200	180	200	220	
政府系機関	530	590	490	380	2022年から新規貸出なし
政府系機関	80	170	110	50	
合計	4,280	4,660	4,950	4,140	リスケ・倒産に移行する可能性大

借入のピーク

２）。この表は法人税申告書の別紙「勘定科目内訳明細書」を元ネタにしています。

　銀行が他行の動向を気にするのは、イザというというときに他行から資金調達できる「借入余力」を評価して融資を判断しているからです。
　借入余力を端的に表すのが、借入残高の推移です。
　例えば**図表2**のように融資残高が推移した場合、次のように分析します。

> ・メイン、サブメインが融資に消極的であり、きわめて危険
> ・信用金庫など下位行が融資残高を増やしたのは、メインが貸してくれないから

　上記のように分析をした銀行は、当然ながら、新たな融資を出してくれません。
　このように、**銀行に他行の融資残高とその推移を知られることはリスクが大きいですが、元ネタが法人税申告書の別紙である以上、隠すこともできません**。

企業の対応と留意ポイント

　会社としてできることは、融資残高が減少している銀行について、そのもっともらしい理由を説明することです。例えば次の内容です。

> ・金利が高い銀行から低い銀行にシフトしている
> ・無担保で貸してくれる銀行にシフトしている
> ・税理士の指導で借入金残高を減らしている。しかし○銀行は営業が熱心で金利も低いので借り増した

　さらに、決算期末だけ借り増し、または返済を行い、銀行別融資残高を"お化粧"している会社もあります。

　ただし、"お化粧"に協力してもらっている銀行には、"お化粧"していることがバレてしまうので、"お化粧"をする理由の言い方に注意が必要です。例えば次の内容です。

- （期末だけ残高を落としてもらう銀行に対し）御行の残高が他行にバレると他行から「ウチからも借りてくれ」との営業が激しくなるので、期末だけ融資残高を落とさせてほしい
- （期末だけ残高を増す銀行に対して）本県のトップ地銀である御行の順位が下だと取引先に対してカッコ悪いので、決算書上、御行が準メインに見えるようにしてほしい

05 メインバンクの融資について借換えの提案を受けた

準メインのＢ銀行から、「現在、御社のメインのＡ銀行からの短期借入の金利は1.2％ですよね。次に手形借入の期限がきたとき、当行へ借り換えていただければ金利は0.8％で対応します」と言われました。

対応ポイント

- ¥ 他行から低利借換えの提案があった場合は、その旨をメインに話す
- ¥ "オープン"と"フェア"の精神で銀行取引に臨むべき

金融機関の判断基準

準メインのＢ銀行は、低金利攻勢をかけて、Ａ銀行からメインの座を奪おうとしています。

優良企業のメインの座を掴めば、融資取引以外にも、外為取引、不動産の斡旋、Ｍ＆Ａの斡旋等、収益機会がたくさんあります。よってＢ銀行は低金利攻勢でメインの座を奪えば、融資の利ざやは縮小しても、トータルでは、大きな収益メリットがあると考えています。

企業の対応と留意ポイント

準メインのＢ銀行から、今メインのＡ銀行から借りている借入をＢ行に借り換えないかと言われた際には、まずはその旨をＡ銀行に話しましょう。

コンサルタントの中には、Ａ銀行からＢ銀行へ借り換えたらＡ銀行との関係が悪化するから、今後Ａ銀行から借りなくてもよい場合でない限り、借り換えるべきではないとアドバイスする人もいるようです。

　確かに、**事前に何の断りもいれずにＡ銀行からＢ銀行へ借り換えたら、
Ａ銀行との関係は悪化する**でしょう。

　しかし、配慮しすぎることにも弊害があります。少なくともＡ銀行に
条件を提示することはやるべきです。

　銀行は、他行との関係は競争関係であると認識しています。したがっ
て、条件を出し合って競争に負けたのであれば、融資先企業を恨んだり
はしません。優良な企業に対して競争があるのは当然と考えています。

　借り換えを提案してくるＢ銀行は、必ずＡ銀行の既存融資よりはよい
条件を提案してくるはずです。そうでなければ、企業側が借り換えに応
じてくれないからです。企業側としては、折角の好条件をみすみす逃す
のはもったいないです。

　そこで、**Ｂ銀行の好条件な提案をＡ銀行にぶつけることにより、Ａ銀
行にもっとよい条件の提示を迫るべき**です。

　その条件交渉で、結果としてＡ銀行が負けた場合、企業との関係を悪
化させるのではなく、次の機会に取り戻そうとＡ銀行は考えます。

　"オープン"と"フェア"の精神で銀行取引に臨めば、銀行と関係が
悪くなることを心配する必要はありません。

　もっとも、設例は準メインがメインからの借換えを提案してきたケー
スです。優良企業に対しては、新規に取引をしたい銀行が低金利でアプ
ローチしてきます。

　しかし、これはスーパーマーケットの客寄せの赤字覚悟の特売目玉商
品のようなものです。**銀行と良好な関係を継続するには、銀行に適正な
利益が得られるような配慮が企業側にも必要**です。特売目玉商品ばかり
を買い漁るような態度だと、銀行と良好な関係は築けません。

06

融資を依頼したら
「銀行保証付私募債」を提案された

準メイン行の担当者が「御社は財務状況が良好なので、私募債を発行
できます。私募債を発行できるのは優良企業だけですから、私募債を
発行すると御社のステータスが上がります」とセールスをしてきまし
た。なぜ融資ではなく私募債を提案してくるのでしょうか。

対応ポイント

- ⊛ 銀行保証付私募債は、銀行が信用保証、事務委託取り扱い、社債引き
  受けを一括で行うサービスである
- ⊛ 銀行保証付私募債は銀行との "お付き合い" 程度と心得る

金融機関の判断基準

1　私募債とは

　銀行が取引先企業に、私募債をセールスしてくることがあります。

　社債は、会社が債券を発行して資金調達をする手段です。社債には、
証券会社を通じて不特定多数の投資家に対し募集を行う公募債と、特定
少数の投資家に引き受けてもらう私募債があります。代表的な資金調達
手段である銀行借入と比較すると**図表3**のとおりです。

図表3　私募債と銀行借入

	社債（私募債）	銀行借入
資金提供者	社債権者（社債購入者）	銀行
返済方法	償還期日に一括	毎月返済が基本
期　　間	比較的長期（3～10年が一般的）	短期・長期
金　　利	固定	変動・固定

しかし、銀行が勧めてくる私募債は、銀行だけが引き受けて（銀行だけが社債権者となり）銀行が保証もするものです。社債といっても、社債権者は銀行のみです。これを**銀行保証付私募債**といいます。

銀行保証付私募債は、発行企業の取引銀行が、信用保証、事務委託取り扱い、社債引き受けを一括で行うサービスです（**図表4**）。銀行は保証料、手数料、利息等を受け取ります。

図表4 **銀行保証付私募債**

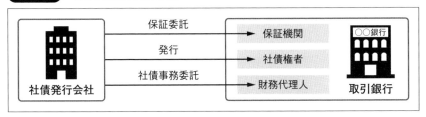

銀行保証付私募債は期間の長い資金調達に向いていますが、財務代理手数料、引受手数料、保証料などが必要で、一般に企業側から見たコストは融資よりも高額になります。

また、銀行と信用保証協会の共同の保証が付いた私募債もあります。これを、**信用保証協会保証付私募債**といいます。発行企業は銀行と信用保証協会の双方に保証料を支払うため、銀行保証付私募債以上にコストが高くなります。

2 私募債を発行できるのは優良企業の証？

銀行の担当者が「私募債を発行できるのは優良企業だけですから、私募債を発行するとステータスが上がります」とか「箔がつきます」とセールスしてくることがあります。

これは、銀行や信用保証協会は、純資産額や自己資本比率などの適債

基準を設けており、これをクリアできないと私募債を保証しないからです。例として東京信用保証協会の適債基準は**図表5**のとおりです。

図表5 **私募債発行の適債基準**

以下の基準（1）〜（3）について、①の要件を満たす中小企業で、②または③のいずれかを満たし、かつ④または⑤のいずれかを満たす方。

項目	基準（1）	基準（2）	基準（3）	充足要件
① 純資産額	5千万円以上 3億円未満	3億円以上 5億円未満	5億円以上	必須要件
	↓	↓	↓	
②自己資本比率	20%以上	20%以上	15%以上	ストック要件 （1つ以上充足）
③純資産倍率	2.0倍以上	1.5倍以上	1.5倍以上	
④使用総資本事業利益率	10%以上	10%以上	5%以上	フロー要件 （1つ以上充足）
⑤インタレスト・カバレッジ・レーシオ	2.0倍以上	1.5倍以上	1.0倍以上	

※協会申込日の直前の決算による（期中に会社分割・合併を行っている場合は別途相談）

●適債基準算出式
②自己資本比率＝純資産の額÷（純資産の額＋負債の額）×100
③純資産倍率＝純資産の額÷資本金
④使用総資本事業利益率＝（営業利益＋受取利息＋受取配当金）÷純資産の額×100
⑤インタレスト・カバレッジ・レーシオ
　＝（営業利益＋受取利息＋受取配当金）÷（支払利息＋割引料）

出典：東京信用保証協会「私募債のご案内」

3　銀行はなぜ私募債を勧めるのか

　銀行はなぜ私募債を勧めるのか。それは**融資より儲かるから**です。融資では金利収入しか銀行は得られませんが、銀行保証付私募債であれば、金利収入に加えて、財務代理手数料、引受手数料、保証料を得られ、手数料は融資実行時に収益計上することができます。

　さらに言えば、銀行の営業店の目標（ノルマ）は、単純に収益や融資額だけが課されるわけではありません。細かな項目別に配点があり、その期に銀行の経営判断として注力をしたい項目の配点が高くなります。

　目標の項目には、不動産紹介件数、M&A斡旋件数などがありますが、その中に私募債の発行件数がある場合があります。その場合、銀行の営業店としては、私募債発行件数を稼ぐために必死になります。

企業の対応と留意ポイント

1　安易に応じてはいけない

　銀行から、銀行保証付私募債の発行を勧められても、単に資金調達の手段としては融資のほうが低コストです。

　また、ステータスが上がるといっても、**それで本業にプラスになったり、他の金融機関からの資金調達が有利になることは、あまり期待できません**。

　すなわち、銀行保証付社債を発行することは、銀行との〝お付き合い〟と割り切るべきです。

2　私募債発行はメイン行から

　銀行から見ると銀行保証付私募債の発行を受託することはメインの証です。

　準メイン行から私募債を発行すると、それがメイン行に知れて、メイン行の機嫌を損ねたり、その尻ぬぐいとして、さらにメイン行からも私募債を出さざるを得なくなるかもしれません。

　したがって、銀行保証付私募債を出す場合は、メイン行からとすべきです。

07

「協調融資を検討したい」
と言われた

> メインバンクに新工場建設資金として5億円の融資を相談したところ、
> 「金額が大きいため、複数の金融機関と協力する協調融資を検討したい」
> と言われました。

対応ポイント

- ☹銀行は手数料稼ぎのため、コベナンツ融資・協調融資を勧めることが多い
- ☹本当に協調融資やコベナンツ融資でしか借入できないのか確認すべき

銀行の狙いはどこにあるのか？

1　協調融資とは

協調融資とは、1つの企業に対し、複数の金融機関が協力して融資を行う方法です。**シンジケートローン**ともいいます。

歴史的には、1つの銀行で対応しかねるような大型の資金調達ニーズに対して、複数の金融機関が協調して協調融資団を組成して融資を実行してきました。

しかし、最近では中小企業向けの数千万円規模の案件でも協調融資がよく見られるようになっています。

協調融資では、幹事銀行がアレンジャーとエージェントに就任することが一般的です（**図表6**）。

アレンジャーとは、協調融資団を取りまとめる役割の銀行です。貸出条件の検討、参加金融機関の招聘、契約書の作成などの役割を担い、顧

客と協調融資団の間の調整を行います。

　エージェントとは、融資契約後、各貸付人（各金融機関）の代理人として元利金の受け渡しや契約の管理を行う役割を担う銀行です。

図表6 **幹事銀行の役割**

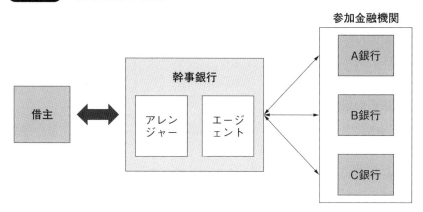

2　コベナンツ融資とは

　コベナンツとは財務制限条項のことをいい、コベナンツ融資とは「一定の財務に関する特約付き融資」のことを指します。特約とは、「自己資本を〇〇％以上に維持する」とか「売上高に対する総借入残高の割合を〇〇％以下に維持する」といったものです。

　このような「コベナンツ融資」は、<mark>金利負担が少なく、高額資金を調達可能な手段</mark>として近年注目されています。

　一方、「コベナンツ＝特約条項」に違反すると、さまざまなペナルティが課せられることになります。

　その中でも一番重要なのは、コベナンツ違反が「期限の利益喪失事由」に該当することです。そのため、金融機関側から「一括返済」を要求することも可能になります。

また、コベナンツ融資においても**手数料が発生**します。その金額は年換算すると融資額の0.1％程度のことが多いようです。

　ただし、これは年換算をした場合です。コベナンツ手数料は融資時に支払いますから、10年の融資であれば、融資時に1％程度の手数料を支払うこととなります。

　実務的には、**協調融資に際してコベナンツが設けられることも多い**ようです。

3　銀行の狙い

　協調融資やコベナンツ融資を勧める銀行の狙いは、ズバリ**手数料稼ぎ**です。

　銀行は支店にさまざまなノルマを課しています。その中でも手数料収入に関するものが重要なウエートを占めています。

　企業は、銀行がこの手数料収入のノルマ達成のため協調融資・コベナンツ融資を勧めていると疑ってかかるべきです。

企業の対応と留意ポイント

　銀行から、協調融資・コベナンツ融資を勧められたら、**本当に協調融資やコベナンツ融資でしか借入できないのかをよく確認**しましょう。なぜなら、銀行は手数料収入欲しさに、協調融資・コベナンツ融資を勧めることが多いからです。

　本当に協調融資・コベナンツ融資でないと融資を受けられないのであれば、銀行の提案に従わざるを得ませんが、数千万〜2、3億円程度の融資の場合、協調融資・コベナンツ融資で融資を受けられる会社の多くは一般の融資も受けられます。

　協調融資・コベナンツ融資にしたからといって倒産確率が下がるわけ

ではなく、また、数千万〜2、3億円程度の金額であれば、銀行が貸倒リスクの負担ができないことは有り得ないからです。

　また、条件交渉面からいえば、協調融資となると複数の銀行が共同で融資を行うため、交渉内容は銀行間で共有されることになります。
　その結果、銀行間で競争させられなくなり、借主が取引条件を自社の有利になるよう余地が失われます。
　すなわち、**可能な限り協調融資を避け、一対一の取引を続けることで、情報の優位性を維持し、より有利な取引条件を目指す**べきということになります。
　さらに、前述のとおり、コベナンツ違反するとさまざまなペナルティが課せられるという不利益もあります。
　したがって、協調融資・コベナンツ融資を勧められたら、一般の融資で借りたい旨を強く銀行に主張しましょう。

08
追加担保の差し入れを要求された

業績悪化に伴う資金繰り難のため、メインバンクに返済期限の延長をお願いしたところ、「本社ビルの後順位を追加担保として差し入れてくれれば期限の延長に応じる」と言われました。

対応ポイント

- ⓨ 担保は銀行側と真っ向から利害が対立する問題と心得る
- ⓨ 事業計画書を提出し、追加担保なしでの取引継続を依頼する

金融機関の判断基準

追加担保の差し入れを求められるのは、銀行として**債権保全を重視せざるを得ない場面**です。

具体的には、次のような状況が予想できます。

- 担保で保全されていないプロパー融資の残高があるのに赤字である
- 債務者区分が「要注意先」以下になっている（返済期限の延長で「要管理先」以下となる可能性が大きい）
- 業績改善の見通しがない

要するに、貸付金が「不良債権になるのでは」と考えているのです。

企業の対応と留意ポイント

要求に応じるかどうかは慎重に検討する必要があります。場合によっては、会社の存続を左右する問題に発展しかねないからです。追加担保を差し出すことには、会社にとって次のような問題点があります。

①担保余力を使い果たすことで、今後の「真水確保」が困難になる

　銀行の債権保全のためだけに、要求に応じて追加担保を差し出せば、企業側の**資金調達能力は確実に低下**します。

　担保余力のある不動産を残しておけば、多少業績が悪くなっても、信用保証協会の有担保枠や日本政策金融公庫の融資、ノンバンクの不動産担保ローンなどを活用して、運転資金を調達できるかもしれません。

　一方、追加担保の要求に応じて担保余力を使い果たしてしまえば、こうした道が閉ざされます。資金繰りの防衛を考えれば、担保余力は「真水」（返済の伴わない純粋な新規借入）の確保に使うべきでしょう。

　企業にとっては、銀行と真っ向から利害が対立する問題といえます（**図表7**）。

図表7　担保余力をめぐる利害対立

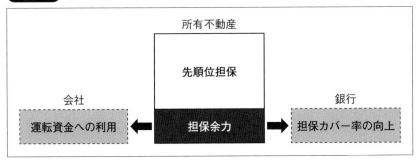

②追加担保設定後に融資を継続してくれるとはかぎらない

　追加担保を求められる企業は業績が悪化していますから、**今後の融資交渉は一筋縄ではいかない**と思われます。

　融資担当者に「追加担保を出せば今後も融資を継続してくれますか？」と聞いてみたところで、「それとこれとは話が別だ」「今期の決算や事業計画書をみて判断する」などと、はぐらかされるのが関の山でしょう。

仮に融資担当者が「追加担保を出せば今後も融資を継続する」と言っても、口頭だけであれば、後で反故にされるかもしれません。

つまり、**信用力の低下をカバーすべく追加担保を差し出したものの、その後、融資が行われない恐れがある**わけです。最近の銀行の融資判断が、業績や決算書中心に行われていることを忘れてはなりません。

③担保設定により、将来、本社ビルの売却を迫られる恐れがある

追加担保に協力した後でも、金融情勢が変わったり、業績推移が芳しくないと、担保を設定した本社ビルの売却を迫られる可能性があります。

資金調達の余力が十分にあるなら別ですが、融資継続が懸念されるような状況であれば、追加担保の要求にそのまま応じるのは危険です。

メインバンクとは、「真水確保の必要性」を根拠に、粘り強く交渉を行うべきでしょう。

交渉でモノをいうのは、やはり「事業計画書」です。①来期以降の黒字化計画、②債務超過の解消見通し等を示し、追加担保なしでの取引継続を依頼しましょう。

また、資金繰りが悪化してリスケに至ると、新規融資が受けられなくなるので、いっそう担保余力が重要になります。「資金繰りの状況次第では、担保余力を使って関係先やノンバンクから借入をしなければならない」などと説明すれば、要求を拒める可能性は十分にあります。

担保を差し入れる場合も**根抵当権の設定は厳禁**です。返済期限の延長を申し出た借入を対象債権とする普通抵当にしましょう。返済期限の延長申出を逆手にとって、銀行の債権保全を従前以上に強化させる必要はまったくありません。

09

メインバンクが
過大な根抵当権を設定している

本社の土地建物にメインバンクである甲銀
行の根抵当権が設定されています。
根抵当権の極度額は２億4000万円ですが、
甲銀行からの借入金は手形借入の6000万
円しかなく、ここ数年、同じ状態が続いて
います。

根抵当権の極度額	２億4000万円
債権の範囲	銀行取引 手形債権 小切手債権
債務者	当社
根抵当権者	甲銀行

支店長に、「6000万円の借入に対して２億4000万円の根抵当権が必
要とは思えません。根抵当権を外してもらえませんか」と相談したと
ころ、次のように言われました。

「極度額を大きくしておくと、今後、御社で資金が必要になった際、
当行はその枠を使って迅速に融資を行うことができます。また、根抵
当権の解除には、借入金の全額返済が必要になります。御社の資金繰
りを考えると、根抵当権はそのままにしておくのがいいと思います」

この支店長が言うとおりにすべきでしょうか？　ちなみに、本社の土
地建物は当社が所有する唯一の不動産です。

対応ポイント

- ⓨ メイン行に過大な極度額を与えてしまうと複数行取引が行いにくい
- ⓨ 担保余力を残したい場合は「極度額の減額」を交渉する
- ⓨ 銀行が応じない場合の最終手段として「元本確定」がある

　抵当権に比べて根抵当権は複雑で、素人には理解しにくい面がありま
す。

根抵当権とは「一定の範囲に属する不特定の債権を極度額の限度において担保する」と規定されています（民法398条の2）。

　特定の債権を担保するものではないため、**あらかじめ設定された極度額を上限として、繰り返し融資の担保としての利用が可能**という特徴があります。

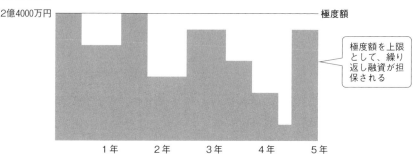

図表8　**根抵当権の極度額と被担保債権**

2億4000万円
極度額

極度額を上限として、繰り返し融資が担保される

1年　2年　3年　4年　5年

　本事例の根抵当権（**図表8**）は、2億4000万円を上限に、甲銀行の当社に対する債権（銀行取引、手形債権、小切手債権）を担保します、という意味です。

　債権は将来発生するものを含むので、甲銀行の支店長が言うとおり、2億4000万円までは面倒な担保の手続きなしで迅速に貸し出すことができます。

金融機関の判断基準

　甲銀行が根抵当権の解除に後ろ向きなのは、**根抵当権が「メイン行の地位を奪われないための強力な武器」**になるからです。

　本事例の不動産の評価額が、極度額と同額の2億4000万円であるとします。

　甲銀行の借入残高は6000万円なので、この不動産には1億8000万円の

担保力が残っているはずですが、**他の金融機関は「担保余力ゼロ」と考えます**。なぜなら、今後、甲銀行の貸出残高が増加し、担保力を使い切った状態になる可能性があるからです。

図表9 甲銀行の根抵当権

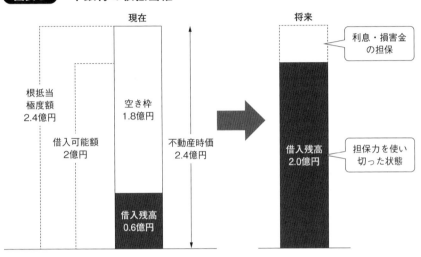

図表9をご覧ください。

銀行は、貸出額の1.2倍を目安に根抵当権の極度額を決定します。

なぜ1.2倍かというと、抵当権では元本に加え最後の2年分の利息や遅延損害金が担保されるためです（民法375条）。根抵当権では、利息や遅延損害金も極度額の範囲内でしか担保されないので、一般に銀行は最後の2年分程度の利息・遅延損害金も担保するため、極度額を貸出額の1.2倍程度とします。

不動産の担保評価額が2億4000万円よりはるかに大きければ、他行は2番抵当権を設定し、融資をします。

しかし、不動産の評価額が2億4000万円以下の場合、他行は、「甲銀行に全て担保をとられた状況」と考えます。当社の財務内容が普通レベ

ルで、無担保での融資が難しい場合、他行は積極的な融資に踏み切ることができません。

　一方、**甲銀行は、根抵当権のおかげで、融資を独占し、金利競争を回避することができます。**つまり、甲銀行の支店長は、営業上のメリットを考慮して、「根抵当権はそのままにしておくのがよい」と言っているのです。

企業の対応と留意ポイント

(1) 極度額の減額を交渉する

　本ケースの問題点は、融資残高と乖離が大きい根抵当権で、複数行取引が行いにくくなっている点です。

　資金繰りを一行に依存するのは危険です。会社の命運がその一行に握られてしまいますし、金利面でも競争原理が働かないので損をする可能性があります。したがって、複数行取引が望まれます。

　とはいえ、根抵当権を外すために、いきなり借入を全額返済するのも問題があります。

　そこで、甲銀行に対して、**「極度額の減額」を交渉**します。

　極度額の減額幅は、今後の借入予定を踏まえて決定します。例えば、１億円を上限に借入を行う場合、極度額の目安は1.2億円（１億円×1.2）になります（**図表10**）。

　甲銀行は抵抗してくるかもしれませんが、一行依存を是正し、複数行取引を志向することは、どの会社もやっていることです。**「いざというときに備えて担保を空けておきたい」**と説明します。

　どうしても銀行が極度額の減額に応じない場合は、**「だったら元本確定請求をする」**と言いましょう（元本確定については次ページ(2)で説明します）。銀行の担当者は「元本確定」と聞いてピンと来ないかもしれ

ませんが、その場合、持ち帰って検討させましょう。

　減額が完了すると担保余力が生じます。他行のシェアを引き上げたい場合に後順位を担保として差し入れる等で、複数行取引につなげます。

図表10 根抵当権の極度額の減額

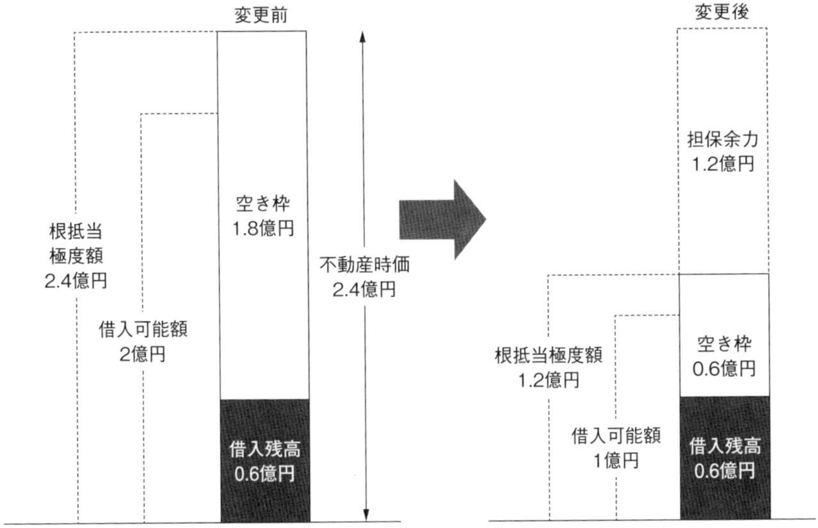

⑵ 銀行が応じない場合の対抗策は元本確定

　根抵当権は、根抵当権者（銀行）と設定者（会社）の合意がなければ解除できません。極度額の減額も同様です。つまり、銀行には「嫌だ」と言う権利があるのです。

　このことがトラブルに発展することは稀ですが、何らかの事情で、銀行が減額や解除に応じない場合の対抗策として**元本確定**という制度があります。

　元本確定は、ざっくりいうと「根抵当権を抵当権と同じ効力に変える」というものです。

　上記の例では、元本6000万円と２年分の利息等のみが担保されるよう

になり、担保余力が生じます。また6000万円を完済したら、（根）抵当権も消滅します（**図表11**）。

根抵当権の元本を確定しただけでは、第三者である他行から、いくら担保余力が発生したのかわかりませんが、元本を確定した後、根抵当権者である銀行の同意がなくても、その極度額をその時点の元本と２年分の利息等に減額し、それを登記することができます。

なお、**根抵当権設定者（借手側）から元本確定を請求する場合、根抵当権の設定の時から３年を経過している必要**がありますので、注意をしてください。

図表11　元本確定後の極度額の減額

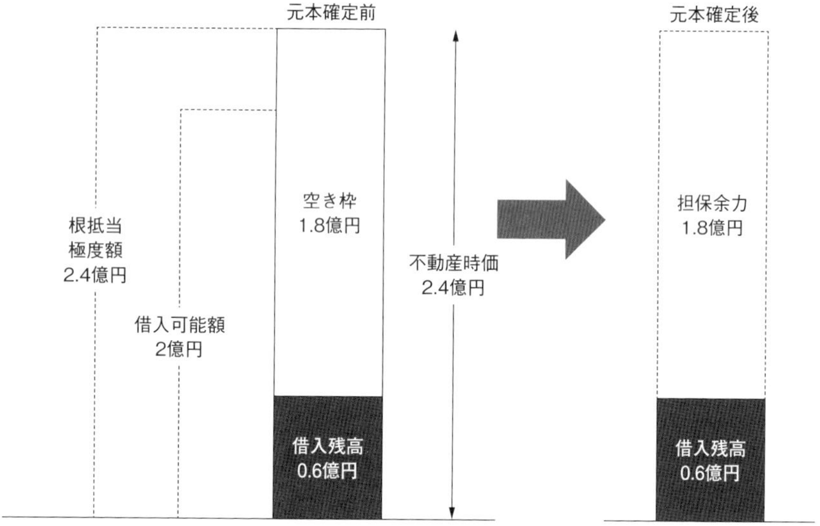

10
マル保の有担保枠で使う予定だった根抵当権の空枠が使えない

A銀行を権利者とする根抵当権（極度額5000万円）を設定し、A銀行から有担保の保証協会保証付融資5000万円を借り入れました。その後、返済が進んで、当該融資の残高が2000万円になったので、根抵当権の空枠を使って再度、保証協会保証付融資を借り入れようとしたところ、A銀行のプロパー融資に使われており、空枠は残っていないと言われました。

※マル保：信用保証協会の保証が付いた融資

対応ポイント

- ¥ 根抵当権がプロパー融資と保証協会保証付融資をどう担保するかは、銀行と保証協会が取り決めた保証条件で決まる。会社側からは見えにくいので、銀行の担当者に確認しておく

金融機関の判断基準

次ページ図表12をご覧ください。

当初、A銀行の根抵当権を設定し、保証協会保証付融資（有担保枠）で5000万円を借り入れた。その後、返済が進んでその借入が2000万円に減る一方、A銀行からプロパー融資3000万円が実行される。根抵当権の空枠があると思って、保証協会保証付融資（有担保枠）を申し込んだら、A銀行のプロパー融資3000万円で空枠が使われていた、という話です。

このケースで、根抵当権に空枠があるかどうかは、A銀行と信用保証協会のとの間で取り決めた保証条件によって決まります。当初から、**根抵当権を保証協会保証付融資とプロパー融資の共通担保に定めていれば、空枠はプロパー融資で埋まります。**

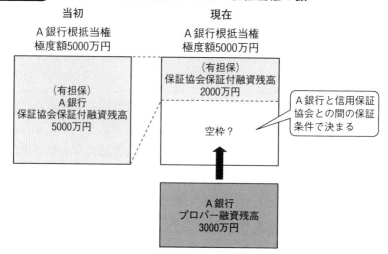

図表12 保証協会保証付融資における根抵当権の扱い

当初

A銀行根抵当権
極度額5000万円

（有担保）
A銀行
保証協会保証付融資残高
5000万円

現在

A銀行根抵当権
極度額5000万円

（有担保）
保証協会保証付融資残高
2000万円

空枠？

A銀行と信用保証協会との間の保証条件で決まる

A銀行
プロパー融資残高
3000万円

企業の対応と留意ポイント

　不動産登記簿謄本の根抵当権を見ても、銀行の名前しか記載されていません。その根抵当権について、プロパー融資と保証協会保証付融資のどちらが優先する（優先充当）といった取り決めがあっても、債務者にその旨は通知されません。

　上記のような勘違いをしないよう、銀行の担当者に**根抵当権がどの借入を担保しているかを確認**しておきましょう。

　なお、有担保保証の担保設定は銀行ではなく、**信用保証協会を根抵当権の権利者として登記することも可能**です。信用保証協会を権利者として担保設定した場合は、銀行のプロパー融資に担保が流用されることは起こりません。

11 つなぎ資金を 使い込んでしまった

> 銀行から短期のつなぎ資金1500万円（保証協会の保証付き）を借り入れました。売上入金によって半年後の期限に一括返済することが条件で、借入時に受注契約書の写しと資金繰り表を甲銀行に提出しています。しかし、その後に資金繰りが悪化したことから、回収した売上金を返済に回すことなく、他の経費の支払い等に充ててしまいました。

対応ポイント

- ✱ 保証協会保証付融資の返済をめぐるトラブルでは、信用保証協会に対してお詫び状や事情説明資料を提出する

　短期のつなぎ資金（売上などの入金予定が確定していて、入金までの不足資金を補てんするために貸し出される資金）の返済金を、資金繰りに流用してしまったケースです。

　流用した資金が保証協会保証付融資の場合は交渉が複雑になります。

🪙 銀行の判断基準

　信用保証協会は、つなぎ資金の流用にはかなり厳しい対応をとります。問題が起きると、融資を実行した銀行が、信用保証協会から管理責任を問われます。実際に資金流用や資金使途違反の疑いがあると、当該借入について**信用保証協会の保証がはずれる「免責」の可能性**が浮上してきます。

　設例の事例でも、信用保証協会から甲銀行に対して、「代位弁済に至った場合には免責を検討する」という話がありました。

こうした切羽詰まった事情から、甲銀行の支店長は返済を要求してきているのであって、「保証協会の保証付きだから何とかなるだろう」といった安易な考えは厳禁です。

また、資金流用は金融機関に対する信用面で大きな傷になります。甲銀行との関係修復には、相当な時間と労力が必要になるでしょう。

企業の対応と留意ポイント

① 金融機関への対応

まず、甲銀行との間で借入から現在に至るまでの経緯を整理し、今後の返済について協議していくことが重要です。

信用保証協会の理解を得たいという点で、銀行と企業は利害が一致しますから、問題解決に向けて真摯な姿勢で臨めば、最終的には協力してくれる可能性は十分あると思われます。

返済条件については、経緯が経緯だけに、短期から長期への変更は認めてもらえず、3か月、6か月といった短いスパンの返済期限を設定されるでしょう。資金繰り表や事業計画書を作成して、できるだけ資金繰りの実情に合った返済案を相談するようにします。

② 信用保証協会との交渉

保証協会保証付融資の返済をめぐるトラブルでは、多くの場合、信用保証協会に対してお詫び状や事情説明資料を提出します。

図表13のお詫び状のモデル文例は、保証協会の保証付きで3か月の短期借入を起こし、借入からわずか2か月後に返済猶予申請に至ったケースで、信用保証協会に提出したものです。

悪質とみなされかねないケース（返済資金の流用など）では、こうした書類の提出だけでは足りず、信用保証協会との面談を要求されることもあります。面談は、信用保証協会と企業が1対1で行う場合と、銀行

も交じえた三者間の協議になる場合があります。

　いずれも、**お詫びと反省の姿勢を明確に示し、返済計画をしっかりと説明する**ことが肝要です。

図表13 **お詫び状のモデル文例**

○○年12月○日

○○○信用保証協会御中

○○○○株式会社
代表取締役○○○○

短期借入金に関する経緯とお詫び

拝啓○○の候、貴協会におかれましては益々ご清祥のこととお慶び申し上げます。平素は格別のご高配を賜り、厚くお礼申し上げます。

この度は、返済条件変更の件で、ご迷惑をおかけしております。とりわけ、○○信用金庫様からお借入した短期借入金○○○○円につきましては、10月に保証を付けていただいたばかりで、大変、厚かましいお願いとなってしまいました。

当該資金につきましては、借入時に一定の売上が見込めたため、期限にご返済できるものと考えておりましたが、実際には、毎月の約定返済が○○○円以上あり、加えて、××××の支払い等で営業収支が赤字となり、それらにのみ込まれる形となっておりました。そして、資金繰り全体の結果として、今月の給与支払い等にも支障が出かねない状況に至ったものです。

原因は、経営者としての現状認識の甘さにあったと言わざるを得ません。ご迷惑をおかけいたしましたこと、謹んでお詫び申し上げます。

なお、今後は、○○信用金庫様に提出した経営改善計画に全力で取り組み、少しでも返済額を増やすよう努力して参ります。

何卒、よろしくお願い申し上げます。

敬具

12
在庫の内訳について
説明を求められた

メインバンクから、「同業他社に比べて在庫の計上額が過大」と指摘され、商品在庫の内訳資料を提出するように求められました。
ＢＳの棚卸資産には、長期滞留在庫のほか、前社長時代の水増し在庫も計上されているため、どのように対応すべきか悩んでいます。

対応ポイント

- ⊙ 業界平均の回転期間を押さえた分析表を作成する
- ⊙ 分析表は、品目別や保管場所別などの区分集計と滞留や減耗の有無をクロスさせる
- ⊙ 在庫の改善策は数値目標に沿って説明する
- ⊙ 在庫にかかる損失は一過性の赤字として説明する

　銀行から見れば、在庫の多さは不良在庫すなわち処分価値のない財産ではないかと強く疑いますし、また、在庫は粉飾によく利用される項目と見ています。
　そのため、決算書の棚卸資産（在庫）が増加していると、銀行から在庫の実態説明を求められることがあります。

金融機関の判断基準

　在庫の増加に合わせて借入も増えているはずですから、メインバンクは不良在庫の計上による実質債務超過を疑っています。内容次第で今後の融資は打ち切りになるでしょう。

　事例のように「同業他社に比べて……」という言われ方をした場合、銀行は同業他社や中小企業の平均的な財務指標（棚卸資産回転期間または棚卸資産回転率）などと比較したうえで、**在庫の実態説明を求めている**と考える必要があります。

　メインバンクは、すでに適正とみなされる在庫金額や回転期間を押さえていますから、**まったく問題ないと答えたり、曖昧な説明をすると、かえって警戒される可能性**があります。

企業の対応と留意ポイント

⑴ 業界平均の回転期間を押さえる

　銀行が納得する説明をするために、まず、**棚卸資産回転期間｛棚卸資産÷（売上高÷12か月）｝の業界平均値を調べます**。これは中小企業基盤整備機構の「経営自己診断システム」などで調べることができます。

　銀行は、『業種別審査事典』（一般社団法人金融財政事情研究会）という本で業種別の棚卸資産回転期間を把握していることが多いようです。

　仮に、業界の平均的な回転期間が1か月、自社が1.5か月としましょう。この場合、適正とみなされる棚卸資産計上額は現在の3分の2（1か月÷1.5か月）程度ということになり、銀行は残る3分の1を過剰在庫と推定します。

　銀行への説明では、あらかじめこのラインを意識することが必要です。極論すると、3分の1の在庫がどんな内容で、**今後どのような対策を講じる予定かを説明すれば事足りる**からです。

⑵ 説明資料を作成する
① 在庫の分析資料

　在庫の分析方法は多様ですが、**品目別や保管場所別等の区分集計と、**

　在庫の分析資料の例

	在庫A		在庫B		在庫C		計	
	数量	金額	数量	金額	数量	金額	数量	金額
正常								
滞留								
減耗								
計								

在庫年齢に
よって区分

実在しない
在庫

滞留や減耗の有無をクロスさせると効率的に実態を把握することができます（**図表14**）。

　減耗とは、実地棚卸で判明した帳簿残高に対する不足、つまり実在しない在庫です。通常、銀行に在庫の実態を説明する際には、実地棚卸が行われていることが前提になります。

　上の分析表では、仕入時からの経過期間に基づいて在庫を区分し、在庫種別ごとに一定の在庫年齢の基準を超過した在庫を滞留在庫とみなします。銀行に対しても、こうした**分析表を用意して説明すれば理解が得やすくなります**。
　別途、個々の品目が記載された在庫の全リストを求められることもありますが、あらかじめ分析資料を作成していれば、在庫リストはざっと確認する程度で終わることがほとんどでしょう。

　なお、**銀行は「正常」と「滞留」の区分の基準を必ず聞いてくる**と思って、それを聞かれたら明確に答えられるように準備しておくことが必要です。

②正常在庫の説明

正常在庫については具体的な中身の説明ができることが重要です。

例えば、在庫リストの記載品目に正常在庫と滞留在庫の重複があれば、当然、銀行はその点を追及してきます。説明がつかなければ、資料そのものの信ぴょう性を疑われるでしょう。

③滞留在庫の説明

滞留在庫は、大きく「販売可能な在庫」と「販売が困難な在庫」の2つに分かれます（次ページ**図表15**）。

販売可能な在庫は、営業努力や販売方法の変更によって、今後、販売できるという在庫です。多くは、通常価格からの値引きをすれば売れるものです。

この場合、**滞留をした理由と「いくらまで値段を下げると売れるか」を説明**することが重要です。それをしないと、銀行の判断で大きく評価額を減額修正し、その結果、実質債務超過と判断され、融資がストップしてしまうかもしれません。

しかし、銀行は、いくらまで値下げすれば売れるのか、それを的確に判断するノウハウまでは有していないので、過剰に減額されないように、企業側からリードをする必要があります。

「中小企業の会計に関する指針」には、棚卸資産の評価損を計上すべきケースとして、次の3つが挙げられています。

> a 災害により著しく損傷したとき
> b 著しく陳腐化したとき
> c 上記に準ずる特別の事実が生じたとき

銀行に対しても、おおむねこの基準に沿って含み損が発生した在庫を特定し、販売の見込みが立たない在庫はゼロ評価（評価損＝簿価）、その他の在庫は販売可能価格を暫定的な時価評価額（評価損＝簿価−販売可能価格）とみなして、説明することになります。

　もっとも、銀行が会計指針などに沿った厳格な時価評価を求めてくることは稀です。そのため、販売の可能性や評価損の金額については、かなりの部分、会社側の判断で決まります。

　銀行に対しては、**滞留在庫のうち、特に「販売可能な在庫」について、販売計画等を具体的に説明できるかどうかがポイント**です。

図表15　滞留在庫の説明

区分	定義	銀行への説明
販売可能な在庫	• 営業努力や販売方法の変更により売り切れる • 簿価を上回る価格で売れる	販売計画等の説明
含み損が生じた在庫	• 陳腐化等により販売の見通しが立たない • 簿価を下回る価格でしか売れない	時価評価額と含み損の説明

④減耗の説明

　在庫の水増しによって利益を調整している場合、その部分は**減耗**として説明するしかありませんが、水増しはプロセスであって結果ではありません。「水増し」「粉飾」といったネガティブな言葉はできるだけ使いたくないところです。

　ただし、嘘に嘘を重ねるようなことは避けなければなりません。

　例えば、水増し部分に架空の商品在庫を当てはめた資料を提出すると、その資料に縛られ、先々まともな交渉ができなくなってしまう恐れがあります。

　筆者（安田）の経験でも、こうした「その場しのぎ」に注力する企業ほど、最終的には倒産に至っています。在庫増加のプロセスをどう説明するかはともかく、「ないもの」を「ある」と言わないことが大切です。

(3) 改善策を説明する際の留意点

　在庫面の経営改善について、銀行が会社に求めるのは、在庫の増加によるキャッシュフローの悪化が、今後、解消されることです。

　したがって、売上計画のみならず、期末在庫の数値や棚卸資産回転期間の計画も立てる必要があります。「需要予測の強化」「発注方法の変更」「値下げ販売による売り切り」といった改善策は、できるだけ数値目標に沿って説明しましょう。

(4) 損失計上時の留意点

　滞留在庫の評価損や減耗については最終的には簿価を切り下げ、ＰＬの売上原価、営業外費用、特別損失のいずれかに損失を計上します。

　損失計上に至った事情が明らかな場合、銀行は不良在庫等の処理損失を一時的なものとみなします。来期以降は、企業の収益力に対する評価としてはプラス要因となります。

　ＰＬの内容説明では、必ず在庫に係る損失を本来の期間損益から分離して行うようにしましょう。

13

「同業他社に比べ売掛金が過大」と指摘された

> メインバンクから、「同業他社に比べて売掛金が過大」と指摘をされ、主要取引先別の入金サイトの説明を求められました。

対応ポイント

- ⍟ 業界平均の売掛金回転期間を押さえる
- ⍟ 従前から売掛金が大きいことを指摘された場合は、主要な売上先別の入金サイトを説明する
- ⍟ 直近期に売掛金回転期間が大きくなった場合、その理由を具体的に説明する

　銀行から見れば、売掛金が多いと「売掛金が不良債権化しているのではないか」と強く疑いますし、また、売掛金は在庫と並んで粉飾によく利用される項目と見ています。

　そのため、売掛金回転期間が大きくなっていたり、業界平均よりも売掛金回転期間が大きい場合、銀行から売掛金の実態説明を求められることがあります。

金融機関の判断基準

　銀行は、売掛金にとても注意を払います。もっとも、売上が増えれば売掛金は大きくなり、売上が減少すれば売掛金は減少するので、その残高に注意を払うのではありません。**売掛金回転期間の推移に注意を払う**のです。

> 売掛金回転期間 ＝ 売掛金 ÷（売上高 ÷ 12か月）

　銀行は、①当社の過去の売掛金回転期間と比べて長くなっていないか、②同業平均と比べて売掛金回転期間が長くないかをチェックします。

　①は、融資先について売掛金回転期間を時系列で比較します。本来、ビジネススタイルに変化がなければ、売掛金回転期間はほぼ一定のはずです。それが急に大きくなった場合、前期に本来現金回収できた売掛金が回

図表16 架空売上を計上すると売掛金が増える

PL	
売上高	↑100

架空売上を計上すると売掛金が増える

BS	
資産	**負債**
売掛金　↑100	
	純資産

収できず売掛金のまま残っているのではないか、すなわち**売掛金の一部が不良債権化しているのではないかと疑います。**

　②については、同業平均と比べて売掛金（売掛債権）回転期間が長い場合、不良債権が溜まっている可能性も考えられますが、それ以上に、過去に粉飾決算をしたことが疑われます。

　すなわち、**過去、売上高を架空計上し、その売上金を預金で回収したのではなく、売掛金として計上したことが疑われます**（図表16、17）。

図表17 回転期間を分析すると架空計上がわかる

	売上債権回転期間（日）		売掛金		売上高	
粉飾前	73.0	=(	100	÷	500	) ×365
粉飾後	121.7	=(	200	÷	600	) ×365
増減	48.7		100		100	

架空売上を100計上した結果、売上債権回転期間が約49日延びた

　銀行は、売掛金が大きい場合、回収不能となっている売掛金の存在や粉飾を疑います。その可能性が高いと判断すれば、銀行は資産価値のないものとして、それを０評価した形で実態ＢＳを作ります。

　場合によっては、その結果、債務超過と判断されるかもしれません。

　さらに、銀行から粉飾決算を行っている会社であると見なされた場合は、今後の融資を受けることが困難になります。

　売掛金の大きさを指摘されたが、売掛金の貸倒れも粉飾もない場合、すなわち実態として回収可能な売掛金がそれだけある場合は、**売掛金が大きくなった理由を詳細に説明**し、健全性に問題がないことを銀行に理解してもらう必要があります。

　直近期に売掛金回転期間が大きくなったのではなく、従前から大きいことを指摘された場合は、**主要な売上先別の入金サイトを説明**し、同業平均よりも売掛金回転期間が大きいものの、不良債権も粉飾決算もないことを理解してもらいましょう。

　また、**直近期に売掛金回転期間が大きくなった場合はその理由を説明**し、やはり、不良債権も粉飾決算もないことを理解してもらいましょう。理由を例に挙げれば以下のとおりです。

- 決算月近くに大きな売上があったため、売掛金が多くなった（税務署に提出する「法人事業概況説明書」を示せば簡単に説明できます）
- 新規に○○社と取引を開始したが、○○社の支払サイトは、納品後○か月後と他社よりも長い
- ○○社への売掛金が○○社の資金繰りの関係で回収が遅れていたが、決算日後に入金になった

---

14 関係会社を含む説明を
求められた

> 当社は製造業で、関係会社を経由して材料を仕入れていますが、メインバンクから「経営の実態がよくわからないので、関係会社との取引を含めて財務内容や事業計画を説明してほしい」と言われました。
> 売上不振で苦しい状態が続いているため、仕入の単価調整によって赤字を関係会社にまとめ、当社は黒字の決算を組んでいます。関係会社は、すでに金融機関からの借入が困難になっているため、経理上、当社から関係会社に貸付をして赤字資金を補てんしている状況です。

対応ポイント

- ¥ 「会社間の資金の流れ」と「グループ全体の資金繰り」を資料にして提出する

金融機関の判断基準

　銀行から関係会社の決算書を見せてほしいと言われることはよくあります。その目的は、①関係会社への出資金・貸付金が帳簿価格に見合う価値があるかを見たい、②グループ企業全体で評価をしたい、③関係会社にも新たに融資をしたいのいずれかです。

　この点、銀行と取引のある会社（グループの中心会社）の決算書上、関係会社への出資金・貸付金の金額が大きい場合は①の可能性が高いと思ってください。

　さらに商流上、グループ会社が深く関与している（例：仕入はグループ会社経由が多い）場合、②の可能性が高いです。グループ会社との関係が密接であれば、①と②双方の目的をもっていることとなります。

一方、銀行員は、貸出金額の他に、**新規取引先（融資先）の数のノルマを負っている**ことが多いです。銀行員は顧客企業のグループ会社に新規融資をできそうな会社があれば、少額でも融資をして、新規取引先数の実績を稼ごうと考えています。

　企業側として注意をしなければいけないのは、銀行が①または②の目的でグループ会社の決算書の提示を求めてきた場合です。

　なぜなら、関係会社等に赤字を移転して本体の決算を黒字にしているケースは、比較的よくみかけますが、銀行はそのようなケースではないかと、常に取引先を疑っているからです。

　そこで、銀行がある程度本格的に審査をしようとする際には、必ず**関係会社の情報開示も求められ、実態をチェックされます**。

企業の対応と留意ポイント

　グループ間の取引が大きい場合は**図表18**のような資料で資金フローを説明するのがよいでしょう。

図表18　資金フロー図の例

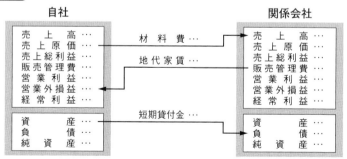

　ポイントは銀行員の思考に合わせて、**会社間で連結するPL、BSの勘定科目と金額を明示する**ことです。

　紙幅の都合から簡潔な図にしましたが、主だった固定資産や各銀行の借入残高を追記すると効果的です。

　グループ全体の質金繰りの説明は、キャッシュフロー計算書を使うと便利です。図表19のように、**ＢＳ上の連結箇所を明示し、２社合計でキャッシュフローと資金繰り（現預金残高）を計算する**のがポイントです。

キャッシュフローの根拠であるＰＬの数値を表内の上部に追加すると、さらにわかりやすくなるでしょう。

　なお、決算期がグループ会社間で異なる場合、通常は本体の決算期に合わせ、関係会社の期間損益を試算表等から修正します。

図表19　資金繰り説明資料の例

		実績	計画
自社	営業活動ＣＦ	11,000	15,000
	経常＋償却－税	12,000	15,000
	経常運転資金等(*)	-1,000	0
	投資活動ＣＦ	-15,000	-15,000
	設備投資	-5,000	-5,000
	短期貸付(関係会社)	-10,000	-10,000
	財務活動ＣＦ	2,000	7,000
	金融機関借入	10,000	15,000
	金融機関返済	-8,000	-8,000
	ＣＦ計	-2,000	7,000
関連会社	営業活動ＣＦ	-15,000	-10,000
	経常＋償却－税	-15,000	-10,000
	経常運転資金等(*)	0	0
	投資活動ＣＦ	0	0
	財務活動ＣＦ	10,000	10,000
	短期借入（自社）	10,000	10,000
	ＣＦ計	-5,000	0
２社合計	営業活動ＣＦ	-4,000	5,000
	投資活動ＣＦ	-5,000	-5,000
	財務活動ＣＦ	2,000	7,000
	ＣＦ計	-7,000	7,000
	期首現預金	30,000	23,000
	期末現預金	23,000	30,000

（注記）自社の貸付金が関係会社の借入金に回る

（注記）貸付金と借入金の相殺後

（注記）実態を表す

＊経常運転資金（売上債権＋棚卸資産－仕入債務の増減）、法人税の実支払額との調整部分など

15

代表者への貸付金が
問題視された

保証協会の保証付き融資の追加を銀行に申し込んだところ、「BSに
計上している『社長への貸付金』を信用保証協会が警戒している」と
言われ断られました。

対応ポイント

⊛ 返済の継続性、確実性にポイントを置いた返済予定（経営者→会社）
　を提出する

　信用保証協会が経営者に対する貸付金を警戒するもので、比較的よく
見かけるケースです。

金融機関の判断基準

　BSの資産に計上される貸付金には、銀行のみならず信用保証協会も
目を光らせています。これは、保証協会の保証付き融資を受ける一方で、
貸付金が社外に流出すれば、資金使途違反に該当する可能性があるから
です。

　経営者に対する貸付金は、以下のようにネガティブなものが大半で、
回収が困難になっていることが多いため、**特に警戒**されます。

- 公私混同やずさんな経理処理によって発生したもの
- 利益の水増しや赤字隠しのため諸経費を貸付金として処理したもの
- 経営者個人の借入返済資金や株購入資金などを貸し付けたもの

企業の対応と留意ポイント

この場面では、銀行と信用保証協会に、経営者から会社への返済予定（計画）を提出し、「**今後、会社から経営者への貸付金が増えることはない（減っていく）」旨を伝える**ことが必要です。

貸付金が完済される時期など、返済予定を明確にできれば、融資を受けられる可能性はあります。

まとまった金額の返済が困難な場合、経営者からの返済は、銀行に実績を示しやすい毎月返済とし、金額は役員報酬をもとに検討します。

手順としては、**会社の業績予想から役員報酬を定め、経営者の手取り収入から生活費などを差し引いて毎月の返済額を決める**形になります。

毎月の返済額は多いほうが当然よいわけですが、**無理のある金額を設定して予定どおり実行できないと次の融資に影響**します。継続可能な返済額を提示するべきでしょう。

返済が何年で終わるか（貸付金が消えるか）ということ以上に、返済の継続性、確実性が重視されるのがこのケースの特徴です。

また、経営者が意識すべきは、会社が融資を受けられたとしても、**代表者への貸付金は、融資において経営者保証を銀行が求める正当な理由になる**ことです。代表者への貸付金があると経営者保証を外し難くなります。

なお、代表者に対する貸付金は**税務面でも注意**を要します。役員や従業員に対する貸付金については、合理的と認められる利率で利息を徴収しないと、個人に所得税が課税されかねません。

役員の場合、役員報酬または賞与の支給とみなされ、定期同額役員給与の要件を満たさないことから会社側も損金算入できません。

16

保証債務の
履行を求められた

仕入先の借入金の連帯保証人となっていましたが、その仕入先が経営破綻し、銀行から当社に保証履行の請求がありました。送付されてきた催告書には「元金のほか遅延損害金（5000万円）を含めて、計1億5000万円を支払え」とありますが、とても支払える状況にはありません。

対応ポイント

- ⓨ 遅延損害金は、返済の意思を示したうえで全額カットを交渉する
- ⓨ 利息の支払いは、銀行との関係を踏まえて方針を検討する
- ⓨ 元金は、銀行のプロパー融資に係る保証債務であれば稀に（一部）カットが認められる

　会社が取引先（仕入先）の借入金の連帯保証人になり、保証履行の請求を受けた事例です。

　連帯保証人の場合、主債務者が借金を返済できなくなると、債権者から否応なしに一括弁済を迫られてしまうので注意を要します。

🪙 金融機関の判断基準

　保証人の保証債務の交渉は、銀行が保証人からの回収可能性をどう判断するかがポイントです。

　銀行は、実質破綻先（実質的に破綻している債務者）、破綻先（法的・形式的に経営破綻している債務者）に対する債権で、担保や信用保証協会の優良保証等で保全されていない部分については、債権の償却処理を

行います。

　事例のように、法人の借入金の保証人が付されている場合は、その法人に**十分な保証能力があるか否かを決算書等で把握し、償却の是非を判断**します。しかし、保証人に資力があると無税償却できません。

企業の対応と留意ポイント

　保証人の業績や財務内容が良好で、保証能力が十分にあるという場合は、保証債務を履行するしかないでしょう（遅延損害金についてはカット等の交渉の余地があります）。

　もし、赤字、債務超過等で保証人に十分な保証能力が見込めない場合、銀行は債権の大半を償却します。銀行が自らの判断ですでに償却を済ませていれば、それだけ返済条件等の譲歩を引き出しやすくなります。

　保証債務の履行が困難であれば、銀行と以下のような交渉をすることが考えられます。

⑴ 遅延損害金

　銀行は未収利息を資産に計上しますが、経営破綻先に対する遅延損害金は、法的には権利が発生するものの、会計的には資産計上しません。

　そのため、**交渉によって遅延損害金が全額カットされることも少なくありません**。

　銀行が遅延損害金のカットを受け入れる前提は、保証人が一定の返済意思を示すことです。

　一括返済では、返済と同時に全額カットになるケースもありますが、分割返済の場合は、遅延損害金を最終返済期限まで棚上げし、棚上げした債権以外の債権が完済されたときに免除する契約を結ぶことが多いようです。

本事例においても、当初は、遅延損害金を棚上げし、完済時にあらためて協議する分割返済契約の締結を要請されました。

　しかし、カットが確約されない棚上げ扱いでは、他の銀行からの資金調達が困難になる点を力説し、最終的に全額カットを取り付けています。

　銀行に対しては、このように「経営上の理由」で交渉するのが基本になります。

　なお、銀行が遅延損害金のカットに応じない場合は、年14％程度の遅延損害金のレートを約定金利に引き直してもらう交渉を行います。返済の意思を示せば、多くの場合、この程度の減免には応じてくれるでしょう。

(2) 利息

　利息の支払いについては、銀行との関係を踏まえて方針を検討します。その銀行から先々、融資を受ける可能性があれば、未払利息を精算したうえで約定元金と利息を支払っていく必要があるでしょう。保証債務といえども、利払いをしていないと正常な取引が困難になるからです。

　逆に、その銀行から新たな借入が見込めないのであれば、「元金優先充当」を検討してもらうのも一案です。元金優先充当では、返済額のすべてを残元金に充当するので、以後、発生する利息が小さくなります。元金から先に減るので、債務者にとってかなり有利な処理といえます。

　民法の規定によれば、元金よりも先に利息に返済金を充当することになりますが、銀行実務としては、不良債権は元金に優先充当します。これは、元金に返済金を充当し元金額を減らすことにより、開示不良債権の金額を小さくするのが目的です。

⑶ 元金

　元金のカットは、信用保証協会や日本政策金融公庫等の公的金融機関では難しいのですが、**民間金融機関のプロパー融資に係る保証債務であれば、稀に認められる**ケースがあります。

　現状の返済能力では保証債務の完済までに何十年もかかるという場合には、元金を適正額までカットしてもらい、残金を分割返済する形で合意に至ることもあります。

　銀行としては、長期間多額の不良債権がＢＳ上にあるよりも、保証債務者である企業と現実的な和解をし、財務的に支払可能な範囲で支払ってもらい、他の債権は償却してしまったほうが、ＢＳ上の不良債権が減少し、ＩＲ（投資家向け広報）上、好ましいとの事情があります。

　ただし、元金の（一部）カット、すなわち法的には債務免除を受ける場合、免除益に対して課税される場合があるので注意が必要です。

17

赤字のため
金利引下げを依頼したい

> バブル期に購入した土地を数年前に売却処分したことが原因で、債務
> 超過の状態にあります。借入の大半は、土地の取得時に丙銀行から借
> り入れたもので、金利は4.5%（現在は無担保）です。
> ここ2年間は経常赤字を計上し、資金繰りも苦しい状況ですが、この
> 金利を1～2％下げてもらえれば黒字に転換します。

対応ポイント

ⓨ 銀行が金利の引下げに応じる条件を見定めて交渉する

　赤字の続いている会社が、銀行に対して金利の引下げを依頼する事例
です。債務者区分のランクアップにつながる場合は、金利引下げに応じ
てくれることがあります。

金融機関の判断基準

　銀行に金利を下げてもらうのは、そう簡単なことではありません。銀
行は、元金の返済猶予には応じても、利息収入まで減らすわけにはいか
ないと考えるからです。

　しかし、事例の場合、債務超過の原因はバブル期の土地購入によるも
のです。赤字や債務超過に至った原因がはっきりしていますから、「何
とかしたい」と銀行が考えやすい状況です。

　また、銀行として一番困るのは取引先企業が倒産をすることです。こ

のままでは倒産の確率が高いが、金利を引き下げれば何とかなるような
場合であれば、金利引下げのインセンティブが銀行側にあります。

企業の対応と留意ポイント

　金利引下げの交渉は、**債務者区分の内容をある程度理解してから進め
る**ことが重要です。

　債務者区分には、「正常先」「要注意先」「破綻懸念先」「実質破綻先」
「破綻先」があり、区分が下がるほど銀行は多額の貸倒引当処理や債権
償却を行わなければなりません。

　事例の会社は、債務超過、2期連続の経常赤字で、資金繰り難の状況
のため、すでに「破綻懸念先」（経営破綻に至る可能性が高い債務者）で、
銀行にとって不良債権になっています。このまま赤字が続けば、いずれ
は「破綻先」となり、債権全額の償却を強いられるでしょう。

　一方、金利の引下げに応じて黒字化すれば、5～10年で経営を安定さ
せる経営改善計画を策定し、債務者区分を「破綻懸念先」から「要注意
先」（不良債権として開示する必要のない「その他要注意先」）までラン
クアップさせることも可能です。

　破綻懸念先の場合、担保で保全されていない債権の60～70％の貸倒引
当金を積んでいますが、「その他要注意先」だと貸倒引当金は2～5％
でよいので、破綻懸念先からその他要注意先までランクアップすると、
かなりの貸倒引当金を戻し入れることができます。貸倒引当金の戻し入
れにより、銀行は利益計上することができます。

　つまり、**本事例では金利引下げに応じる見返りとして、銀行に決算上**

のメリットが生じるわけです。

　もっとも、どんな会社でも金利を下げてもらえるわけではありません。銀行の目線からは、以下のような条件を満たす必要があり、交渉時にもこれらの点を強調するのが効果的です。

金融機関が金利の引下げに応じる条件

- 金利が高めの設定になっていて、金利引下げ効果がＰＬにはっきり表われる
- 担保、保証で保全されていない「裸与信」が中心で、銀行の償却負担が重い（貸倒引当金額が大きい）※担保や信用保証協会の保証で保全されている部分は、貸倒引当金の対象とならない
- 売上が安定的に推移していて利益が見込める状況にある
- 赤字や債務超過に至った原因がはっきりしている
- 決算に大きな粉飾がない
- 取引履歴や経営者の人物面に問題がない
- 事業面に強みがあり、今後ある程度の成長が期待できる
- 金利引下げにより債務超過が３年程度で解消できる程度であり、経営改善計画の策定により債務者区分のランクアップが期待できる

18 「経営コンサルタントを紹介したい」と言われた

> メインバンクの支店長に呼び出され「経営コンサルタントを紹介したい。今後は、そのコンサルタントの指導に基づき、経営改善計画書を作成してほしい」と言われました。銀行からコンサルタントを受け入れることには問題はないでしょうか。

対応ポイント

- デメリットは「方針が銀行寄りになる」「報酬の支払いが負担になる」「業績改善に結びつかない恐れがある」
- コンサルタントの必要性や解決すべき課題について、銀行とよく話し合う
- 専門分野やスキル、報酬など会社としての要望を伝える

金融機関の判断基準

　中小企業の中には、管理部門の専担者がおらず、計数の管理が十分できていない企業が少なくありません。このような会社は、**自社の実態や今後の見通しを、銀行員が納得できるレベルで説明できないケースが多い**です。

　そのため、銀行としては「実態がつかめない不安な会社」という評価にならざるを得ません。

　また、現在資金繰りが厳しい企業であっても、実現性の高い抜本的な経営改善計画書の作成により、債務者区分を引き上げることは可能ですが、**経営改善計画書の作成には専門のコンサルタントの力が必要**です。

銀行がコンサルタントの活用を勧めてくるケースは、主に**図表20**にまとめた課題に対してです。

<table>
<tr><td colspan="2">**図表20**　**銀行はなぜコンサルタントを勧めるのか**</td></tr>
</table>

課題・テーマ	金融機関のニーズ
(1)経営改善計画書の作成	• 「実現可能性の高い抜本的な経営改善計画書」の要件を満たす計画書の作成
(2)経営改善計画の進捗管理	• 適切なモニタリングと軌道修正を行うことにより、計画未達を防止する
(3)業績改善(本業の立て直し)	• 売上、利益の増加による債務者区分の改善 • 返済額の増加
(4)財務デューデリジェンス	• 財務面の実態把握 • 非メイン行の協調を引き出す
(5)事業デューデリジェンス	• 事業面の実態把握 • 非メイン行の協調を引き出す

企業の対応と留意ポイント

　銀行からコンサルタントの紹介を受ける場合は、デメリットにも留意しなければなりません。考えられるのは主に次の3点です。

(1) 方針や計画内容が"銀行寄り"になる恐れがある

　銀行の依頼で入ったコンサルタントが、誰の顔を見ながら仕事をするのかというと、それは多くの場合、依頼者（紹介者）である銀行でしょう。**企業と銀行の利害が対立するテーマにおいて、銀行側にメリットのある方向で結論を導いてしまうのは十分考えられる**ことです。

　例えば「銀行返済が進むように売上計画を右肩上がりにする」「達成困難な経費削減数値を設定する」「社長の個人資産処分を強引に推し進める」「追加担保などの債権保全を計画に盛り込む」といったものです。こうした懸念があれば企業は安心して助言を求めることはできません。

⑵ コンサルタントに支払う報酬が負担になる

　銀行からの紹介であっても、コンサルタントに支払う報酬を負担するのは企業側になることがほとんどのようです。**自社の身の丈に合わない過大な負担に注意**しなければなりません。

　よく聞くのは、財務デューデリジェンス（財務ＤＤ）の費用問題です。財務ＤＤは、公認会計士等が経営改善計画の策定に先立って、実態ベースの貸借対照表など財務面の詳細調査を行うもので、その主な目的は、決算書の内容を透明にし、経営改善計画に対する各金融機関の協調を引き出すことです。筆者（安田）が聞くところでは、銀行から財務ＤＤを行うように言われて何百万円も使ったが、リスケ以外の見返りは得られていない、といった会社が少なくないようです。

⑶ 業績改善に結びつかない恐れがある

　中小企業にとって、最も重要で本質的な課題は、本業の売上をはじめとする「業績改善」に他なりません。

　しかし、上記の財務ＤＤのようなものは、銀行側の都合で行う「過去分析」であって、業績改善にはほとんど結びつきません。

　経営改善計画書の策定についても、実際に業績が上向かなければ計画未達で、いずれは見限られてしまいます。

　このように、銀行側のニーズでコンサルタントを入れても、**肝心の業績改善が進まない**ことが考えられます。

　経営計画の作成やコンサルタントの活用は、銀行任せにするのではなく、企業側が主体的に取り組むべきものなのはいうまでもありません。

　まずは、なぜコンサルタントを入れる必要があるのか、銀行と突っ込んだ話し合いを行うことが大事です。

　銀行側もやみくもにコンサルタントを紹介しようというのではなく、「この点を解決してほしい」というニーズがあるはずです。**解決すべき**

経営課題について認識をすり合わせ、納得ずくで進めるべきです。

　また、コンサルタントを受け入れる際は、**専門分野やスキル、報酬などについて自社の要望を伝える**べきです。銀行は「紹介されたコンサルタントが原因で業績が悪化した」などと言われることを非常に嫌がりますから、会社の要望にも耳を傾けるはずです。

　課題やテーマごとの注意すべき点、対応策は以下のとおりです。

①経営改善計画書の作成

　経営改善計画書を作成するときの問題として、計画数値をどうシミュレーションするかなどの「技術的な問題」と、実際に業績をどう改善していくのかという「本質的な問題」の2つが挙げられます。

　「技術的な問題」は、つまるところデータをどう整理していくかということですから、できるだけ銀行の協力を得て自社で対応すべきでしょう。

　逆に、**「本質的な問題」に対しては、コンサルタントを使うことが効果的な場合も少なくありません**。自社の業界に明るく、課題の解決に実績のあるコンサルタントを選びたいところです。

②経営改善計画の進捗管理

　経営改善計画の進捗管理にもコンサルタントが起用されます。経営改善計画書を作成したコンサルタントが、そのまま定期的に会議に出席する等で支援する形が多いようです。

　コンサルタントには数値を分析するだけではなく、**実際にアクションプランを軌道修正し、計画達成に導いていくスキルが**求められます。この場合も、できるだけ自社の業界に明るい人物が望ましいでしょう。

③業務改普（本業の立て直し）

　経営改善計画の進捗が芳しくない会社に、銀行が債務者企業の課題や業種に特化したコンサルタントを紹介してくることもあります。

　例えば、小売業専門のコンサルタントや製造業の生産管理を専門にするコンサルタント等です。

　課題別・業種別コンサルタントの起用は、比較的、成果があがりやすい取り組みですが、成果はコンサルタントの能力次第です。銀行に相談する場合は**事前に解決したいテーマを明確**にしておくことが重要です。

④財務デューデリジェンス（財務ＤＤ）

　財務ＤＤの費用はばかになりません。事業再生支援の公的機関である中小企業活性化協議会でも、財務ＤＤに銀行と企業で作成したものを用いることを認める等、できるだけ簡素化しようとしています。

　財務ＤＤの目的は銀行の合意取りつけにあるので、**決算書の情報開示をしっかり行えば省略できる余地は大いにある**はずです。

　取引のある金融機関の数などによっても異なりますが、できるだけコストをかけないようにしましょう。

⑤事業デューデリジェンス（事業ＤＤ）

　事業ＤＤも、各金融機関の目線を統一し、協調を取りつけるために行われるものです。

　中小企業再生支援協議会の２次対応では、中小企業診断士が当該企業のビジネスモデルやSWOT分析など、事業面の詳細を記載した報告書を作成します。事業ＤＤに統一フォームはなく、分厚い資料になればそれだけコンサルタントに支払う報酬も多くなります。財務ＤＤ同様、銀行と**必要性をよく議論**すべきでしょう。

保証付融資でプロパー融資を 返済するよう言われた

銀行が「信用保証協会の保証付きで3000万円を４月１日に融資するので、プロパー融資1000万円を３月31日に定期預金を解約して返済してほしい」と言ってきました。応じたほうがよいでしょうか。

対応ポイント

- ✪ 旧債振替は信用保証協会の保証免責事由
- ✪ 企業にとってリスクはあってもメリットはないので、信用保証協会から旧債振替とみなされる可能性がある提案を銀行がしてきた場合、きっぱり断るべき

　旧債振替とは、信用保証協会の保証付融資で受けた資金を、その銀行の既存の融資の返済に充てることをいいます。全国信用保証協会連合会のホームページでは以下のように解説しています。

　すなわち原則禁止で、違反した場合は返済が滞っても保証協会は保証責任を負わないとするものですが、信用保証協会が予め承認した場合には例外として認められることがあるとするものです。
　信用保証協会は、中小企業・小規模事業者の事業資金の調達を円滑にすることを目的とする機関で、銀行を支援することを目的とはしていないので、旧債振替の場合、保証協会が保証責任を負わないのは当然と言えます。

🪙 金融機関の判断基準

　旧債振替を勧める銀行の目的は貸倒リスクの回避です。**旧債振替は銀行にメリットがあり、会社（借入人）にはメリットがない行為**です。な

ぜなら、信用保証協会の枠を無駄に使ってしまうからです。

　信用保証協会の融資枠が5000万円、既存の融資はプロパー1000万円、信用保証協会の保証付融資が2000万円であったとします。

　このような会社に銀行が、3000万円を信用保証協会の保証付融資で貸しますから、代わりに1000万円のプロパー融資を返済してくださいと言ってきたとします。

　この場合、実質的に2000万円の借入に過ぎません。そうであれば、1000万円のプロパー融資の返済など行わないで、単純に2000万円を新たに借りればよいだけです。

企業の対応と留意ポイント

1 借入人から見た旧債振替のリスク

　旧債振替が信用保証協会にバレたところで、信用保証協会が保証責任を負わないだけで、借入人はすでに融資を受けている以上、信用保証協会の枠が使われること以外には不都合はないとも考えられます。

　しかし、信用保証協会が保証責任を負わなくなると、当該銀行での与信リスクが大きく高まってしまい、**新たな融資が受け難くなってしまいます**。旧債振替は借入人にとっても大きなリスクのある行為です。

2 日をズラしたら問題ないか

　旧債振替が信用保証協会にバレたときに一番困るのは銀行です。ですから、銀行から明らかな旧債振替を提案することはしません。

　では融資日と返済日を分けたら大丈夫でしょうか。

　例えば、1000万円のプロパー融資を3月31日に定期預金を解約して返済し、4月1日に信用保証協会の保証付融資を受けるのであれば大丈夫

でしょうか。

　それは信用保証協会の胸先三寸であり、何とも言えません。しかし確実にいえるのは会社に**リスクはあってもメリットはない**ことです（**図表21**）。

　このような提案を銀行がしてきたら**きっぱり断りましょう**。

図表21　旧債振替は会社にリスクはあってもメリットはない

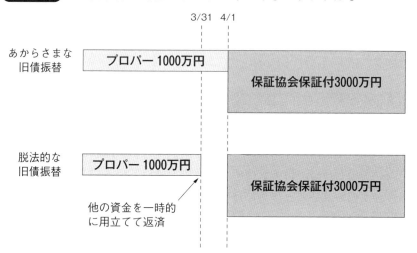

いずれも実質的には2000万円しか借りられていない！

巻末資料

COMPLETE MANUAL OF BANK NEGOTIATIONS
AND CASH MANAGEMENT
FOR SMALL AND MEDIUM ENTERPRISES

「リスケ・返済猶予」
に関するQ&A

銀行融資を条件どおりに返済できなくなった場合は、金融機関に借入金の返済条件の変更を相談するリスケジュールを検討します。ここでは中小企業の経営者からよく受ける質問をまとめたので、参考にしてください。

※Q.1〜10と19〜20は安田、Q.11〜18と21〜23は池田が回答

Q.1 リスケとは、どのようなものですか？

A.1 借入金の返済を一定期間、減額してもらう手続きです。

　リスケジュール・返済猶予（以下、「リスケ」といいます）とは、すでに借り入れている（既往の）借入金について、一定期間、銀行に返済を減額してもらう条件変更の手続きです。

　毎月、銀行に対しては「元金返済」と「利息の支払い（利払い）」を行いますが、**通常のリスケ申請で減額できるのは元金返済の部分**です。

　実例を挙げましょう。

　図表1 返済予定表は、毎月500,000円の元金返済を1年間ゼロに条件変更するケースです。

　返済が進まない分、支払利息は増加（545,000円→600,000円）しますが、1年かけて元金500,000円×12か月＝6,000,000円の資金を浮かすことができます。新規の借入ができなくても、この処理で、ある程度、資金繰りは楽になります。

　変更後の返済は必ずゼロにできるわけではありません。銀行はできるだけ早く回収したいと考えるので、こちらがゼロ返済を希望しても、例えば「最低でも月10万円は返済してほしい」などと言われたりします。

　なお、金利の減免や棚上げも一種のリスケであり、まったく交渉の余地がないわけではありません。しかし、**利払いの条件変更は銀行の不良債権に該当しやすく、交渉の難易度がかなりあがります。**

414

図表1 リスケジュールとは

〈変更前〉 (円)

返済回数	返済日	返済金額	うち元金	うち利息	融資残高
	21.3.31				30,000,000
1	21.4.30	550,000	500,000	50,000	29,500,000
2	21.5.29	549,167	500,000	49,167	29,000,000
3	21.6.30	548,333	500,000	48,333	28,500,000
4	21.7.31	547,500	500,000	47,500	28,000,000
5	21.8.31	546,667	500,000	46,667	27,500,000
6	21.9.30	545,833	500,000	45,833	27,000,000
7	21.10.30	545,000	500,000	45,000	26,500,000
8	21.11.30	544,167	500,000	44,167	26,000,000
9	21.12.30	543,333	500,000	43,333	25,500,000
10	22.1.29	542,500	500,000	42,500	25,000,000
11	22.2.26	541,667	500,000	41,667	24,500,000
12	22.3.31	540,833	500,000	40,833	24,000,000
計		6,545,000	6,000,000	545,000	

〈変更後〉 (円)

返済回数	返済日	返済金額	うち元金	うち利息	融資残高
	21.3.31				30,000,000
1	21.4.30	50,000	0	50,000	30,000,000
2	21.5.29	50,000	0	50,000	30,000,000
3	21.6.30	50,000	0	50,000	30,000,000
4	21.7.31	50,000	0	50,000	30,000,000
5	21.8.31	50,000	0	50,000	30,000,000
6	21.9.30	50,000	0	50,000	30,000,000
7	21.10.30	50,000	0	50,000	30,000,000
8	21.11.30	50,000	0	50,000	30,000,000
9	21.12.30	50,000	0	50,000	30,000,000
10	22.1.29	50,000	0	50,000	30,000,000
11	22.2.26	50,000	0	50,000	30,000,000
12	22.3.31	50,000	0	50,000	30,000,000
計		600,000	0	600,000	

A2. メインバンクに「経営改善計画書」を提出して申請します

　まず、メインバンクに対して「経営改善計画書」を提出して、リスケを申し入れるのが基本です。

　メインバンクの応諾方針を確認した後、その他の銀行を回ってリスケを依頼していきます。

　初回説明では、曖昧な説明や言い訳をするのではなく、リスケに至った経緯、謝罪に加えて、「ご迷惑をお掛けしますが、必ず会社を立て直して正常な状態に戻します」というように、率直に会社再建の意気込みを伝えます。

　リスケ対象となる金融機関の数が多い（例えば10行以上など）場合は、メインバンクと打ち合わせのうえ、「バンクミーティング（計画の説明会）」の開催も検討します。

　バンクミーティングは効率的である半面、債務整理的な雰囲気が強まり、柔軟な個別交渉が難しくなる場合があります。初回の説明で話がまとまれば、そのままリスケの契約手続きに入りますが、実際にはこの段階で銀行からさまざまな要求が出てきます。

　こうした要求には、メインバンクや借入残高上位行と対応を協議のうえ、必要に応じて返済額等の修正案を用意し、２回目以降の交渉で合意を取りつけていきます。

　なお、信用保証協会の「経営サポート会議」においてもバンクミーティングが開催されます。東京都では、金融機関への参加呼びかけは、事務局である東京信用保証協会が行います。料金は無料です。保証協会付

416

融資が多く、複数の銀行から借り入れを行っているような場合に検討します。

「経営改善計画書」について教えてください

A.3　リスケに応じてもらうために必要な書類です

リスケを依頼する際、銀行に提出するのが経営改善計画書です。

リスケでは、必ず銀行から経営改善計画書の提出を求められます。融資を受けるときは決算書の提出だけで済むこともありますが、返済を減額してもらうリスケではそうはいきません。経営改善計画書を提出せずにリスケに応じてもらうのは、まず不可能です。

リスケに関しては、「経営改善計画が策定されていれば、リスケを行なっても銀行の不良債権にならない」というルールが定められています。

経営改善計画書には次の2種類があります。

> (1)実現性の高い抜本的な経営再建計画（実抜計画）
> (2)合理的かつ実現可能性の高い経営改善計画（合実計画）

実抜計画が3～5年以内の計画であることに対し、合実計画では「5年を超えおおむね10年以内」と長い期間をとることができます。

ここで重要なのは、実抜でも合実でも、**計画期間終了後の債務者区分が「正常先」になっている必要がある**点です。

具体的には、次の2点を満たす必要があります。

> ・債務超過の解消
> ・債務償還年数10年以内

　経営改善計画書に記載すべき内容としては、大きく次の３つがあります。

> ①リスケに至った理由（窮境原因）
> ②経営改善計画の具体的内容
> ③条件変更後の返済額と増額の予定

　つまり、「○○が原因で今はリスケするしかありませんが、今後は経営を改善して黒字化し、少しずつ返済額を増やしながら、おおむね５〜10年以内に正常先になる」といった旨を表明して同意を得るわけです。

Q.4 経営改善計画書を作成していないと、リスケ申請はできないのでしょうか？

A.4　１年以内に策定見込みなら申請可能です

　経営改善計画書を作成していなくても、最長で１年以内に計画を策定できる見込みがあれば、リスケの申請は可能です。

　以前は、リスケを申し込んでも「事業計画がなければ応じられない」と言われ、資金繰りを悪化させてしまう企業が多かったのですが、中小企業金融円滑化法の施行後、銀行の対応が柔軟になりました。

　これは、「経営改善計画」が１年以内に策定できる見込みがある場合は、

「貸付条件の変更等を行っても不良債権にならない」というルールによるもので、金融円滑化法終了後も継続されます。

　経営改善計画を策定できるだけの材料はあるが、作成に時間がかかるという点が考慮されるわけです。ルール上は1年以内ですが、銀行の心証を考えると、**中間報告を行いながら、できるだけ短期間で提出**する必要があります。

　この場合のリスケ申請の大まかな流れは、次のようになります。

---

①**申込み**

　資金繰り表と返済猶予の依頼書（次ページ図表2）を銀行に提出してリスケを依頼し、次回の約定から半年〜1年程度、元金返済をゼロ（利息の支払いのみ）にしてもらいます。

　その際、銀行には「返済猶予を受ければ資金繰りを回せること」「業績が改善する見通しがあること」をしっかりと伝えます。

②**経営改善計画書の作成**

　元金の返済猶予を受けている間に、無理のない、しっかりとした経営改善計画書（5〜10年）を策定します。

③**返済開始**

　経営改善計画書に沿った返済を開始します。

○年○月○日

××××銀行　御中

株式会社　××××
代表取締役　××××

返済猶予のお願い

　貴行におかれましては、ますますご清祥のこととお慶び申し上げます。日ごろから格別のお引き立てを賜り、厚くお礼申し上げます。

　さて、○○○の影響により、弊社業績は、売上が大きく減少し、利益面でも苦戦を強いられています。

　今後、いっそうの営業努力と経費削減によって業績回復を図っていく予定ですが、資金繰りにつきましては、金融機関に対する毎月の返済負担が重く、厳しい状況が続いています。

　つきましては、返済猶予の手続きを、下記のとおり、お願い致します。

　弊社には○○○、△△△といった経営上の強みがあります。今後、×××、□□□に取り組むことによって、業績も回復に向かうものと考えます。この1年の間に、経営改善計画書を作成し、確実に利益の出る経営体質への改善を図ってまいります。

　ご迷惑をおかけすることとなり、誠に恐縮でございますが、ご検討のほど、よろしくお願い申し上げます。

記

1．条件変更の内容
　元金据置き（約定元金の全額を返済猶予）

2．借入口
①○年○月○日 借入　×××××円（現在残高×××××円）
②○年○月○日 借入　×××××円（現在残高××××円）

3．期間
　○年○月の返済から○年○月までの1年間

以　上

Q.5 リスケを決断するタイミングは、いつがよいのでしょうか?

A.5 資金がなくなる半年前には申請を

　リスケを行えば、自社の信用に傷がつき、当面は新規の借入ができなくなりますから、慎重に判断しなければなりません。しかしその一方で、いたずらに判断を先送りしていると、いよいよ資金繰りが悪化して取り返しのつかない事態を招く恐れもあります。

• リスケを決断する3つの要件

　リスケを決断する前提として、次の3つの要件をすべて満たす必要があります。

①返済を続けると事業の継続が困難になること

　資金繰りがひっ迫した状態で、銀行への返済を続ければ、不足した資金を何かに"しわ寄せ"することになります。しわ寄せの代表的なものは、「仕入代金の滞納」「税金や社会保険料の滞納」「給料の遅配」です。

　これらは、銀行の債務を他の債務に振り替えたにすぎません。通常、仕入先や税務署は銀行よりも厳しい対応をとってくるので、会社再建が難しくなってしまいます。

　したがって、そういう状態に陥りそうであれば、1日も早く銀行にリスケを申し入れるべきです。

②銀行から融資を受けられないことが確定し、資金調達の代替手段がないこと

　新規借入が困難な状況にあるということが、銀行がリスケを承諾する前提になります。通常、借入ができるなら、それで返済してください、

という話になるからです。

　したがって、リスケの申請前には、主な銀行を回って、追加の借入ができるかどうかをはっきりさせておく必要があります。

　また、増資や資産売却などによる資金調達も検討します。

　ただし、高利の金融業者の融資に手を出してはいけません。また業績改善の目処が立っていない状態で、無理に少人数私募債で資金調達するのも、新たな債権者をリスケに巻き込む恐れがあります。

③融資を受けられるとしても、少額で、すぐに返済不能に陥ることが明らかなこと

　追加借入を行っても、2〜3か月以内に返済不能に陥ることが明白であれば、その借入は見送るべきです。無理を承知で追加借入を行うのは、金融機関の不良債権を増やすことになり、現実に、借入直後のリスケ交渉は非常に難航します。

　上記要件を満たす場合は、リスケの申請をできるだけ急ぐべきです。リスケ後は新規借入ができなくなるので、ある程度、資金を手元に残しておく必要があるからです。ケースにもよりますが、遅くとも資金が枯渇する半年前には申請したいところです。

Q.6 リスケ交渉の期間中は、
どのようなことに注意すべきですか？

A.6　返済は凍結して各銀行を公平に取り扱うこと

　交渉期間中（リスケの申入れから条件変更契約締結まで）の注意点は、以下のとおりです。

①変更契約締結まで返済を凍結する

　リスケを申し入れた後は、各銀行の借入残高を固定するため、いったん返済を凍結します。

　例えば、リスケの申入れをした後で、特定の銀行にのみ短期借入金を期日返済するのは、別の銀行からみれば、明らかに不公平と映るでしょう。したがって、**あらかじめ返済を停止する旨を経営改善計画書等に記載**し、リスケの申入れから条件変更契約締結までの間は返済を凍結するようにします。

　なお、返済を止めるつもりでいても、返済（引き落とし）口座に預金が残っていれば、引き落としがなされてしまいます。一度返済したものを後から取り消すのはなかなか大変ですから、口座残高をゼロにしておくか、銀行に依頼して引き落としを止めておく必要があります。銀行がリスケの方針に理解を示していれば、引き落としを停止してくれるはずです。

②交渉期間中は経過利息の精算のみ可能

　返済を停止している間に可能なのは、経過利息の支払い（精算）だけで、元金部分の返済は許されません。

　特定の銀行に対する偏った返済が後から判明すると、すべての銀行と

の交渉を最初からやり直すことにもなりかねません。そうなると交渉の
難易度が上がり、まとまる話もまとまらなくなりますから、十分に注意
してください。

③各銀行の動向を逐一報告する

　交渉期間中は、交渉の進捗状況について各銀行から頻繁に報告を求め
られます。他の銀行の動向は、担当者がリスケの稟議を上げるのに必要
不可欠な情報だからです。

　銀行ごとの交渉の進捗状況を整理した資料を提出するなどして、迅速
に対応しましょう。

Q.7　銀行ごとの返済額は、どのように決めればよいのでしょうか？

A.7　返済可能額を算出して公平に返済するようにします

　個々の銀行に対する返済額を決める前に、まず**銀行全体に対する「約
定返済可能額」を算出**します。

　この計算の基本になるのは、営業活動キャッシュフロー（予想損益計
算書の「経常利益＋減価償却費－法人税」）です。

　営業活動キャッシュフローから、必要な設備投資額と銀行以外の債務
の返済額を減算し、資産処分などのキャッシュインを加算したものが、
銀行全体に対する約定返済可能額となります。約定返済可能額は、第5
章で解説したフリーキャッシュフロー（ＦＣＦ）と同じものです。

　返済額の決定は次の2つの方法があります。

> ①「前期決算のＦＣＦ×70％」を返済額とし毎期見直していく
> ②ＦＣＦに関係なく、一定の金額を返済する

　①は儲けに応じた返済を行うことになるので、資金繰りのリスクは低くなります。②は単純である反面、業績が改善しない状況でも返済を行う必要があり、資金繰りが厳しくなります。

　どちらの方法をとるかはメインバンクや専門家と話し合って決めます。
　約定返済可能額を算出したら、その総額を銀行ごとに割り振る計算を行ないます。この計算は、銀行同士の公平性を根拠に行ないます。
　リスケで最もよく用いられるのは「プロラタ返済」です。これは、借入金の大きさで返済を比例配分するもので、通常、直近の借入残高シェアで返済可能額を按分計算します。
　図表3は、リスケ後の約定返済総額を月1000千円まで減額し、3つの金融機関に割り振ったプロラタ返済の例です。

　なお、預金を担保にしている金融機関がある場合は、通常、「借入残高－担保預金の金額」を実質の借入残高としてシェアを計算します。

図表3　プロラタ返済の例

(千円)

	直近残高		変更前の返済額		変更後の返済額	
	金額	シェア	年間	月	年間	月
A銀行	400,000	40.0%	78,000	6,500	4,800	400
B銀行	360,000	36.0%	44,400	3,700	4,320	360
C銀行	150,000	15.0%	48,000	4,000	1,800	150
D信金	90,000	9.0%	14,400	1,200	1,080	90
合計	1,000,000	100.0%	184,800	15,400	12,000	1,000

直近残高のシェアで返済可能額を按分

返済額をめぐる交渉で、
押さえておくべきことは何でしょう？

A.8 ムリな要求には粘り強く交渉しましょう

返済額の交渉で注意すべきは、「できない約束をしない」ということです。銀行からムリな返済を要求されても、「その金額では、かえってご迷惑をおかけすることになります。○円であれば何とかできると思いますので、○円でお願いします」というように交渉します。

銀行との条件変更契約は、多くの場合、半年か1年刻みになります。重要なのは「次回変更期日までの返済額」を妥協しないことです。次回の変更期日まで返済可能な金額で話をまとめなければなりません。途中で返済の減額を申し出れば、契約違反でリスケの打ち切りもあり得ることに留意しましょう。

一方、変更期日を迎えて新たに契約を結ぶ際は、資金繰りの状況に応じて、返済額の見直しを相談することも可能です。多少の軌道修正はあっても、約束を確実に履行して返済実績を積み上げていけば、それなりに銀行から信用され、状況も安定していくものです。

そのためにも、交渉時の「粘り」が何より重要と心得てください。

Q.9 条件変更契約を締結する際に、
注意すべきことは何ですか？

A.9　すべての銀行に足並みを揃えてもらう必要があります

　リスケが認められれば、銀行と返済額を変更する条件変更契約を締結
します。

　契約を締結する際には、次の点に注意する必要があります。

①契約時の支払いに支障がないようにしておく

　契約時には、返済を凍結していた期間の経過利息と約定元金（リスケ
後の条件で計算したもの）を精算します。また、保証協会付融資につい
ては、追加の保証料が必要になる場合があります。

　これらを精算できないと、リスケが受けられなくなりますから、**事前
に資金繰りを考えておく**ことが重要です。

②返済額の見直しは１年単位、決算月の３〜４か月後で統一する

　条件変更契約は、１回の契約で数年分の取決めを行うのではなく、半
年や１年という短い期間での契約を繰り返す形になるのが普通です。

　一度に長い期間を与えるのではなく、契約を短く刻んで交渉機会を増
やすことで、できるだけ多くの金額を返済させようというのが、銀行の
狙いです。

　変更期日のたびに返済額の再交渉が必要ですから、３か月〜半年とい
う短い期間の契約では、会社負担が大きくなります。

　そこで、すべての銀行に対し、「原則１年単位」「返済額の見直しは決

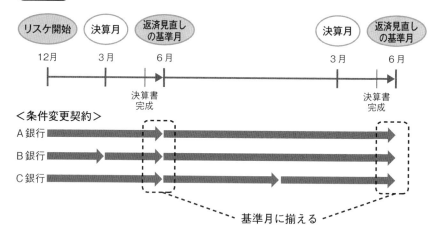

図表4 条件変更契約の結び方

算月の3〜4か月後」のルールで統一してもらうように交渉します（図表4）。

　返済の見直し月を決算月の3〜4か月後に設定するのは、次のような理由で以後の交渉が行いやすくなるからです。

- 経営改善計画の進捗状況を把握するための決算書の完成が決算月の2か月後
- 決算月の翌月、翌々月であれば、次年度の計画を用意することができる

　銀行の側にも、他の銀行の条件が出そろう、業績分析に要する負担を軽減できる、といったメリットがあります。

　業績をモニタリングするため、半年契約でなければ応じられないという銀行が出てくる場合でも、返済額見直しの基準月はできるだけ決算月の3〜4か月後に揃えてもらいましょう。

Q.10 条件変更契約の更新は、どのように行えばよいですか？

A.10 ムリな約束は避けましょう

　初回のリスケ期間満了時には、次回変更期日までの返済額について交渉し、条件変更契約を再度締結します。その後も期間が満了になるたびに、同じことを繰り返していきます。

　交渉では、経営改善計画に対する実績を決算書の数値で説明し、加えて次年度の計画を報告します。その際、どの銀行にいくら返済したか、計画どおり役員報酬を削減しているかなど、**銀行から細かいチェックが入ることが多い**ので注意する必要があります。

　返済額について、銀行は常に返済の増額を要求してきますが、計画の進捗が思わしくない場合は、据え置きや減額の交渉も考えましょう。くれぐれも**増額要求に押されてムリな約束をしない**ことが大切です。

　なお、銀行ごとの返済額については、当初の計画で用いたプロラタ返済など一定の計算方式を継続して使って求めるのが普通です。

Q.11 リスケを行った会社は、その後どうなっていますか？

A.11　ほとんどの会社は、しばらくは事業を継続しています

　リスケそのものは返済の先送りにすぎず、残念ながら「リスケすれば大丈夫」ということはあり得ません。

　そもそも、リスケした会社は銀行の借換えの審査すら通らない厳しい状態だった、ということを認識しておくべきです。筆者（池田）の感覚では、リスケ後の会社の状況はおおよそ次のとおりです。

> ①リスケ後1〜2年で業績が回復し、返済を正常化する会社が1割
> ②リスケ後1〜2年で自己破産等の法的手続きに入る会社が2割
> ③3年以上にわたってリスケを継続し、存続する会社が7割

　①は、リスケ後に業績が急回復し、返済を正常化する会社です。これが普通と考えるかもしれませんが、感覚としては、実際はせいぜい1割程度でしょう。

　リスケして1〜2年で正常返済に戻せる状態であれば、最初からリスケは行わず、融資でつなぐケースのほうが多いからです。

　リスケする会社は、すでに新規融資が受けられないほど借金が多い（＝返済額が多い）わけですから、短期間で返済を正常化するには、多くの場合、相当な業績の伸びが必要になります。

　②は、そのほとんどの会社が、リスケの時点で「次の手形が決済できるかどうかわからない」「仕入代金を滞納して商品が入ってこない」など、

実質的に手遅れになっているケースです。

　③は、リスケを申請した後、数年にわたって、半年〜１年のペースで
契約を更新しリスケの状態を継続する会社です。これが最も多いパター
ンです。
　経営改善計画が順調に進捗していれば、５年程度で正常返済の状態に
復帰することができます。よくも悪くも、腰を据えてじっくりと再建を
進めるのがリスケといえるでしょう。

　一方でリスケ後、数年してから倒産をする会社もあります。**リスケを
行った会社は、売上につながる経費（投資）を削るなどで経営が消極的
な姿勢になり、ジリ貧の業績に陥りやすいので注意**が必要です。

　いずれにしても、リスケを何年続けられるかは銀行の胸先三寸である
こと、銀行の判断は景気や金融行政に左右されやすいことは肝に銘じて
おきましょう。

A.12　財務内容が改善すれば可能性は十分にあります

　もちろん可能ではあります。ただし、リスケから抜け出すためには、多くの場合、銀行の融資再開による借換えが必要です。

　リスケに至った会社の場合、リスケの段階で、平常時の利益の10倍以上の約定返済が設定されていることも珍しくありません。その条件が変わらないままで従前の約定返済を再開するのは、相当に無理があります。そこまで利益を増やすことが実現しないからです。

　となれば、融資再開による借換えで返済を元に戻すしかありません。
　一度リスケを行っても、経営改善計画の完了後（5年後）に正常先とみなされる程度に財務内容が改善し、かつ相応の返済力があれば、融資が再開される可能性は十分にあります。
　業績が順調に回復し、キャッシュフローが増えれば、リスケから1〜2年で借換え手続きを受けて抜け出せることもあります。銀行は、これを望んでいます。

　通常、融資再開に応じるのはリスケを依頼した既存の銀行ですが、融資が積極的に行われている時期であれば、新規の銀行から融資を受けられることもあります。
　銀行が重視するのは、その時点の業績や財務内容です。リスケという過去の傷があっても、財務内容が正常先レベルまで回復していれば融資

は可能なのです。

　ただし、信用保証協会の保証については、いったん返済を正常化して半年程度経過しないと再開されないため、通常は銀行のプロパー融資で全体の返済を正常化した後、保証協会付融資を復活させる段取りになります。

Q.13 リスケを受けた後、追加の融資を受けることは可能ですか？

A.13 「全行一律型」では、ほとんど受けられません

　ケースによりますが、基本的には難しいと考えたほうがよいでしょう。リスケには、大きく以下の3タイプがあります。

①信用保証協会や公的金融機関の借換え制度を活用する「公的制度型」
②条件変更の対象を特定の銀行、あるいは特定の会社に絞り込んだ「個別交渉型」
③全銀行に同一条件で負担を求める「全行一律型」

　このうち、③の全行一律型は、ノンバンクを除く全銀行にリスケを依頼し、それぞれの借入残高に応じて返済（プロラタ返済）を行うものです。リスケは全行一律型が最も多く、通常、リスケといえばこの方法を指します。

　全行一律型のリスケに至った場合、リスケ後に追加融資を受けられることはほとんどありません。すべての銀行の返済条件を変更している状態で、新たに融資を行うことには、メインバンクも慎重になるからです。

また、全行一律型では、保証協会付融資もプロパー融資と同じ返済割合でリスケを行いますが、「借換保証制度」以外のリスケでは、新規の保証が受けられなくなります。再度、保証を受けるには、正常な返済に戻してから半年程度、その返済を続けなければなりません。

　このため、全行一律型でリスケした会社は、セーフティネット融資などの公的支援策がどれだけ拡充されても、追加融資は諦めるしかありません。
　ただし、きちんとした経営改善計画（実現可能性の高い抜本的な経営改善計画）が策定されていれば、メインバンクが融資を引き受ける可能性はあります。特に中小企業活性化協議会が関与したケースでは再生計画スタート後の金融支援を受けやすくなります。

　なお、リスケ後の手形割引は継続してもらえることが少なくありません。ただし、銘柄を選定される、金利が高くなるなど、以前よりも厳しい条件になることが大半です。

　手形割引については、平時からできるだけ借入のない信用金庫を使うなどして、継続できる状態にしておくのが理想です。最悪の場合は、ノンバンクの割引の活用も考えられるでしょう。
　また、手形はないが売掛金が多い場合、ファクタリングの活用も考えられるでしょう。

Q.14 元本の返済猶予に加えて、
利払いの減免も受けられますか？

A.14　基本的には難しいが、例外的に認められることも

　リスケの大部分は、元金返済の減額または棚上げであり、利息の支払猶予や減免はほとんど行われていません。**債務者区分の改善が見込まれるケースでは利払いの減免もあり得ますが、基本的には難しい**と考えたほうがよいでしょう。

　利息すら支払えない収益力では、もはや事業継続の価値がない会社と銀行は考えるからです。銀行がリスケに応じるのは、一度リスケを行っても、経営改善計画の完了後（5年後）に正常先とみなされる程度に財務内容の改善が期待できる会社です。

　足下の収益状況が利息すら支払えないような場合、5年後に正常先とみなされる程度に財務内容が改善するのは難しいと考えられてしまいがちです。

Q.15 連帯保証人と担保は、どうなりますか？

A.15 リスケが認められれば、連帯保証人は返済を求められませんし、担保権を行使されることもありません

①連帯保証人について

　連帯保証人が付いている融資契約の条件変更契約書には、従前、多くの場合、連帯保証人の署名捺印が必要でした。したがって、連帯保証人の承諾を得ずにリスケを行うことは困難です。

　ただし、条件変更契約自体は、連帯保証人の署名捺印がなくても成立します。何らかの事情で連帯保証人の署名捺印が得られない場合には、銀行に相談してみましょう。

　リスケが成立し、リスケに従って会社が銀行に支払っていれば、連帯保証人が返済を求められることはありません。

　保証履行の請求を受けるのは、リスケが認められず、債務者が返済不能に陥って「期限の利益」（返済期限までは返済義務が生じないという利益）を喪失した場合です。債務者が期限の利益を喪失すると、連帯保証人に対しても保証履行の請求が行われます。

②担保について

　リスケに際して、必ずしも担保物件の処分を求められるわけではありません。リスケは融資契約の条件変更契約であり、銀行がリスケに応じれば契約違反とならず、期限の利益は喪失しないので、銀行から一方的に担保権を行使することはできません。

しかし、リスケの条件として、事業に使っていない不動産や有価証券（非事業用資産）の売却を条件とされることはあります。

会社にとっても負債の圧縮は重要ですから、非事業用資産については、積極的に売却等の処分を検討すべきでしょう。

Q.16　取締役も責任を問われますか？

A.16　取締役が責任を問われることは原則ありません

会社が再建型の倒産手続きをとった場合、取締役は銀行から責任を問われ退任となることが多いです。しかし、リスケで銀行から取締役が退任を求められることは、原則としてありません。

リスケの条件として銀行から取締役が退任を求められるのは、リスケに至った原因が経営の失敗でなく、会社の資金の取締役への私的流用や取締役を中心に重大なコンプライアンス違反が行われていた場合など、銀行として許せない行為を取締役自身が行ったケースです。

銀行としては、リスケであれば、まだ債務免除はしていないので実損は生じておらず、むしろ、会社の事業に詳しい現取締役に頑張ってもらい、リスケから抜け出すことを期待しています。

Q.17 株主への説明責任は、ありますか？

A.17 リスケをする際に説明する義務はありませんが、定時株主総会では説明すべきです。

　リスケをする際に株主へ説明する義務はありません。株主総会の決議も不要です。

　しかし、年1回開催が義務づけられている定時株主総会では事業報告を提出しなければなりませんが、事業報告にリスケをしたことを記載しておくべきでしょう。なぜなら事業報告には「会社の状況に関する重要な事項」の記載が義務づけられているからです。

　また、株主総会でリスケに対して質問があった場合は、取締役は説明義務があります（会社法314条）。

Q.18 リスケしたことが外部に漏れませんか？

A.18 銀行には守秘義務があるので心配は無用です

　銀行からリスケの情報が外部に漏れることはありません。銀行には厳格な守秘義務が課されているからです。

　また、銀行から他の銀行に債務者の情報が流れることもありません。リスケの手続きでは、銀行が相互に連絡を取り合うことがありますが、

それは債務者から同意を得ている場合に限られます。

　したがって、**リスケの情報が外部に漏れるとすれば社内から**ということになります。

　経理担当者は、月々の返済等の実務に関わりますから、当然リスケの事実を知るでしょう。その他の社員に対し、どこまで具体的な話をするかは企業の判断によって異なります。

　中小企業では、金融支援を受けていることをひた隠しにするよりも、社内で危機感を共有したほうが、よい結果につながるケースが少なくありません。

Q.19　プロパー融資と保証協会の保証付き融資で、銀行の対応は異なりますか？

A.19　プロパー融資のリスケは通りにくい傾向があります

　保証協会保証付融資のリスケは通りやすく、プロパー融資のリスケは難しいという傾向があることは、かなりはっきりしています。

　プロパー融資について、銀行は、さまざまな手段を使って貸出残高を圧縮しようとします。過去には、リスケを認めず、担保不動産の競売手続きを行ったり、サービサーに債権を譲渡することもありました。

　なお、同一の銀行に保証協会保証付融資とプロパー融資の両方がある場合には、保証付きのみのリスケはできません。これを行うと、保証協会保証付融資でプロパー融資を返済する旧債振替と同じことになるからです。逆に、プロパー融資のみのリスケは可能ですが、この形はなかなか銀行が認めません。

Q.20 リスケが認められないと、どうなりますか？

A.20 一括請求され、担保が処分されます。
サービサーに債権譲渡されることが通例です

　銀行との契約どおりに返済ができないにもかかわらず、リスケが認められないと、返済できないので延滞することになります。

　延滞回数が一定回数を超えると、「期限の利益」（返済期限までは返済義務が生じないという利益）を喪失し、一括返済を求められます。もっとも、当然ながら借り手は一括返済をできるわけはありません。

　その後の流れは、以下のいずれかになります。

①信用保証協会分

　まず、信用保証協会が銀行に支払います。これを代位弁済といいます。

　信用保証協会が銀行に代位弁済を行うと、債権（求償権）が信用保証協会に移ります。

　ここから先はケースバイケースですが、担保不動産を処分したうえで「事業を継続して、精一杯の金額を返す」ということであれば、わずかな返済額で返済期限の延期に応じてくれることも少なくないようです。

　また、事業を廃業した場合で代表取締役が保証していた場合であっても、わずかな返済額を当面支払うことを約束すれば、訴訟などの法的措置までは行わないことが多いようです。

　一方で、後述のサービサーのように、一部を支払ったら残債免除ということはしてくれません。サービサーは民間企業なので営利を重視しますが、信用保証協会は公的な機関なので建前を重視します。債務者を不

当に困らせるような手荒なことはしてこないかわりに、**税金で運営され
ているので債務免除は応じられない**というわけです。

②プロパー融資分

銀行はまず、**預金と借入金との相殺**をしてきます。

その後、無担保の場合は、**サービサー**（サービサー法＝債権管理回収
業に関する特別措置法に基づき、銀行から不良債権を譲り受けて回収を
行なう債権回収専門会社のこと）**へ債権譲渡**されるのが通例です。

担保がある場合は、融資先企業との話し合いにより、任意に担保処分
をしてその売却金で返済をする**任意売却**が求められます。競売等の法的
手段をとるよりも、任意で売却をしたほうが高く売れるので、銀行にも
融資先企業にもメリットがあるからです。任意売却の後、残った融資債
権はサービサーへ債権譲渡されるのが通例です。

もっとも、融資先企業が拒否をすれば任意売却はできません。また、
融資先企業が「担保の本社ビルを○○円で売却する」というような話を
銀行に持ち込んだとしても、銀行が○○円では安いと言って任意売却に
応じないこともあります。

任意売却がうまく進まない場合、法的手段に進みます。代表的なのは
担保不動産の競売です。競売は時間がかかるうえ（6か月程度要しま
す）、売却価格も市場で売却するより安くなりがちです。銀行は担保の
競売等により回収後の残債権をサービサーに譲渡します。

以上のようなプロセスを踏むことが多いものの、銀行が回収を急ぐと
きは、銀行は担保付きでサービサーに債権譲渡をします。その場合、**サ
ービサーが担保の任意売却や競売を行う**こととなります。

サービサーへの債権譲渡が行われるのは、多くの場合、リスケを拒絶された直後ではなく、早くても半年程度経ってからになります。

　銀行はサービサーに債権譲渡する際は入札形式をとりますので、その準備期間が必要だからです。債権譲渡までの間は、債権回収の専門部署または銀行から回収委託を受けた系列サービサーが、督促や債務者の調査を担当することが多いようです。

　銀行からサービサーへの債権譲渡は**図表5**のような流れで行われます。

図表5　　**サービサーへの債権譲渡の流れ**

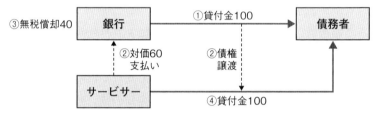

①銀行の債務者に対する貸付金100が不良債権化
②銀行がサービサーへ不良化した貸付金債権100を対価60で譲渡
③銀行は売却損▲40（売却代金60－貸付債権100）を計上して無税償却
④サービサーは債務者から最大貸付債権100を回収（60を上回って回収できた部分がサービサーの利益）

Q.21 サービサーから債務免除を受けることは可能ですか？

A.21　可能ですが、注意すべきポイントがあります

　企業にとって、サービサーに債権が移るメリットは、債権譲渡価格（銀行からの買取価格）以上の金額を返済し、残額を債務免除してもらう交渉が可能になる点にあります。

　残債務の一部返済を条件として、サービサーから債務免除を受けることをDPO（Discount Pay Off）といいます。DPOでポイントとなるのは、債権譲渡価格とサービサーとの交渉です。

・債権譲渡価格
　サービサーへの譲渡価格は、主に次の要素から決定されます。

> ①債務者企業の返済能力
> 　決算書から見た利益や資金繰り状況、返済実績により返済力を判断する
> ②担保の処分可能価格
> 　担保評価額（任意売却または競売で回収可能な価格）
> ③保証人からの回収見込み額
> 　連帯保証人の所有する資産、収入の状況から見た回収見込み額

　サービサーへの譲渡価格は、総合的判断により決まりますが、返済力はないが担保だけが残っているという場合は、競売になることを踏まえ、担保評価額の７割以下の価格になっている可能性があります。

　また、決算書が大幅な赤字状態で、長期にわたって延滞しており、担保も保証人もないという企業の債権は、「タダ同然」の価格がつけられ

ます。銀行は、このような債権を少しでも早く償却したいと考えるので、極端にいえば譲渡価格１円ということもあり得ます。

　一方で、サービサーに対する債権譲渡では、銀行が複数の債務者に対する債権をひとまとめにして入札形式で売りに出す**バルクセール**も用いられ、その場合には、予想以上に高い値段がついていることもあります。

• サービサーとの交渉
①**事業を継続する場合**
　事業を継続する場合は、事業収益からの返済が原則になります。
　しかし、事業の収益性からそれが難しい場合、残債免除を条件に、ある程度の金額を一括で支払ってくれるのであれば、サービサーとしてはそのほうがメリットがあると考え、残債免除に応じてくれる場合があります。

　その場合、**一部返済の原資をどう確保するかが問題**となります。一部返済の原資の調達については、別の銀行やスポンサーからリファイナンス（借換え融資）や増資を受けて確保します。

②**事業を継続しない場合**
　事業を継続しない場合は、保証人からの返済が焦点となります。いくら支払えば残債を免除してくれるかは、保証人の経済的状況によります。
　もっとも、サービサーは利益を得る目的で銀行から債権を買っているので、最低サービサーが銀行から買った代金以上の返済を受けないと残債を免除はしてくれません。
　また、保証人が、他に資産がある状態で債務免除をすると、サービサーが課税されるだけでなく、保証人自身にも贈与税が課税されます。
　したがって、**保証人に対し債務免除がされるのは、保証人に他に資産**

がない状態に限られます。

　①②いずれにおいても、債務者にとっては、銀行からサービサーへの譲渡価格が安いほど、サービサーとの債務免除交渉がやりやすいということになります。

　企業側が債権譲渡価格を正確に見積もることは難しいので、交渉で探りを入れていくのが基本戦術になります。

 Q.22 銀行以外にも多くの債権者を抱え、会社をたたむしかない状況ですが、誰に相談すればよいでしょう？

A.22　会社再建や債務整理に詳しい弁護士に相談してください

　経営に行き詰まったら、破産して会社は消滅、自分は財産を失ってゲームオーバーと考えている人が多いですが、それは誤った認識です。**事業自体に収益性があれば、継続を前提に考えられる手段はいくつもある**はずです。

　例えば、「合法的に事業譲渡を行い、事業の一部を残す」ことが可能かもしれません。この場合、法的に問題ないことも大切ですが、忘れてはならないのが、取引先にできるだけ迷惑をかけないことです。

　事業は取引先との良好な関係があってこそ成り立つものですが、弁護士の中には、敵対的抗争は得意だけど協調的解決は苦手なタイプも多いので、依頼する弁護士の見極めが必要です。

また、事業をたたむ場合は、経営者個人の生活をいかに守るかも重要です。王道は経営者保証ガイドラインの保証債務整理手続きの活用ですが、自宅を残すには個人再生手続を選択したほうがよい場合もあります。

　経営が完全に行き詰まった後では、打てる手が限られてきますから、**できるだけ早めに会社再建や債務整理の引出しを多く持っている弁護士に相談**をすべきです。

おわりに

弁護士　池田　聡

「銀行は晴れの日に傘を貸して、雨の日に取り上げる」

　銀行は株式会社なので、利益をあげて株主に利益を還元しなければいけません。そこで、収益の源泉となる主力商品の「融資」を売り込むわけですが、ここに銀行という商売の難しさがあります。

　普通の商売では、自社商品を欲しがっている人にそれを提供し、買ってもらえば利益に繋がり、社会のためにもなります。

　しかし、銀行は「お金を貸してほしい人＝資金繰りに困っている人」に融資をすると、貸し倒れリスクが高く、審査はなかなか通りません。そこで銀行員は、「銀行が貸したい会社＝資金繰りに困っていない会社」に何とかお金を借りてもらうため、必死に営業をかけるのです。

　考えたら、おかしな話です。欲しい人に商品を売らず、欲しくない人に商品を買わそうとする——。社会のためになっていません。

　私は、長く銀行に勤めていましたし、銀行の仕事も嫌ではありませんでした。一方で、仕事の達成感をなかなか得ることができずにいました。

　その要因は、銀行の商売の本質を揶揄する、ドラマ「半沢直樹」にも出てきた冒頭のセリフの点でした。

安田先生との出会いと本書の執筆

　本書は、中小企業診断士で銀行交渉に豊富な実績をお持ちの安田順先生が、2013年に執筆された『中小企業のための「資金繰り・借入交渉」実践マニュアル』の方向性を踏襲のうえ、共著の形で最新版として出版したものです。

　私は銀行の支店長経験者かつ弁護士という特異の経歴を持つので、安

田先生とともに10年近く資金繰りに悩む中小企業の支援に協力して取り組んでおり、そのご縁で安田先生から共著のお誘いを受けました。

　執筆にあたり意識したのは以下の2点です。

> ①資金繰りに困っている会社が融資を受ける際の支援となること
> ②融資を受けた会社が成長し銀行としても利益に繋がること

　銀行の融資姿勢の犠牲になりかねない会社と、仕事を通じて社会貢献もしたい銀行員（かつての自分）、双方にエールを送りたかったのです。

　「銀行から融資をいかに引き出すか」といった類のインターネットの記事やマニュアル本を時折り目にします。本書はそれだけではなく、借りた企業が成長をし、「雨に降られない」ことに役立てる本にしたいと考え、安田先生と議論を尽くしました。

　その結果、「はじめに」に記載したとおり、**「銀行交渉」だけではなく、「資金繰り」と「経営改善」にページを割いた点に、私と安田先生の思いが詰まっています。**

経営者保証ガイドラインは大きな変革

　そうは言っても「雨」の可能性を完全に排除することは難しいので、**経営者保証ガイドライン**の活用も大事です。詳細は第10章にゆずりますが、社長の個人破産ゼロの時代が到来しているのは喜ばしいことです。

　従前の日本では、「会社の破産＝社長も個人破産をしなければいけない」という意識が高かったため、その流れを躊躇せざるを得ませんでした。世界を見渡せば、過去4回も自分の会社を破産させながら大統領にまで上り詰めた米国のトランプ前大統領もいるわけで、経営者保証ガイドラインの登場は大きな変革だと思います。

　「会社の経営が厳しい」ことや「事業環境の先行きが暗い」ということは、何ら恥ずかしいことではありません。

　本書の内容を最大限、生かしていただければ幸いです。

索 引

安田　順（やすだ　じゅん）
中小企業診断士。経営革新等支援機関。経営学修士（法政大学大学院経営学研究科）。1966年島根県松江市生まれ。㈱住宅金融債権管理機構（現RCC・整理回収機構）で、融資業務のほか残高100億円超の大口案件の債権回収、企業再生を担当。その後、経営コンサルタント会社、メガバンク系列のリース会社を経て、2001年に独立。現在、金融・財務に詳しい「中小企業の外部CFO（財務責任者）」として、実質無借金の会社から再建まっただ中の会社まで、幅広く経営のサポートに携わっている。ドンブリ経営の中小企業をキャッシュフロー経営に変えるのが得意で、会社の真の実力を引き出すため、マーケティングのアドバイス、社員教育、銀行交渉の支援などに日々奔走中。主な著書に『社長のための「中小企業の決算書」財務分析のポイント』（日本実業出版社）などがある。

池田　聡（いけだ　さとし）
弁護士（東京弁護士会所属）。システム監査技術者、中小企業診断士試験合格。日本興業銀行・みずほ銀行に通算約24年勤務。最後の３年間は支店長を務める。銀行勤務の傍ら法科大学院に通学し司法試験に合格。その３年後弁護士となる。都内中堅法律事務所を経て、2014年KOWA法律事務所を開設。早稲田大学法学部、成蹊大学法科大学院卒。著書に、『システム開発 受託契約の教科書』（翔泳社）、『元銀行支店長弁護士が教える 融資業務の法律知識』（日本実業出版社）がある。

中小企業の「銀行交渉と資金繰り」完全マニュアル
2023年10月1日　初版発行

著　者　　安田　順　©J.Yasuda 2023
　　　　　池田　聡　©S.Ikeda 2023
発行者　　杉本淳一

発行所　　株式会社日本実業出版社　東京都新宿区市谷本村町3−29 〒162−0845
　　　　　編集部 ☎03−3268−5651
　　　　　営業部 ☎03−3268−5161　振　替　00170−1−25349
　　　　　　　　　　　　　　　　　　https://www.njg.co.jp/

印　刷／木元省美堂　製　本／共栄社

ISBN 978-4-534-06044-0　Printed in JAPAN

社長のための「中小企業の決算書」財務分析のポイント

中小企業の社長が「数字」で失敗しないために知っておきたい、決算書の読み方、業績推移や成長の可能性の伝え方、注目すべき財務指標、財務ＣＦに基づく中長期の資金繰り管理術などを解説。

安田　順
定価 1870円（税込）

社長のための「中小企業の決算書」読み方・活かし方

銀行員が実践する手法を踏まえて、中小企業の等身大の決算書の財務分析ポイントを解説。「担当者は決算書の何を見て融資先の実力を判断しているのか」を知り、経営改善に活かすことができます。

安田　順
定価 1650円（税込）

元銀行支店長弁護士が教える
融資業務の法律知識

融資相談から債権回収まで、融資担当者が知っておくべき法律知識をピックアップ！ 民法、会社法、建築基準法、独占禁止法など融資業務で必要な法律の基礎から、顧客対応で役立つ対話例まで解説。

池田　聡
定価 2530円（税込）

教養としての「金融＆ファイナンス」大全

トップアナリストが自身の経験談や裏話を交え、お金の基本から、金利、為替などの金融のしくみ、コーポレート・ファイナンスの視点、デリバティブやフィンテックといった技術革新まで解説。

野崎浩成
定価 2750円（税込）